臺灣歷史與文化 研究輯刊

二一編

第 7 冊

明鄭臺灣漢詩離散經驗研究

劉兆恩 著

花木蘭文化事業有限公司

國家圖書館出版品預行編目資料

明鄭臺灣漢詩離散經驗研究／劉兆恩 著 -- 初版 -- 新北市：
花木蘭文化事業有限公司，2022〔民 111〕
目 2+160 面；19×26 公分
（臺灣歷史與文化研究輯刊二一編；第 7 冊）
ISBN 978-986-518-757-6（精裝）
1.CST：臺灣詩 2.CST：詩評 3.CST：明鄭時期
733.08   110022093

ISBN-978-986-518-757-6

臺灣歷史與文化研究輯刊
二一編　第七冊　　　　　　　ISBN：978-986-518-757-6

明鄭臺灣漢詩離散經驗研究

作　　者　劉兆恩
總 編 輯　杜潔祥
副總編輯　楊嘉樂
編輯主任　許郁翎
編　　輯　張雅淋、潘玟靜、劉子瑄　美術編輯　陳逸婷
出　　版　花木蘭文化事業有限公司
發 行 人　高小娟
聯絡地址　235　新北市中和區中安街七二號十三樓
　　　　　電話：02-2923-1455／傳真：02-2923-1452
網　　址　http://www.huamulan.tw 信箱 service@huamulans.com
印　　刷　普羅文化出版廣告事業
初　　版　2022 年 3 月
定　　價　二一編 7 冊（精裝）台幣 20,000 元　　版權所有‧請勿翻印

明鄭臺灣漢詩離散經驗研究

劉兆恩 著

作者簡介

劉兆恩，高雄市阿蓮區人。畢業於淡江大學中文系博士班，研究領域為台灣古典文學、現代文學、台灣流行音樂，旁及文化創意產業以及動漫文學，曾先後於淡江大學及輔仁大學任教，現於輔仁大學中文系擔任博士後研究員。

提　　要

　　本文試圖討論的問題旨在從明鄭臺灣文人詩作中，討論這群創作者們作為一個具有離散經驗的主體，他們將如何面對與看待臺灣這個處處與中原經驗迥異之邊陲地帶的各種風景。我們認為，明鄭臺灣漢詩的離散經驗，並不僅限於中國傳統亂離詩所涵攝的那種逃亡心境，更有其他與異地文化接觸而產生的各種心緒。由此，我們需要跳脫中國亂離詩的視野，並借用「離散」此一概念來描述明鄭時期的漢詩。在本文中，我們將明鄭時期臺灣遺民詩作中的離散經驗分成四大類型：（一）流離他方的無奈；（二）民族文化的連結與確認；（三）故鄉母土的追戀；（四）異地的交涉此四種類型來加以討論。而為了回應上述問題，我們試圖從明中葉以降到明鄭時期中國對臺灣的觀感調整，以及明鄭決議來臺的歷史事件開始說起，並從中解讀明鄭遺民離散經驗的種種心靈、文化、社會活動。由於本文係以明鄭臺灣漢詩為主要研究對象，並從中討論當時文人的離散經驗，因此更可以發現他們的認同面向極為複雜，並且還可能互相衝突。這種不一致性固然來自於交錯縱橫的歷史、民族、地理因素，但也有主體的心態轉變。從他鄉到故鄉，離散者終將轉過身來投入接納地的懷抱，而這正是海島臺灣的移民／遺民接納史。我們認為，唯有藉由離散論述的視野來討論這些詩作，方能撥開過往「遺民論」的既定印象，還給明鄭遺民更加豐富的形象。

第一章　緒　論 ……………………………………… 1
　第一節　緒言 ………………………………………… 1
　第二節　研究動機和目的 …………………………… 3
　第三節　前行研究回顧 ……………………………… 6
　　一、以離散觀點分析中國古典文學之相關
　　　　研究 ………………………………………… 7
　　二、明鄭時期臺灣漢詩之相關研究 ………… 10
　　三、前行研究成果反思 ………………………… 13
　第四節　研究方法 ………………………………… 14
第二章　從亂離到離散的轉向 …………………… 21
　第一節　離散視域的界定與反思 ……………… 21
　第二節　漢詩的亂離書寫 ………………………… 27
　第三節　從亂離到離散的轉向 ………………… 31
第三章　遺民、離散者與時空處境 …………… 37
　第一節　故國前塵的往日追憶 ………………… 37
　第二節　南方異域的首次接合 ………………… 40
　第三節　海東孤島的夷荒想像 ………………… 43
　第四節　位居邊緣的離散國主——鄭經 ……… 49
　　一、遺民身分的繼承 ………………………… 49
　　二、孤獨的海上國主 ………………………… 52
　第五節　流離海東的文獻初祖 ………………… 55
　　一、充滿創傷的流離經驗 …………………… 55
　　二、意外漂流的南明太僕 …………………… 57
　　三、離散之後 ………………………………… 59
第四章　艱辛避海外——流離他方的無奈 …… 63
　第一節　星散者與離散感 ……………………… 63
　第二節　遺民與亡國傷痕 ……………………… 65
　第三節　坐困愁城孤島中 ……………………… 69
　　一、歸返的障礙 ……………………………… 70
　　二、離散者交遊 ……………………………… 73
　第四節　陷入困窮的身與心 …………………… 79
　　一、離散者窮愁 ……………………………… 79
　　二、窮中的自我書寫 ………………………… 83

目

次

第五章　群胡亂宇宙──民族文化的連結與確認⋯89
　第一節　海島中原 ⋯⋯⋯⋯⋯⋯⋯⋯⋯⋯⋯ 89
　第二節　儒學與遺民意識 ⋯⋯⋯⋯⋯⋯⋯⋯ 93
　第三節　民族主義式的抗爭話語 ⋯⋯⋯⋯⋯ 98
　第四節　《東壁樓集》中的書寫借鑑與文化追索 ⋯ 101
第六章　黑齒草塗成──在地風土的交涉 ⋯⋯⋯ 107
　第一節　斯土與斯民 ⋯⋯⋯⋯⋯⋯⋯⋯⋯ 107
　第二節　離散的殖民者 ⋯⋯⋯⋯⋯⋯⋯⋯ 112
　第三節　夷夏之別 ⋯⋯⋯⋯⋯⋯⋯⋯⋯⋯ 117
　第四節　差異與匱缺 ⋯⋯⋯⋯⋯⋯⋯⋯⋯ 121
第七章　望月家千里──根歸何處的游移 ⋯⋯⋯ 127
　第一節　邊界之外的家園 ⋯⋯⋯⋯⋯⋯⋯ 127
　第二節　鄉關之念 ⋯⋯⋯⋯⋯⋯⋯⋯⋯⋯ 128
　第三節　離散與生根 ⋯⋯⋯⋯⋯⋯⋯⋯⋯ 131
　第四節　新家園的指認 ⋯⋯⋯⋯⋯⋯⋯⋯ 137
　第五節　避秦之喻 ⋯⋯⋯⋯⋯⋯⋯⋯⋯⋯ 141
第八章　結　論 ⋯⋯⋯⋯⋯⋯⋯⋯⋯⋯⋯⋯ 145
參考文獻 ⋯⋯⋯⋯⋯⋯⋯⋯⋯⋯⋯⋯⋯⋯ 149

第一章 緒 論

第一節 緒言

本文試圖討論的問題旨在從明鄭臺灣文人詩作中，詮釋此創作群體作為一個具有離散經驗之主體，他們將如何面對與看待臺灣這個處處與中原經驗迥異之邊陲地帶的各種風景。選擇以漢詩作為切入點，乃是因為詩在中國文學傳統中本就具有無可取代的重要性，它不僅承載士人階層自我的抒情與心靈投射，也同時肩負他們對外在政教環境的關懷和批判，而在朝代更替的動亂之際，詩更是流亡知識分子離散經驗的最佳見證。明末以降，漢詩隨著文人的跨界遷徙而得以四處傳播，在漢字文化圈如日本、琉球、朝鮮、越南、新馬、臺灣等地區，都曾有過漢詩蓬勃發展的生態。〔註1〕漢詩在海外異域的生根發展，固然得益於其本自具足的創作理論，以及海外流亡群體的努力實踐。但在這裡，我們更感興趣的是漢詩在域外落地生根之際，其與來處和去處之間的雙向關係。

綜觀中國近現代史，文人的流寓與遷徙軌跡，無不隨著大規模的政治震盪幾度迭起，例如甲申之變、辛亥革命以及日後 1949 年的國民政府撤退來臺，都是文人跨境離散的歷史片段。其中若就臺灣文學的發展歷史而言，當以甲申之後的遺民遷臺最具開創性。漢詩隨著明清之際的遺民遷徙而進入臺灣，遂成為臺灣漢語文學的起點，清代諸羅縣令季麒光盛讚海外遺民先行者

〔註1〕高嘉謙：《遺民、疆界與現代性：漢詩的南方離散與抒情（1895～1945）》（臺北：聯經出版社，2016 年 9 月），頁 22。

沈斯庵:「從來臺灣無人也,斯庵來而始有人矣,臺灣無文也,斯庵來而始有文矣。」〔註2〕便是基植於此一認知。然則從中原到臺灣、從明代到清代,立足點的變異、時間的錯亂和疏離,也可能導致這群海外士人階層的心態轉變,進而造成書寫方向的調整。

本文處理的時間跨度,始於1644年明朝滅亡、南明政權紛立之際,儘管此時晚明遺民尚未進入臺灣,然而此一歷史事件實與其後士人階層的跨境離散有著不可切分的因果關係;至於收束的時間,則是鄭克塽兵敗降清的1683年。鄭氏治臺的時間雖然短暫,卻有極其複雜的文化糾葛,正如隨鄭經渡臺的寧靖王朱術桂所言:「艱辛避海外,總為幾根髮。」〔註3〕明清的易鼎並非單純的朝代遞嬗,它也是一場由外族入侵而導致的文化衝擊,因此晚明遺民遠避海外的意義,不僅在於留存既有的故明政權,更是一種對於舊時文化的積極保存與傳播。

然而諷刺的是,對於他們來說,地理意義上的「中國」已非「中國」,而文化意義上的「中國」卻必須在一個未曾屬於「中國」的海外異域方能得以重建,這其中國族與地理交織的複雜情境不言而喻。另一方面,晚明士人階層海外漂流,不免接觸與中原文化差異甚大之域外文化,當他們面對陌生的風土,也必然感受到相當程度的隔閡與疏離。在這內外交迫的情境裡,羈旅臺灣的遺民們便始終要處理自己內心的鄉愁與文化的危機意識。這樣的處境,令我們聯想到「離散」此一描述族群流離創傷經驗的文化論述。

「離散」一詞,本指西元前六世紀猶太人被迫遭到放逐的流亡經驗,而在1960年代左右,透過非洲研究(African studies)學者的著作,才進入到學術界被廣泛使用使用。〔註4〕在離散理論的架構下,離散關係是由三種社會場域所構成,分別是:

1. 具有某種集體認同或認同化過程的分散群體。
2. 這些不同群體所居處的脈絡和國族國家。
3. 透過一系列的政治、經濟與文化關係,而持續與之聯繫的國族國家。

在這個「三位一體的關係」(triadic relationship)中,形成了離散之形構

〔註2〕清季麒光〈題沈斯庵雜記詩〉,收錄於龔顯宗編:《沈光文全集及其研究資料彙編》(臺南縣:臺南縣文化局,1998年12月),頁219。

〔註3〕明朱術桂:〈絕命詞〉收錄於施懿琳等編《全臺詩》第一冊(臺南:臺灣文學館,2004年2月),頁68。

〔註4〕關於本文對離散的認知與定義,將在第二章詳加說明。

與論述的核心特徵，因此離散包含著一種訴諸至少兩個地方——通常指的是家與異國——的關鍵性張力。〔註5〕由於離散經驗即是一種流亡經驗，因此必然充滿傷痛。正如林鎮山所述：「離散」的滄桑，似乎最能挑起普世的飄零人被迫離開家國、故園的敏感神經。他們顛沛流離、星流雲散、淹沒在無法克服的記憶裏，苦嚐失去與別離。〔註6〕但另一方面，離散也可能帶來一些積極效應。例如廖咸浩便認為離散華人往往發展出求新求變的思維，故離散經驗可供作追求「進步價值」的基礎，這種「進步價值」在於超出（exceeding）或顛覆（subversive of）國族，而自成另類價值系統。〔註7〕透過離散論述的運用，我們期待的是讓我們得以避免對明鄭時期臺灣遺民採取過於單一的觀看，而能留意到他們在這去來之間的背景與生命經驗。

第二節　研究動機和目的

　　鄭氏三代在臺的統治雖然僅有短短的二十餘年，然而這段時間卻是離散華人在臺生根的關鍵點，對臺灣文學來說自有其非凡意義。過往對於此一時段的文學研究並非乏人，只是大多採用「遺民」論述之觀點來討論。

　　「遺民」一詞，在中國文化中並非鮮見，如果我們檢閱典籍，不難發現「遺民」一詞年代久遠，早在《左傳》的記述裡頭，「遺民」便已散見其中。如〈閔公二年〉：

　　　　衛之遺民男女七百有三十人。〔註8〕

又如〈襄公二十九年〉：

　　　　為之歌唐，曰：「思深哉！其有陶唐氏之遺民乎？不然，何憂之遠也，非令德之後，誰能若是？」〔註9〕

以及〈哀公四年〉：

〔註 5〕參 Virinder S. Kalra, Raminder Kaur, John Hutnyk 著，陳以新譯：《離散與混雜》（臺北縣：韋伯文化國際出版有限公司，2008 年 1 月），頁 29。

〔註 6〕林鎮山：《離散‧家國‧敘述：當代臺灣小說論述》（臺北：前衛出版社，2006 年 7 月），頁 21。

〔註 7〕廖咸浩〈華人海洋與臺灣：海盜、另類現代性、「後中國」動能〉，收錄於陳瑞麟等著：《知識臺灣：臺灣理論的可能性》（臺北：麥田出版社，2016 年 6 月），頁 316～318。

〔註 8〕楊伯峻：《春秋左傳注》第一卷（北京：中華書局，1990 年），頁 266。

〔註 9〕楊伯峻：《春秋左傳注》第三卷（北京：中華書局，1990 年），頁 1163。

　　　　司馬致邑，立宗焉，以誘其遺民，而盡俘以歸。〔註10〕

正如王德威所言，遺民一詞本泛指「江山易代之際，以忠於先朝而恥仕新朝者」，作為一種政治身分，遺民的傳統由來已久。〔註11〕遠自周武王克殷以來，伯夷叔齊的拒食全節，早已成為歷代亡國之際前朝遺民的行為典範，而到了滿清入關之際，遺民問題更是被一再重提。〔註12〕遺民的行為特徵，表現出對於時間的拒絕，卻也備受時間的壓迫而煎熬、焦慮，他們化簡為繁，搗亂時間的直線進程，超越空間界線，或引經據典，或別開生面地詮釋自身存在的意義，因而他們的日常生活實踐就是一種對身分的不斷重讀。〔註13〕遺民面對一個時代的終結，終其一生到底也難以跨越那家國覆滅的哀傷，但他們既悲且慟的生命經驗，卻也成了漢詩書寫的最佳題材。清人趙翼詩云：「國家不幸詩家幸，賦到滄桑句便工。」〔註14〕這無疑是明清之際漢詩創作更加蓬勃發展的一大主因。從錢謙益、張煌言到屈大均，民族的危難讓明清之際的知識分子再度將眼光投向歷史記憶，試圖在詩的書寫中匯入史的功能。如果說「《詩》亡然後《春秋》作」成為了當時的一個公共話題，如果真如張暉所說：在明末清初這個大時代裡，性靈、格調等詩歌理論已經失效，而時代使得史學成為當時文化學術上的主導，導致強調詩歌的價值應附加到史學之上的「詩史」理論，再度出現在眾人的視野之中〔註15〕，那麼在同一個時間點下的明鄭臺灣漢詩，確實也是一種「備言其事」、「詩備史義」的歷史見證。

　　只是，以「遺民」論「遺民」固然有其適切之處，然而過多固定視角的討論，也可能讓我們忽略了長期被視而不見的其他面向。例如遺民研究強調對前朝的緬懷與效忠，強調遺民主體在道德標準與外在情境互動下的矛盾，以及在矛盾狀態下所進行的各種行動或思維。另一方面，宋、明兩代皆由外族

〔註10〕楊伯峻：《春秋左傳注》第三卷（北京：中華書局，1990 年），頁 1628。

〔註11〕王德威：《後遺民寫作》（臺北：麥田出版社，2007 年 10 月），頁 89。

〔註12〕關於遺民概念的討論與辨析，已有許多相關研究成果。而在明清之際的遺民論述方面，趙園的研究堪稱最為完整全面，詳參趙園：《明清之際士大夫研究》（北京：北京大學出版社，1999 年 1 月）。

〔註13〕蔡建鑫：〈再論後遺民〉，《臺灣文學研究彙刊》第十九期（2016 年 2 月），頁 103～104。

〔註14〕趙翼：〈題元遺山集〉，收錄於清趙翼著、李學穎等點校：《甌北集下冊》（上海：上海古籍，1997 年 4 月），頁 772。

〔註15〕張暉：《詩史》（臺北：臺灣學生書局，2007 年 3 月），頁 210～211。

入侵而亡國，這又牽涉到文化層面的抵抗。余美玲即指出，當遺民觀念從政治擴大為文化，也可能轉出「郁郁乎文哉，吾從周」的文化傳統保存的使命感，進而對異族統治產生激烈的抗爭。〔註16〕但無論前者或後者，都不能處理遺民流離海外、跨境遷徙下的「存在空間」更易，以及身分調整等問題。

　　「存在空間」（existential space）是由「存在現象學地理學」（existentialphenomenological geography）所強調之「主體性空間」（subjective space）建構而成。恩特利肯（J.N.Entrikin）將此一概念定義為人含容、參與並且直接關懷而不斷生發「意義」的空間，在此空間中，人與人、人與世界具有一個聯結關懷的共同意向所形成的意義性網絡。依照此一概念，空間實是由主體為中心點往外擴展，在此擴展的過程中，主體不斷投射賦予層層空間以意義和價值，從最基本的「房間」開始，然後隨主體的往外活動，而構成了「家園」、「鄰里」、「鄉土」、「邦國」乃至「世界」和「宇宙」，每一層圈，均賦予了其自我主體之價值觀的投射和造形。〔註17〕如上節所述，遺民所處的地理空間既已轉變，其存在空間必然隨之調整，進而亦可能帶來創作風格的轉變與書寫對象的差異。

　　當遺民走出家園，彼此對空間的感知更是相互共享，且擁有一定程度的共通意象。如同鄭毓瑜所言，一個地理空間可以是某種意象化的形式，而人們正是藉助於在一定程度上共通的意象，來「看到」這個空間或發展出對於這空間的感知。此一空間意象不是單單由個人記憶就可以聚合出來，而必須是一種社會相續互動下的經驗產物，是四面八方的線索相互作用下所浮顯的立體座標。這樣一個社會空間或文化空間，不但可以超越距離、方位所構成的地域區判，明顯也超越了政治權限或國族興亡的分野，而凝聚出一種越界存在的關係場域。〔註18〕儘管明清易代之際的明鄭政權及其附從者的反抗與流離本就是一種遺民形式的展現，然而透過地理位置的調整與轉變，正提供了我們一些新的理解空間來重新看待這些漢詩書寫。其實明鄭時代臺灣詩學的價值意義，就在於其位居中國邊緣位置所扮演的開創性角色。作為漢語文

〔註16〕余美玲：《日治時期臺灣遺民詩的多重視野》（臺北：文津，2008年2月），頁7。

〔註17〕潘朝陽：《心靈‧空間‧環境：人文主義的地理思想》（臺北：五南圖書公司，2005年6月），頁69～70。

〔註18〕鄭毓瑜：《文本風景：自我與空間的相互定義》（臺北：麥田，2014年12月），頁18。

學史上一個因轉出而分歧的文學起點，如果我們未能將這批漢詩與在地性相互連結，這反而是一種對臺灣文學史的自我遺漏。

　　然而遺憾的是，這批在臺灣文學史上極具開創意義的作品，雖然歷來不乏研究者參與討論，也不乏有人認知到這是臺灣漢語文學的起點，但卻始終止步於遺民的「原鄉」（Self-belongingness）情懷，很少有人能就此深入探究以勾勒其在地性意義。如果說「雙鄉之間，就是擺盪在此與彼、靈魂與身體之間的離散課題。」〔註19〕那麼南明遺民的漂浪身世，也就不僅僅是過往所熟知的亂離經驗結構，而有了重新閱讀的必要性。基於此，本文的問題意識在於透過離散理論的關照下，討論明鄭時期臺灣的遺民群體如何在臺灣這個存在空間中，展現他們的流離心境與在地的接受，這即是本文何以要針對此一時段進行整體性考察的原因。相信透過離散理論作為切入明鄭臺灣遺民詩的詮釋視域，我們終能理解此一離散世代的境外之旅所經驗的，是怎樣的一幅歷史景觀。

第三節　前行研究回顧

　　本文所試圖處理的議題為「明鄭臺灣漢詩離散經驗」，因此關於前行研究回顧方面，主要分成「離散觀點的中國古典文學分析」以及「明鄭時期臺灣漢詩」兩大面向來討論。之所以特別強調「中國古典文學分析」，是因為當今中文學界採用「離散」此一觀點來進行文本分析的論文，大多偏重於現、當代文學與電視、電影文本等研究，例如：紀大偉〈帶餓思潑辣——《荒人手記》的酷兒閱讀〉〔註20〕、侯如綺《雙鄉之間：臺灣外省小說家的離散與敘事（1950～1987）》〔註21〕、李有成的《離散》〔註22〕以及由丁世傑等共同著作的《國族・想像・離散・認同：從電影文本再現移民社會》等〔註23〕，皆屬此列。然而，現、當代文學研究中的離散往往也混雜著伴隨現代性出現而

〔註19〕侯如綺：〈自序〉，《雙鄉之間：臺灣外省小說家的離散與敘事（1950～1987）》（臺北：聯經出版社，2014 年 6 月），頁 1。

〔註20〕紀大偉：〈帶餓思潑辣——《荒人手記》的酷兒閱讀〉，《中外文學》第 279 期，1995 年 8 月，頁 153～160。

〔註21〕侯如綺：《雙鄉之間：臺灣外省小說家的離散與敘事（1950～1987）》。

〔註22〕李有成：《離散》（臺北：允晨文化出版社，2013 年 8 月）。

〔註23〕丁世傑等：《雙國族・想像・離散・認同：從電影文本再現移民社會》（臺北：巨流圖書公司，2010 年 10 月）。

逐漸浮現的社會議題，例如：殖民與後殖民、女性與性別乃至移民社會等等，儘管這些論題與本文都同樣採用「離散」作為切入視角，但所要處理的時代經驗卻是大不相同。因此，關於現代文學的部分，本文在此便不再贅述。

一、以離散觀點分析中國古典文學之相關研究

透過離散觀點來討論中國古典文學的相關研究目前尚不多見，這或許和此一理論的侷限性有相當程度的關連性。離散強調的是從此地到彼地的受迫性遷徙，以及因兩地的文化、環境和人群等因素而面臨身分認同的改變，但這樣的情形在中國並不是一種常態性的歷史活動。至於中國人的跨境離散，更須等到明清之際才開始有較具規模的發生，因而相關研究也大多集中在此一時間點之後。

舉例而言，王璦玲的〈亂離與歸屬——清初文人劇作家之意識變遷與跨界想像〉，所欲討論的即是身懷「遺民情結」的清初劇作家，如何藉由深化戲曲中的時空想像的藝術特質，來回應「如何在充滿痛苦回憶的現實生活處境中安頓徬徨的自我」，以及「如何透過『救贖』的可能，想像一種重建『破碎的自我』與『世界』間的關連」兩大價值問題。王璦玲借用離散的流離意義討論丁耀亢、黃周星與尤侗等人的劇作，指出文化生存意義上的「精神家園」之喪失，亦即「精神漂泊」與「靈魂流浪」，才是遺民們的心頭之痛。因而易代文人必須憑藉意識流動，進行「時」與「空」界域的重構，方能透過創作遁入傅柯（Michel Foucault）所謂的「異質空間」／「異托邦」（heterotopias）中。另一方面，劇作家也透過劇中人來將自己「客體化」，因而劇中人雖然是他表述了自己，卻又是一個「他者」（other）。是以在戲劇此一「異質空間」中，「這些作者提供了一個關於『他』的『私人性自我』（private self）如何在易代之際有所抉擇的『公眾性解釋』（public interpretation）」。〔註24〕

同樣以離散討論清初劇作的，還有沈惠如的〈試論明傳奇《千鍾祿》的離散書寫〉。《千鍾祿》為明清之際蘇州派劇作家李玉的重要作品，該劇借用當年明成祖發動「靖難」後，建文帝的行蹤成謎為題材，敷演落難皇帝千里逃難隱居鄉野的顛沛際遇。沈惠如透過離散書寫的觀點分析該劇，認為李玉

〔註24〕王璦玲：〈亂離與歸屬——清初文人劇作家之意識變遷與跨界想像〉，《文與哲》第十四期，2009 年 6 月，頁 159～226。

調度前朝遺事，實則是「藉揣想建文帝的遭遇，作為明末遺民離散飄零心態的投射。就建文帝而言，飄零人回歸故土正是終極目標，而對李玉等劇作家而言，則是遺民在改朝換代後尋找自身的心靈原鄉。」〔註25〕

此外，高嘉謙的〈南溟、離散、地方感：楊雲史與使節漢詩〉則以晚清駐新加坡領事館任職書記兼翻譯官的楊雲史為例，論述駐外使節所代表的官方正統，面對西洋勢力、華人移民社會，其漢詩所建立之異地景觀，如何在早期南洋殖民地和華僑社群形成一個具有描述個體生存經驗、離散華人意識與外交視野的文學生產空間。高文強調離散跨境移動之意義，認為外交官詩人在詩裡組裝主體飄零和地方感性（sense of place）的雙重體驗，因而其對清帝國與外國間的權力與外交佈局的國族想像，其實可以視為當時離散華人社群的重要歷史脈絡和生存情境。高嘉謙勾勒楊雲史的外交官生涯，指出楊處在國變前夕，一方面心中潛在著一個帝國中心的立場，一方面卻也驚覺南洋早已為西方勢力所盤據，因而總有時不我予的悲歎，但他在詩中調度唐詩美典，將自己帶回熟悉的表述傳統，舒緩了清帝國官吏置身英國殖民地的陌生與不適。然而，這樣的作法畢竟只是一種疏離或侷限，楊雲史詩的地方感從來不在於他如何或表述了多少在地真實風土，而只是一個不斷追憶往日朝貢外交的使節詩人一再地複述帝國過往的光輝歲月。〔註26〕

至於王美秀的〈主體錯置、區隔他者、復國隱喻——論盧思道〈聽蟬鳴篇〉中的離散論述〉則別出心裁，以離散論述來討論北朝詩人盧思道在北齊亡國之際所寫下的雜言詩〈聽蟬鳴篇〉。該文提到離散源於主體錯置（displacement），錯置造成失根、失憶與失義，使離散主體成為一個卑微的受難者，在孤獨中承受苦難，因而盧思道以寒蟬自喻，影射自己移入敵國都城長安後的邊緣位置。王文認為，此一邊緣位置來自離散主體對寓居國之主流文化所擺出的「抗拒模式」（resistance model），盧思道藉此將自己賦予一個疏離的身分，並以離散意識將長安再現為一個冷漠空間，如此方能鑑別我族與他族，使其離散者的身分更加明確。〔註27〕

〔註25〕沈惠如：〈試論明傳奇《千鍾祿》的離散書寫〉，《戲曲學報》第七期，2010 年 6 月，頁 159～184。

〔註26〕高嘉謙：〈南溟、離散、地方感：楊雲史與使節漢詩〉，《成大中文學報》第四十二期，2013 年 9 月，頁 183～220。

〔註27〕王美秀：〈主體錯置、區隔他者、復國隱喻——論盧思道〈聽蟬鳴篇〉中的離散論述〉，《國文學報》第五十期，2011 年 12 月，頁 177～208。

　　除了上述幾篇單篇論文之外，我們或許還必須注意幾本專書。其一是鄭毓瑜《文本風景：自我與空間的相互定義》。陳國球認為此書旨趣乃是透過個體與空間周旋互涉、相互定義的互動軌跡，試圖從不同角度來詮釋來完善「中國文學抒情傳統」的詮釋框架〔註28〕，而鄭毓瑜亦在內文中不斷強調「原本被強調的心靈、精神也許應該放回作為感知所在的身體，而身體應該置放回社會環境及宇宙自然之中」。〔註29〕儘管此書並未特別明確的使用離散來開展論述，但仍然為本文帶來相當程度的啟發性意義。畢竟，當個體被拋擲在一個完全陌生的地域時，個體與空間的互動就可能有了離散的意義。

　　正如鄭毓瑜所言，從自我與空間的相互定義出發，最可以重新看待的就是文學研究的根本基礎——背景或環境的問題，也就是文本脈絡的詮釋空間，〔註30〕而也唯有正視背景與環境的問題，才有談好離散敘述的可能。其實在《文本風景》一書中，鄭毓瑜也為我們示範了離散視野下的操作。她在〈流亡的風景——〈遊後樂園賦〉與朱舜水的遺民書寫〉一文中，觀察朱舜水流亡日本的心態轉變，從家園故舊的追憶乃至自絕於人間世的蒼涼心境，到在日本裏贊教化、推行王道，甚至於七十歲時自辦檜木棺槨，決意葬身茲土，認為那是朱在「無路可出的流亡生涯，朗現一片柳暗花明的喧鬧春意」〔註31〕。其實就朱的案例而言，身分的告別與轉身本來就是一種離散情境下的樣態。在光國的力邀與重用下，朱舜水放下他的抗拒，進而轉入了離散者的同化模式（assimilation model），這其中的關鍵點雖然是幕府當局文德教化的推動必須借重朱氏之力，但換個角度來看，或許這也是一種東道國的吸納。從朱氏的案例，我們看到了離散者投入在地化的一種可能。

　　另外一本則是高嘉謙的《遺民、疆界與現代性：漢詩的南方離散與抒情（一八九五～一九四五）》。高嘉謙將焦點集中在十九世紀至二戰期間中國境外的南方書寫，研究範圍含括臺灣、香港、馬來半島與蘇門答臘，試圖勾勒出晚清民初的遺民動線與生命軌跡。他以一八九五乙未割臺的時代鉅變為起

〔註28〕陳國球：〈評鄭毓瑜著《文本風景：自我與空間的相互定義》〉，《中國文哲研究期刊》第三十一期，2007 年 9 月，頁 266。

〔註29〕鄭毓瑜：〈導言：抒情自我的詮釋脈絡〉，《文本風景：自我與空間的相互定義》，頁 24。

〔註30〕鄭毓瑜：〈導言：抒情自我的詮釋脈絡〉，《文本風景：自我與空間的相互定義》，頁 16。

〔註31〕鄭毓瑜：〈流亡的風景——〈遊後樂園賦〉與朱舜水的遺民書寫〉，收錄於氏著《文本風景：自我與空間的相互定義》，頁 224。

點，指出悲憤憂患的國族書寫與現代的時間及地理感受，造就晚清曖昧的政治或文化遺民，且連同中原境內與境外的知識分子，捲入了一種離散現代性（diasporic modernity）的體驗。因此他們試圖透過文學描述與定位自身的遷徙，卻必須直面現代的變化與衝擊，同時回望難以斷絕的傳統。〔註32〕

二、明鄭時期臺灣漢詩之相關研究

由於明鄭治臺時期十分短暫，過去臺灣文學史相關著述對明鄭時期文學作品的介紹便顯得相對薄弱。以臺灣古典文學史為主軸的著作來說，例如江寶釵《臺灣古典詩面面觀》〔註33〕僅以四頁篇幅略述沈光文詩及其時代背景，黃美娥〈臺灣古典文學史概說〉在明鄭的部分則僅擇要提舉鄭經、沈光文兩位明鄭時期最主要的兩位作家進行說明。不過黃文的特別之處，在於看見了明鄭與清代以降臺灣文學的連結性，該文不僅指出了鄭成功「文學符碼」從清初到日治的轉變過程，也留意到沈光文在清代的政治關係中被特意標舉甚至「文獻化」的情形。〔註34〕而施懿琳《從沈光文到賴和——臺灣古典文學的發展與特色》則是著眼於明鄭於漢文化在臺灣的開創意義，以及遺民詩的書寫特色等層面來加以說明。〔註35〕此外還值得一提的是陳昭瑛《臺灣文學與本土化運動》，本書站在民族主義的角度討論明鄭文學，其書寫較側重於強調明鄭文學抵抗異族的民族性。〔註36〕至於以臺灣新文學為主要對象的葉石濤《臺灣文學史綱》〔註37〕，雖然特別獨立一章介紹臺灣古典文學，但明鄭的部分也僅是列出幾位遺民詩人姓名，並未對其作品進行分析。儘管如此，討論明鄭漢詩的單篇論文仍然頗具規模，其中更以沈光文為最，龔顯宗整理沈氏詩文與相關研究，編成《沈光文全集及其研究資料彙編》，〔註38〕該書收

〔註32〕高嘉謙：《遺民、疆界與現代性：漢詩的南方離散與抒情（一八九五～一九四五）》（臺北：聯經出版社，2016 年 9 月）。

〔註33〕江寶釵：《臺灣古典詩面面觀》（臺北：麥田出版社，2002 年 3 月）。

〔註34〕黃美娥：〈臺灣古典文學史概說〉，收錄於氏著《古典臺灣：文學史·詩社·作家論》（高雄：春暉，2007 年 10 月），頁 1～60。

〔註35〕施懿琳：《從沈光文到賴和——臺灣古典文學的發展與特色》（高雄：春暉出版社，2000 年 6 月）。

〔註36〕陳昭瑛：《臺灣文學與本土化運動》（臺北：國立臺灣大學出版中心，2011 年 10 月）。

〔註37〕葉石濤：《臺灣文學史綱》（高雄：春暉，2007 年 10 月）。

〔註38〕龔顯宗編：《沈光文全集及其研究資料彙編》（臺南縣：南縣文化，1998 年 12 月）。

錄沈詩校注 103 首、古文 1 篇、駢文 3 篇、沈氏的相關研究 47 篇，至今仍是研究明鄭漢詩的必備書目。沈氏的備受重視，究其源由，除了他在臺灣留下的詩作具有質、量兼具的優勢之外，或許也和政治情勢有關，例如翁佳音即指出 1940 年代以降國民政府撤退來臺，歷史局面宛如重回明鄭時代，因此「義不帝秦」的沈光文被熱烈再提起，成為歷史論述主旋律之一。〔註 39〕不過隨著近年來臺灣古典漢詩研究的興起，除了沈光文獲得了再檢視的機會，也帶動了其他作家如鄭經、王忠孝、盧若騰等遺民的能見度。由於相關研究眾多不及備載，因此以下便擇要略述。

在專書方面，劉昭仁《海東文獻初祖沈光文》以沈光文的家世與生平入手，並追溯沈氏的家學與師承交友，討論其「以詩為主，以古文及賦為輔」的寫作樣態，以及不忘前朝的儒式忠義性格。在沈氏詩文方面，劉文認為其詩特色在於「以詩言志，以詩存史」，不僅見證了時代的真實樣貌，更是為歷史留下了記述。〔註 40〕

至於吳毓琪《離散與落地生根──明鄭時期臺灣漢文學的發展面貌》則是由海洋文學的角度來思索臺灣文學創作的問題，將臺灣漢語文學的起點往前拉到陳第的〈東番記〉，接著次第介紹沈光文、鄭氏父子以及王忠孝等人的創作特色，並分析其詩作的遺民意識。吳文的特別之處，在於將臺灣漢語文學的起源往前推進，並援引不少荷蘭等西洋文獻來重塑時代，提供了我們除了漢人視角之外的觀看角度。〔註 41〕

在學位論文方面，林煜真《沈光文及其文學研究》同樣由沈氏生平入手，透過廣搜文獻並加以查考，試圖為沈詩繫年並討論其中心思想。林文強調沈氏的文學定位，認為他一方面承繼中國文學傳統，一方面也開創臺灣文學面貌。〔註 42〕至於顏伶真《沈光文之懷鄉詩研究》則從「中國懷鄉意識的文化基礎與懷鄉詩的文學傳統」切入，強調血緣、宗法、土地作為古代懷鄉意識產生的文化基礎，在文學史上的連續性和傳承性，滲透在沈光文的詩作之中。

〔註 39〕 翁佳音：〈史實與詩：明末清初流寓文人沈光文的虛與實〉，《文史臺灣學報》第 7 期（2013 年 12 月），頁 16。
〔註 40〕 劉昭仁：《海東文獻初祖沈光文》（臺北：秀威資訊科技公司，2006 年 5 月）。
〔註 41〕 吳毓琪：《離散與落地生根──明鄭時期臺灣漢文學的發展面貌》（臺南：臺文館，2012 年 11 月）。
〔註 42〕 林煜真：《沈光文及其文學研究》（高雄：國立中山大學中國文學所碩士學位論文，1998 年）。

顏文著重在文學與文化傳統分析，除了整理沈氏的家學與師承，該文最用心之處在於透過細讀的方式將沈詩依關鍵字拆解、歸納，不僅為沈氏的懷鄉詩作了主題的歸類，更分析出其中的藝術表現：情景交融的意象塑造、曲盡情志的用典立證及沉鬱悲慨的語言風格，頗具參考價值。〔註43〕

除了沈光文之外，鄭經詩也是明鄭漢詩的研究重點。鄭經雖不如沈光文以詩稱世，然而他的創作卻是現存的明鄭漢詩中份量最多者。在學位論文方面，阮筱琪與陳佳凌不約而同於2009年出版同名論文《鄭經《東壁樓集》研究》，不過兩本論文的進路卻是各有取向。阮文除了考據《東壁樓集》的成書定名與刊刻之外，更從鄭經詩的題材與內容、寫作技巧兩個層面加以分析，發掘不少鄭經的寫作習慣，例如：喜用疊字修辭、常用僻字及孤獨等字、韻腳多用庚韻與寬韻等，試圖藉此還原鄭經的人生態度及心境。〔註44〕而陳文則以兩個面向來看待鄭經詩，其一是探究其寫作特色，指出鄭經好擬古、多偶句與常犯格律等情況，一方面則透過鄭經詩的詮釋，試圖從中還原鄭經在東寧十年間的心境及生活情形，並還其本來面貌。〔註45〕

另外，郭秋顯《海外幾社三子研究》以海外幾社中，今存有詩文集之徐孚遠、盧若騰、張煌言三子詩為研究對象，雖並非專以明鄭漢詩為主要對象，但仍可視為明鄭漢詩前史，提供我們從晚明到南明之間的時代變化與幾社的發展狀況，以及徐孚遠、盧若騰兩位遺民在依鄭前後的生命境遇。〔註46〕

需要特別一提的是林津羽的單篇論文〈離散、帝國與嗣王：論鄭經《東壁樓集》的文化意蘊〉，藉由闡發鄭經游離在遺民／嗣王的雙重身分間所開展的對話與多義性，觀察其在離散的狀態下透過詩藝與策略式書寫來尋求個人的文學與歷史定位。林文雖未特別引用離散論述，但其借鏡離散觀點的痕跡仍然相當明顯，文中認為儘管鄭經試圖模仿中原，然而卻也混雜了在地性。這即使得臺灣的遺民論述與中原有了差異，而鄭經「既在遺民中心，又在帝國邊緣，通過遺民（中國）與嗣王（臺灣）的相互依存，又巧妙建立起主體性。」這樣的

〔註43〕顏伶真：《沈光文之懷鄉詩研究》（彰化：國立彰化師範大學國文學系碩士學位論文，2009年）。

〔註44〕阮筱琪：《鄭經《東壁樓集》研究》（臺北：東吳大學中國文學系碩士學位論文，2009年）。

〔註45〕陳佳凌：《鄭經《東壁樓集》研究》（高雄：國立中山大學中國文學所碩士學位論文，2009年）。

〔註46〕郭秋顯：《海外幾社三子研究》（高雄：國立中山大學中國文學所博士學位論文，2007年）。

論斷，也同樣展現了離散者在雙鄉之間的游離中所建構的自我認知。〔註47〕

三、前行研究成果反思

　　綜上所述，我們可以發現過去明鄭漢詩的研究大多仍集中在個體式的研究，習慣透過爬梳詩人生平與其意識形態（ideology）的建構歷程（如師承、家學等）來分析其創作特色及其遺民意識，卻很少能夠留意到明鄭遺民身分跨越不同文化情境時所可能產生的身分認同的游移。這樣的作法不僅不夠全面，也難以讓這些遺民詩人的在地化落實下來。究其實，不難發現過去看待明鄭時期漢語文學，始終沒能擺脫以中國為本位的思考模式，這即使得其整體脈絡看似只是將中國文學移植至一「空白之處」，而其立足之地則彷彿與詩的寫作無甚牽涉，即便有，也不過是山水花果的比興寄託。這在臺灣文學史的建構上，是十分可惜的一件事情。此一狀況，一直要到 2010 年代，才開始看到學者試圖以離散論述加以解決。離散論述的突出之處，在於比中國傳統的「亂離」觀點更能處理到移動者在異地與異文化的互動情形。正如李有成所言：「離散其實也是個距離的問題。距離很重要，距離帶給你不同的角度、不同的視野……離散在這種情形之下變成了一個具有生產性的空間，一個在家國和居留地之外的第三空間。」〔註48〕處在這種「第三空間」的離散者的書寫面向理當更加廣泛，寫作的動能也應更加強大，因為在兩地之間的距離感使他們不僅可以對居留國的種種衝擊提出批判，也可以對母國的種種政治、文化等措施表達自己的看法。〔註49〕不過，就以上述研究成果來說，吳毓琪的專著雖以「離散」為名，但實際上他所要提供的是站在臺灣海洋位置上的一種觀看明鄭文學的方式，並沒有真正使用到離散論述；而林津羽的論文借重離散敘述，確實能夠突顯明鄭文學與在地的互動關係，也為我們帶來許多啟發，可惜的是囿於篇幅限制，自然沒有辦法將該時代的總體離散情境詳加釐清，僅能見樹而未見其林。

　　至於在離散論述的操作方面，我們可以發現上述著作在離散的解釋與運用皆存在著某種程度的彈性，例如王璦玲所提到「精神家園的喪失」以及沈惠如「飄零心態的投射」，實際上都指向一種心靈狀態而非現實處境。我們亦

〔註47〕林津羽：〈離散、帝國與嗣王：論鄭經《東壁樓集》的文化意蘊〉，《淡江中文學報》第三十七期（2017 年 12 月）。
〔註48〕李有成：《離散》，頁 158。
〔註49〕李有成：《離散》，頁 159。

可以將其理解為採取「一種譬喻性的說法，用以觀察在特殊處境上的特殊現象」。〔註50〕至於高嘉謙以離散談楊雲史的故國回望，則是擴大了離散的詮釋範圍，將主動性的跨國移動也涵涉其中。上述著作為我們提供了離散論述的幾種不同的操作方法，也為後繼的研究者展現了離散論述多樣的詮釋可能。雖然過度擴大理論的詮釋範圍，必然影響其理論的有效性，但是西方理論在中國古典文學研究上的借用，不可能不經過「理論旅行」〔註51〕的過程而直接沿用，因此我們仍須在離散的框架中進行系統內的調整，如此方能適切而客觀地呈現研究對象的真實面貌。

第四節　研究方法

泰瑞·伊格頓（Terry Eagleton）在談論詮釋對文學的雙向關係時曾經提到：文學作品不是意義固定不變的文本，而是能產生各種可能意義的母體。〔註52〕當然，意義的生產並不是由作品自體呈顯，需要透過讀者的理解與詮釋來揭明。但是這種意義的創造並非來自於個人的隨機聯想，而必須是能與他人共享、溝通交流，如此這一意義方能成立。

儘管我們對文學作品的分析詮釋確實不可能全然客觀，但為了確保對文學詮釋的有效性，我們仍須藉由一套理性、科學的研究方法來分析所要研究

〔註50〕侯如綺：《雙鄉之間：臺灣外省小說家的離散與敘事（1950～1987）》（臺北：聯經出版社，2014 年 6 月），頁 18。

〔註51〕理論旅行此一概念為薩伊德（Edward W. Said）於〈旅行的理論〉（Traveling Theory）一文中提出，描述的是理論因經歷跨文化過程（transculturation）而產生變形作用的現象。李有成則進一步說明理論在旅行的過程中可能面對的遭遇：思想或理論畢竟是社會與歷史時空的產物，在被移植到新的環境時，也難免要受制於新的社會與歷史情況。考察思想或理論的移植過程，我們不難發現，在旅行、移植的過程中，思想或理論往往會遭遇被據用，省略或變形的現象；或因水土不服，而與異鄉的社會、文化、政治情況扞格不入；或因投合異國當權或流行的意識形態或社會與政治情勢，而得以大放異彩，甚至與當道結合，一變而為霸權論述，進而壟斷整個思想或理論市場，成為市場中獨大的宰制力量。不過，儘管造化有別，但在遷徙、移植的整個符碼化、建制化的過程中，外來的思想和理論幾乎無可避免地必須面對被分解、被系統化，乃至於被簡化的共同命運。詳參李有成：〈理論旅行與文學史〉，《中外文學》第二十五卷第 3 期（1996 年 8 月），頁 224～233。

〔註52〕Terry Eagleton 著，黃煜文譯：《如何閱讀文學》（臺北：商周出版社，2014 年 1 月），頁 225。

的對象。落實到實際操作層面而言，柯慶明認為對於作品的研讀，必須依循以下原則：首先是了解作品所陳述指涉的一切，通常這包括對於該作品所真正陳述的心理歷程、生存情境的可能，以及藉此肯定的存在倫理意義之可能的呈示等等的全盤了解。然後一方面檢驗它是否首尾一貫，圓融自足；一方面考慮它是否與我們的已知經驗抵牾衝突。〔註53〕此外，顏崑陽亦曾提醒我們，面對具有「客觀歷史他在性」的文本，其符號形式亦自有客觀化的成規，不能隨人任意作解。〔註54〕因此，文學研究必須以「文本」作為「第一優先性」，即從文本的關照來探詢任何可以深入、延伸來討論的問題，且必須具備「科學性」、「系統性」兩大特徵〔註55〕，才會是一本合格的論文。

　　另一方面，文學作品的詮釋、研究也並非一成不變。顏崑陽借用傅柯（Michel Foucault）所提出之「知識型」（Épistème）概念，認為每一個歷史時期皆有一套對「真理」的基本假定以及認識論的規範，而隨著歷史的遷移，人們對「真理」的判斷也可能昨是今非。因此作為現代學者，應當不斷叩問：

　　（一）我對研究對象的「基本假定」是什麼？跟前代有什麼不同？

　　（二）新的理論基礎何在？

　　（三）新的問題以及解答的可能觀點何在？

　　（四）新的方法學何在？〔註56〕

文學研究必須建立在以上四問之上，才有開展「現代視域」的可能。而為了重新反思前行研究成果，我們確實有必要依藉西方思潮、理論的啟發，來開展與前代不同的論述，甚或是建立新的「知識型」。本文透過對前行研究的反思，提出以「離散」論述切入明鄭時期臺灣漢詩的可能，亦是透過西方理論

〔註53〕柯慶明：〈略論文學批評的本質〉，收錄於氏著《柯慶明論文學》（臺北：麥田出版社，2016年7月），頁115。

〔註54〕顏崑陽：《詮釋的多向視域：中國古典美學與文學批評系論》（臺北：臺灣學生書局，2016年3月），〈導言〉，頁9。

〔註55〕此兩大特徵為顏崑陽所提出，前者指向透過論證來確保判斷的「相對客觀性」，亦即藉由使用充分可信的資料，經過分析性詮釋以及嚴格的邏輯程序來獲致判斷；後者則是指在論文內所使用之幾個概念與範疇皆須以可確定之「關係」作為統整原則，如此方能構成一致性與完整性的系統。詳參顏崑陽：〈用詩，是一種社會文化行為模式——建構「中國詩用學」初論〉，收錄於氏著《反思批判與轉向——中國古典文學研究之路》（臺北：允晨文化出版社，2016年4月），頁537。

〔註56〕顏崑陽：〈中國古典文學研究的現代視域與方法——顏崑陽與蔡英俊對談錄〉，收錄於氏著《反思批判與轉向——中國古典文學研究之路》，頁524～525。

來對中國古典文學提出新的詮解，希望能夠獲致新的意義。而為了達到此一目標，本文則需透過論證與分析來完成，亦即針對文本提出分析性的詮釋，再以相關史料或研究作為輔助，以支持接下來的延伸性推論，最後才是將這些散落在文學實踐裡的個別現象分門別類、歸納建構，將它們妥善安放在我們的理論架構當中。

除此之外，為了方便接下來的論述開展，這裡仍須對一些觀念提出說明。首先，我們必須認知到文學家與其著作是「歷史性」（historicality）的存在，因此每一個文學家作為一個「歷史性主體」，他們皆是在特定歷史時空的文化、社會情境中，具體實在之相對、個殊的經驗性主體，是以我們不可能抽離特定歷史時空的文化、社會情境，而抽象地討論文學創作者的主體性。〔註57〕在上述的前提下，本文認為明鄭時期臺灣文人的漢詩創作，是由離散的社會情境與中國文化與歷史情境經緯交錯而具現的現象，是以本文必須先從時代情境切入，分析離散主體所抱持的思維、遭遇的各種困局與相應的改變，才能進入文本做出相對合宜的詮解。

至於「離散」的使用，如前所述，本文認定其為描述某一族群因受迫而遷徙至異地，且在異地與異文化族群產生互動的過程，因而在我們的討論當中，「族群」一詞可謂至關重要。本文對族群的認知，來自於安德森（Benedict Anderson）在《想像的共同體》一書中對民族提出的定義：它是一種想像的政治共同體——並且，它是被想像為本質上有限的（limited），同時也享有主權的共同體。〔註58〕民族的想像與邊界通常來自於「文化認同」，亦即某一群體所共同享有的文化。文化認同不僅反映了共同的歷史經驗，也共享了文化符碼（code），這些經驗和符碼則是身為「同一民族」的群體提供了在實存歷史的無常變化中，以及變幻莫測、分合興衰的時局影響下，某些穩定的、不變的，以及連續的參考框架與意義框架。〔註59〕因此當離散發生的當下，也是離散者文化認同所服膺的框架遭受動搖之際。

〔註57〕顏崑陽：〈當代「中國古典詩學研究」的反思及其轉向〉，收錄於氏著《反思批判與轉向——中國古典文學研究之路》，頁71。

〔註58〕班納迪克・安德森（Benedict Anderson）著，吳叡人譯：《想像的共同體——民族主義的起源與散布》（臺北：時報文化，2010年5月），頁41。

〔註59〕斯圖亞特・霍爾著：〈文化認同與族群離散〉，收錄於 Kathryn Woodward 編，林文琪譯：《認同與差異》（臺北縣：韋伯文化國際出版公司，2006年10月），頁84。

　　明鄭時期中原文人渡海來臺，昔時臺島既有世居於此的原住民族，又承繼荷人治臺餘緒，儘管此前即有漢人在臺活動，但卻不成氣候。因此，他們也同樣必須面對離散情境下的文化衝突。然而比起最早使用離散來描述失家經歷的猶太人，或是現代學者用以形容奴隸買賣的非洲黑人，來臺漢人的群體則顯得幸運得多，他們雖然在自己的故鄉敗戰流亡，在此卻搖身一變成了戰勝的統治階級。他們在「政治意識形態」上，〔註 60〕一方面仍認為朱明漢人政權才是中原的正統政權，一方面則試圖透過經營臺灣實現復明意志，而他們優勢的位階則為他們確保了文化上的強勢。但正如霍爾提醒我們的，文化認同既是「實存，是什麼」（being），又是「轉化，成為什麼」（becoming）的問題，它屬於過去也同樣屬於未來，〔註 61〕文化身分認同並非毫無疑問或一成不變，一旦離散族群與接納國社會（host societies）產生長時互動，文化認同便有產生混雜的空間。

　　在上述的幾個基本假定與討論基礎下，本文的研究程序推展大略可分成以下幾個層次：

　　一、說明本文對「離散」之定義，並釐清離散與中國傳統詩學中的「亂離」之間的異同，以說明明鄭臺灣漢詩的特殊性。另外，本文研究對象文本以臺灣文學館編《全臺詩》及龔顯宗編《鄭經集》、《沈光文集》等所錄為主，並旁參其他相關詩文集如盧若騰《島噫詩》、臺灣省文獻委員會編《惠安王忠孝公全集》、郭秋顯選注《徐孚遠・王忠孝集》，以及連雅堂《臺灣詩薈》等相關資料以豐富第一序文本之完整性。

　　二、探究中晚明乃至明鄭時代中原文人對臺島觀感之遞嬗，藉此觀察知識階層隨著立足點的不同而產生之觀念轉變。從陳第〈東番記〉將臺灣視為「他者」的觀察報告，到盧若騰等遺民視渡臺為畏途，再到鄭經、沈光文實際踏上島嶼生存、經營，感受到的東都氣象又是一番風景。此一部份我們著重採用「歷史研究法」為基礎，透過史料的蒐集與閱讀、相關前行研究的參

〔註 60〕戴維・賈里（David Jary）、朱莉婭・賈里（Julia Jary）曾對「意識形態」作出三種定義，分別是：（一）作為社會活動或政治活動的基礎或指導的一切思想體系；（二）證明一群體統治另一群體合理或合法的一切思想體系；（三）一種包羅萬象的廣博知識，它能消除偏見，並用於社會改革。此處採用的概念較接近第二種用法。詳參戴維・賈里、朱莉婭・賈里著，周業謙等譯：《社會學辭典》（臺北：貓頭鷹出版社，2005 年 1 月），頁 324～325。

〔註 61〕斯圖亞特・霍爾著：〈文化認同與族群離散〉，收錄於《認同與差異》，頁 87。

考、比較來作為討論依據，盡可能避免出現虛設架空或誤解史實的情況。

三、透過「文本分析法」來解碼明鄭臺灣漢詩的「離散特性」，此一部份同樣需借重史料與相關研究佐證，但更需要對第一序文本的閱讀與理解。藉由閱讀後分析，本文將研究對象分成四大類型，亦即：流離他方的無奈、異地文化的衝擊、民族文化的連結與確認、鄉關何處的追認。

以下將陳述本文除了第一章的「緒論」以及末章「結論」之外各章的要點，以及隨之開展的問題：

第二章　從亂離到離散的轉向

本文整理離散此一概念的發展與演變，並試圖說明此一概念與中國文學批評中的「亂離」一詞的概念區別。本文認為，明鄭臺灣漢詩的離散經驗，並不僅限於離亂所涵攝的那種逃亡心境，更有其他與異地文化接觸而產生的各種心緒。由此，我們的確需要借用「離散」此一概念來描述明鄭時期的漢詩。

第三章　遺民、離散者與時空處境

本章主要論證明鄭時期詩人是否適用「離散」論述來討論的問題。臺灣本島雖然近在中國東南隅，然而中國較明確地留意到這塊島嶼，卻已經是十七世紀的事情了。1603 年陳第隨沈有容來臺東征倭寇，寫下的〈東番記〉是當時最清楚記錄臺灣風土民情的篇章，也是中國文人書寫臺灣之始。不過，作者陳第隨軍來臺，沒有長久居住的打算，因而他對臺灣可以保持一個相對客觀的紀錄觀點。但是隨後的沈光文、鄭經等人卻非如此。他們流離至此且坐困愁城，難以再回歸故里，因此他們與本地的接觸與互動也就頻繁而深刻。本章預期透過歷史事實的敘述與討論來說明認定明鄭勢力為一個離散群體的理由，並指出這些離散特性如何影響詩人寫作。

第四章　艱辛避海外──流離他方的無奈

作為一個離散主體，對於被迫離開故土的命運表達無奈是最直接的反應，他們細數家國覆亡的敗因，對晚明政治的亂局不免多有感嘆。另一方面，他們退守孤島，重新開展的生活也還有待適應。反映在詩作當中，其題材有因謀生不易而產生對生活困頓的怨嗟，也有因時局無力而坐困鯤島的心靈惆悵。這些詩歌，都展現了詩人流離的迫不得已。

第五章　群胡亂宇宙──民族文化的連結與確認

離散者自故鄉往異鄉星散之後，由於面對異鄉當地的文化影響，他們必

須透過不斷的確認自身與來處的文化連結，方能找到內在自我的精神安頓。從政治上來說，明鄭在臺灣設立孔廟、大興文教之業，試圖將臺灣納入中國傳統文化體系之中。而在文學上，其實不斷從事漢詩書寫，就已經持續性地對自我論證自己雖然身離故土，但是並未離開文化之外。在這些詩作中，除了直接書寫中原被異族佔據的文化憂慮之外，更值得注意的現象是鄭經透過大量的借鑒唐詩，從詩題或詩句中截取、鎔鑄、增損、化用、襲用，他透過大量的借鑒唐人詩句，除了典範模習之外，或可視為是一種對文學歷史的勾連，並試圖藉此對自我文化的保存展開再確認。

第六章　黑齒草塗成——在地風土的交涉

本章所要討論的是明鄭漢人接觸到臺灣風土、臺灣原住民時的衝擊與看法、觀點。對於離散研究來說，離散者與異地的原居民、地理環境之間的互動是必須關注的一個議題。在沈光文的詩作中，存在著一些歌詠臺灣當地原住民或當地物產的作品，這是詩人關於生活最真切的實踐與觀察。除此之外，我們也必須從詩作中觀察詩人對臺灣風物的看法，無論是褒是貶、是接納還是抗拒，這些都是離散者面對異域所必然發生的觀念衝擊。

第七章　望月家千里——根歸何處的游移

思念家鄉，是每個羈旅在外的遊子的必然情緒，尤其是對被迫告別家鄉的離散的群體來說更是如此，他們不斷地在詩作中表達對故鄉的眷戀、回家的期盼，以及隱隱然已經發現回家無望的傷感。但另一方面，臺灣也是漢人筆路藍縷親手打造的新家園，當詩人意識到自己所謂的歸鄉、歸葬其實也只不過是歸於臺灣時，此地也就開始有了「家鄉」的意義。

在預期的研究成果方面，本文試圖透過離散觀點來詮釋明鄭漢詩，除了希望能深化明鄭時期的漢詩研究之外，更想發掘的是明鄭時期作為臺灣「華語語系文學」的起點，其所能為我們開創的文學想像與特性。本文認為明鄭漢詩所帶給我們的是在地化的開始，它雖來自中原，卻逐漸混融南方異域，而這兩者歷時長久的辯證過程，或許正是臺灣文學的發展脈絡。

第二章　從亂離到離散的轉向

第一節　離散視域的界定與反思

甲申之變後，明宗室與大臣紛紛南避，雖然一度在南京成立朝廷，然而在南明諸王大臣的政治角力與算計之下，卻也難挽大局。當抗清活動終不可為，忠於明室的遺民也只能效伯夷叔齊以唱採薇。然而在這些易代之際的遺民之中，亦不乏流亡海外、甚至終老異域者。例如生於萬曆年間的朱舜水顛沛於越南而凋零於日本；〔註1〕至於晚朱舜水十二年出生的沈光文則是自廣東潮州渡海至福建泉州的旅途上遭遇颶風，因而漂流到當時尚屬荷治的臺灣。〔註2〕

另一方面，海寇之子的鄭成功不肖其父，入太學、從學於錢謙益門下，且於明亡之際起兵抗清，甚至一度揮師北伐進逼南京，頗有力挽狂瀾之勢，卻又在最後關頭功虧一簣、退守金廈。1661 年，鄭成功驅逐臺灣島上的荷蘭殖民政權以代之，尋求抗清最後的反攻機會，經此一役，臺島命運遂難與中國切割。雖然鄭成功經略臺灣一年而卒，然而鄭氏政權在鄭經手中卻猶能枕戈待旦、伺機反攻。〔註3〕一如王德威所言，鄭成功的家世、功業所烘托出的跨國、離散色彩，他壯志豪情下的草莽精神，還有歷史命運加諸於他的鬱憤

〔註1〕參川口長孺：《臺灣鄭氏紀事》（南投：臺灣省文獻委員會，1995 年 8 月），頁 39。

〔註2〕關於沈光文漂流來臺的時間、始末，本文第三章有較詳盡的討論。

〔註3〕黃典權：《鄭延平開府臺灣人物志》（臺南：海東山房，1958 年 2 月），頁 76～81。

無奈，多少年後，已經融為臺灣主體想像的重要資源。〔註4〕然而除了鄭氏父子以外，早先一步抵達臺灣的沈光文，乃至隨同鄭氏政權來臺的王忠孝、徐孚遠等文人的海外離散，亦多少為日後乙未、辛亥的臺灣與中國知識份子提供了海外離散的一種想像。〔註5〕

當年以鄭氏為首的漢人政權佔領臺灣，取荷蘭而代之，雖然聲稱臺灣「此地迺先人故物」〔註6〕然而實際上多數流離來臺的漢人仍對臺灣一知半解。康熙年間進士鄭亦鄒所著〈鄭成功傳〉便提及臺灣：

> 臺自破荒，不載版圖。前明宣德太監王三保舟下西洋，因風過此。
> 嘉靖末年，海寇林道乾亂，遁入臺。都督俞大猷追之，知水道紆曲，
> 時哨鹿耳門外以歸。道乾既逸，顏思齊勾倭屯聚，芝龍附之，未久
> 而去。〔註7〕

可見臺灣本島深隔海外，自古以來即非漢人的主要活動場域，甚至不見載於版圖之內。雖然明代開始有漢人前來島上活動，但若非如三保太監因風偶然而至，就是如顏思齊、鄭芝龍等海上亡命之徒所逃遁與屯聚。然當懷抱明代／漢族衣冠的士大夫遺民不辭千里涉海而來，與陌生的異域風土展開種種家國／民族內外交迫式的文化辯證，如高嘉謙所描述的：「境外遺民世界裡，主體與地域遭遇可能產生的矛盾與衝突，融合與在地化，政治與文化認同的變遷」〔註8〕時，離散經驗便也隨之開展。

離散（diaspora）〔註9〕一詞原與希臘的園藝傳統相關，其指涉的本是種子的散播。然而在猶太史料的紀錄裡，離散經驗的源頭則始於西元前六世紀，隨著耶路撒冷（Jerusalem）的崩落而被放逐至巴比倫（Babylon）的猶太人。〔註10〕至於較正式以漂泊、四散（dispersal）以討論猶太人無以為

〔註4〕王德威：《後遺民寫作》（臺北：麥田出版社，2007年10月），頁29。
〔註5〕關於此方面的研究，可參閱高嘉謙：《遺民、疆界與現代性：漢詩的南方離散與抒情（1895～1945）》（臺北：聯經，2016年9月）。
〔註6〕鄭亦鄒著：〈鄭成功傳〉，收錄於臺灣銀行經濟研究室編：《鄭成功傳》（南投：臺灣省文獻委員會，1995年8月），頁21。
〔註7〕鄭亦鄒著：〈鄭成功傳〉，收錄於臺灣銀行經濟研究室編：《鄭成功傳》，頁20。
〔註8〕高嘉謙：《遺民、疆界與現代性：漢詩的南方離散與抒情（1895～1945）》（臺北：聯經出版社，2016年9月），頁134。
〔註9〕或譯「族裔散居」。
〔註10〕參 Virinder S. Kalra, Raminder Kaur, John Hutnyk 著，陳以新譯：《離散與混雜》（臺北：聯經出版社，2008年1月），頁15～16。

家的經歷，則是要等到西元七〇年猶太人因遭羅馬帝國侵攻而二次流亡於耶路撒冷之外，成為星散流離的民族開始。〔註11〕自此，猶太人的流亡過程與創傷經驗便幾乎和離散相互指認、彼此補充，成為離散的古典形式，被用以形容「受迫性遷移、放逐和一種繼起的失落感，這種感覺來自於對歸返的無能為力」〔註12〕。

　　至於離散一詞在學術上的正式使用，則是要到一九六〇年代透過非洲研究（African studies）學者的著作才得以完成。它經常被應用於討論非洲人經由奴隸制度而移往美洲各地的大規模移動〔註13〕，例如根據十五世紀以來非洲黑人被綁架、販賣到非洲及歐洲的奴隸買賣路線，而提出跨大西洋的黑人網絡（Black Atlantic），抑或是討論跨大西洋黑人族群因出入於多元文化之間，而在各種藝術創作中產生的文化傳承、改造與顛覆。〔註14〕

　　需要特別強調的是，離散並非只是單純描述某人或某族群從甲地移動到乙地的心路歷程，而是指涉某種因外力而造成的散落及「不情願的遷徙」。至於造成遷徙的外力，則通常是來自於戰爭、飢饉、種族淨化活動、征服，以及各種政治性的壓迫。〔註15〕范銘如著眼於移動者的主體意志來定義離散，她分辨包括移民（immigrate）、旅行（travel）、自我／放逐或流亡（self/exile）、族群散居（diaspora）等牽涉到去國離家的批評詞彙，指出「移民」乃是一個比較主動的詞彙，移民者揮別故居，嚮往在新地方建立家園，心懷拓展希望。至於「放逐」，她則借用愛咪·康明斯基（Amy K. Kaminsky）的說法，認為放逐必須是被迫的，是非志願下離國，並且懷抱尋找迦南地的夢想。而當流亡者的被迫情況解除，明明可以返國卻又自願留下選擇不歸者，就從放逐的狀態轉變成族群散居的狀態。因此，流亡者冀望未來、某地，族群散居者的知性與感情能量卻耗費於家鄉。〔註16〕

〔註11〕參廖炳惠編著：《關鍵詞200》（臺北：麥田出版社，2003年9月），頁81。

〔註12〕Virinder S. Kalra, Raminder Kaur, John Hutnyk 著，陳以新譯：《離散與混雜》，頁16。

〔註13〕參 Virinder S. Kalra, Raminder Kaur, John Hutnyk 著，陳以新譯：《離散與混雜》，頁16。

〔註14〕參廖炳惠編著：《關鍵詞200》，頁81。

〔註15〕參 Kathryn Woodward 編，林文琪譯：《認同與差異》（臺北縣：韋伯文化出版公司，2006年10月），頁579。

〔註16〕范銘如著：《眾裏尋她——臺灣女性小說縱論》（臺北：麥田出版社，2008年8月），頁129～130。

但另一方面，斯圖亞特・霍爾（Stuart Hall）則試圖反客為主，重新省視離散的發展與能動，為離散提出了較正面積極的看法。他在〈文化身分與族裔散居〉一文中，開篇便提醒我們「身份並不像我們所認為的那樣透明或毫無問題」。〔註17〕霍爾指出：

> 我們先不要把身分看作已經完成的、然後由新的文化實踐加以再現的事實，而應該把身分視做一種「生產」，它永不完結，永遠處於過程之中，而且總是在內部而非在外部構成的再現。〔註18〕

他提醒我們文化身分是既「存在」又「變化」的，既屬於過去也同樣屬於未來，文化身分源自於歷史，卻也在時間歷程裡頭不斷變化，不是永恆地固定在某一種本質化的過去，而是在歷史、文化與權力中不斷變動。〔註19〕在霍爾看來，文化身份既然不是一種固定不變的本質，也就無法提供一個可被追溯或回歸的固定源頭，相反的，霍爾眼中的文化身分，是在不斷的混雜〔註20〕當中被定義出來的。基於這個認識之下，離散便不是只能透過不惜一切代價回歸某一神聖家園才能獲得身份的族群，而是由多樣性和異質性的認可所定義的，透過改造和差異不斷生產和再生產以更新自身的身分。〔註21〕

與霍爾看法相似的，還有保羅・吉爾羅伊（Paul Gilroy）。他在〈離散與認同的迂迴路〉一文中指出：

> 離散意識所強調的是，在共同起源所創造的共同連結，以及因為散居各處所產生的其他連結之間，所具有的張力，同時也強調人們有

〔註17〕斯圖亞特・霍爾著，陳永國譯：〈文化身份與族裔散居〉，收錄於羅鋼、劉象愚主編：《文化研究讀本》（北京：中國社會科學出版社，2000年9月），頁209。

〔註18〕斯圖亞特・霍爾著，陳永國譯：〈文化身份與族裔散居〉，頁209。

〔註19〕斯圖亞特・霍爾著，陳永國譯：〈文化身份與族裔散居〉，頁211。

〔註20〕關於混雜，派特西（Pieterse）更建議進一步區分為「結構混雜化」（structural hybridization）與「文化混雜化」（cultural hybridization）。前者是指混雜性發生的各種社會制度及場域，例如邊境地區或像是邁阿密、新加坡之類的城市。後者是指文化上的回應，範圍涵蓋「同化」（assimilation）、各種分離的形式，一直到那些使得文化邊界不穩定且模糊化的混雜情況。派特西論稱，結構混雜化增加了人們的組織選擇，文化混雜化則涉及了「想像共同體」的開放，是文化特色的跨界特質漸增的符徵。不過，混雜並不代表邊界的消除，因此我們仍須對文化差異（difference）和那些承認類同（similarity）的各種形式的身分／認同，保持一定的敏感度。詳參 Chris Barker 著，羅世宏主譯：《文化研究：理論與實踐》（臺北：五南圖書公司，2010年12月），頁282。

〔註21〕斯圖亞特・霍爾著，陳永國譯：〈文化身份與族裔散居〉，頁221～222。

責任要記得在戰爭與被綁架之前所擁有的生命經驗。〔註 22〕
離散者漂泊四方、隨處遊歷，正因為遲遲無法與寄居地相容，因此內在心靈總是處在內外無定的矛盾狀態之中。然而，也正因為離散永遠處在原鄉與異鄉的相互作用之中，因此反而能在「居住的地方」（the place of residence）和「從屬的地方」（that of belonging）之間，打開一個歷史和經驗意義上的裂縫。〔註 23〕在吉爾羅伊的觀點中，離散拆解了我們對身分歸屬的血緣與地緣分判，進而向單一本質的想像提出質疑，他指出離散提供了一個新的可能性，亦即讓人們瞭解認同並不是一種被地域或者國籍因素，以不證自明的方式所決定的若干事物。〔註 24〕由是，我們可以發現霍爾與吉爾羅伊都強調離散者的混融特性，並反對追根溯源式地探求離散者在未離散之前的「本質」。透過強調離散者的混融特質，方能讓離散者在原鄉與接納他們的東道國之間被突顯出來，而不致被其中任何一方收編、湮蓋。

　　另一方面，亦有學者對當今中國文學研究廣泛挪用離散概念以談論境外中國文學的現象感到憂心。如史書美即指出：離散作為一種價值觀，其隱含了對祖國的忠誠與嚮往，在離散者與祖國之間形成一種約束性的必然關係。因而儘管分離了數個世紀，離散的價值觀仍將離散漢族與所謂的「祖國」緊綁在一起。這些海外華人被認為應該和「中國性」在狹義定義下相互召喚，「中國性」因而成為可量化的概念，成為一個人是否夠中國的準則。〔註 25〕舉例而言，在二十世紀初居住在舊金山唐人街的華裔美國人，他們譴責自己的美國孩子不再是令人滿意的中國人，稱他們為「空心竹」；或如來自中國抱持民族主義主張的中國人，聲稱他們相對於那些生活在世界各地的華人而言，仍是最正宗的中國人。〔註 26〕在這種民族主義式的召喚下，離散在世界各地所開展的在地性與多元混融恐將遭到「中國性」的強勢收編，而海外華人在地化的努力也可能在這種召喚的聲浪中被一筆抹消。因而，史書美主張離散

〔註 22〕 Paul Gilroy：〈離散與認同的迂迴路〉，收錄於 Kathryn Woodward 編，林文琪譯：《離散與混雜》（臺北縣：韋伯文化國際出版公司，2006 年 10 月），頁 596。
〔註 23〕 Paul Gilroy：〈離散與認同的迂迴路〉，收錄於 Kathryn Woodward 編，林文琪譯：《認同與差異》，頁 597。
〔註 24〕 Paul Gilroy：〈離散與認同的迂迴路〉，收錄於 Kathryn Woodward 編，林文琪譯：《認同與差異》，頁 554。
〔註 25〕 史書美：《反離散：華語語系研究論》（臺北：聯經出版社，2017 年 6 月），頁 16。
〔註 26〕 史書美：《反離散：華語語系研究論》，頁 35。

必須要有其時效性：我們不能在三百年後仍聲稱自己為離散者，每個人都應該被賦予成為在地人的機會。〔註27〕

　　除了史書美以外，陳榮強也同樣對海外離散華人研究〔註28〕所衍生的國族主義表示疑慮：

> 海外華人研究與離散華人研究對「中國性」的闡述與解析讓我們認識到中國和「中國性」與海外離散族群的關係比我們想像中的還要來的複雜。兩者的關係並非簡單的「僑民」與「海外華僑」等身份標識所能涵蓋說明的。「中國性」的齊性與歸入性是一種以漢族文化身份為中心的現代中國國族敘言下的話語。這樣的話語提倡「純中國性」的「血緣迷思」，將離散華人族群與中國境內的他族歸入於統一的身份認同。〔註29〕

在這種情況下，華人社群身分的多樣性被取消，方言對許多華人社群身分建構與族裔認同的重要性也被抹煞，反而一再地強化華語的文化階層優勢，結果導致了離散華人的在地性經驗被視而不見，也進一步限制了他們在地化的可能。〔註30〕因此，在使用離散來談論中國人在世界各地的散布時，我們不能不時時提醒自己對漢人中心主義的「中國性」必須保持批判。至於詹閔旭則認為，史書美用以描述中國境外同樣使用華文文學生產的「華語語系文學」（Sinophone literture）在臺灣所佔據的理論位置，倒還不是批判以漢人、中華性為主導的意識形態，而是讓臺灣本土論述的深耕成果得以與其他華語語系社群進行跨國比較研究。〔註31〕事實上，無論是接受「中國性」的召喚抑或是努力成為在地人，這些恐怕都是離散經驗當中的諸多環節之一。而綜合上述論者的觀點，我們也不難發現史書美反對的並非離散本身，而是反對故國

〔註27〕史書美：《反離散：華語語系研究論》，頁16。

〔註28〕或被稱為「離散中國人研究」。離散中國人被理解為中華民族在世界範圍內的播散，作為一個普遍化範疇，它以一個統一的民族、文化、語言、發源地或祖國為基礎。但其實這樣的論述忽略了中國少數民族如蒙族、藏族、維吾爾族等，因此離散中國人反而主要指的是漢族人的海外離散。換言之，本來是一個國家屬性標誌，卻成為民族的、文化的、語言的標誌。詳參史書美：《反離散：華語語系研究論》，頁29。

〔註29〕陳榮強：〈華語語系研究：海外華人與離散華人研究之反思〉，《中國現代文學》第22期（2012年12月），頁77。

〔註30〕陳榮強：〈華語語系研究：海外華人與離散華人研究之反思〉，頁77。

〔註31〕詳參詹閔旭〈華語語系（Sinophone）〉，收錄於史書美等編：《臺灣理論關鍵詞》（臺北：聯經出版社，2019年3月），頁261～268。

原鄉以「離散話語」包裝對海外離散者的國族主義召喚，並在有意無意間採取一種文化同一性的想像視野來評斷、要求離散者趨近。

正如陳榮強所言，離散經驗的現實並非取捨於離散鄉愁（Diasporic Nostalgia）或歸入於東道社會所能界定的〔註32〕，過度偏重於回歸母土的論點與強調在地同化的批評可能都過於簡化地看待離散族裔的生命經驗。離散觀點所能提供給我們的洞見，或許正是那主體夾雜在故土與異鄉間不斷擺盪的動態歷程與混雜特質。因此本文所採取的離散定義，指的是：一群因戰亂或飢荒等外力因素而流離他鄉的族裔，雖然保有對原居地的情感與記憶，卻未必願意選擇歸鄉，因而他們一方面懷揣著對故鄉的歷史記憶與感情，一方面卻又必須與寄居地展開互動，於是雙方皆在這種互動關係的過程中遭遇衝擊。另一方面，離散族裔與寄居地的差異性，也將隨著該地的歷史與社會的轉變，而讓他們在衝突與協調的過程中不斷更動自己的身分位置。

侯如綺於討論臺灣外省小說家離散敘事的研究中，曾經提醒我們臺灣外省族群雖以相對少數的人數在臺灣建立威權政府，然也因為他們居於主流、握有權威，而容易使我們忽略他們仍有必須不時調整的身份問題。〔註33〕事實上，同樣的觀點也可以挪用以看待明鄭時期的在臺漢人：南明遺民遷徙臺灣，雖然在此地打造政權，卻時時對彼岸的故鄉無時或忘；另一方面，面對著臺島各種與中原殊異的風土民情，那些奇花異草、荒沙竹屋，乃至或降或叛的原住民族都無時無刻叩問著這些漢人族群的身分，更不用說當遺民們以漢族衣冠的視野立於此岸，而反將來處的「彼岸」視為他者時的身分調整，也頗有令人玩味之處。因此，當我們透過離散論述的觀點重新省視明鄭臺灣文人詩作，這些多樣異質的混雜性其實才是我們更應該看到的。

第二節　漢詩的亂離書寫

在此要特別說明的是，若就書寫題材與歷史經驗而言，明鄭文人的離散書寫雖然具有開創性的地位，但也並非前無所承。只要信手翻開史頁，便能發現在血痕處處、淚光點點的中國歷史當中〔註34〕，多少流亡與遷徙都在此

〔註32〕陳榮強：〈華語語系研究：海外華人與離散華人研究之反思〉，頁82。
〔註33〕侯如綺：《雙鄉之間：臺灣外省小說家的離散與敘事（1950～1987）》（臺北：聯經，2014年6月），頁40。
〔註34〕李正治：《神州血淚行》（臺北：故鄉，1982年9月），頁4。

產生：無論是《詩經‧黍離》中描寫幽王時代的黍離之悲、杜甫在安史亂後的〈春望〉之痛，乃至吳梅村〈遇舊友〉：「已過縈追問，相看是故人。亂離何處見，消息苦難真。拭眼驚魂定，銜杯笑語頻。移家就吾住，白首兩遺民。」〔註35〕書寫亂離而意外遇故人那種無以名狀的大悲痛與小竊喜，都是在戰亂的顛沛中最難以言喻的傷痕。正如李正治所言，一部中國史上下五千年，縱橫千萬事，大半都為戰爭所盤據〔註36〕，因而在中國漢詩的書寫當中，亂離經驗也可算是一寫再寫的熟題。

「亂離」一詞，始出於《詩經‧小雅‧四月》：「秋日淒淒，百卉具腓。亂離瘼矣，爰其適歸？」，余培林以《詩輯》「離，離散也。」作為亂離註腳，指的是因為災難而流亡的場景〔註37〕。然而他也同樣指出〈四月〉：

> 文中既曰「胡寧忍予」、「民莫不穀，我獨何害」，則此亂似非國家之
> 亂，乃詩人自身之災亂，故季本《詩說解頤》曰：「仕者……為小人
> 構禍，無處容身，故作是詩。」是矣。〔註38〕

因此在此刻，「亂離」仍未必然指涉因國家動亂而百姓四處遷徙的群體性經驗。這種情況必須要到唐代，亂離與戰爭災害這兩種經驗才真正在文學中相互黏合。李正治即指出：

> 「亂離」一詞，在唐代以前，詩裏比較少用，唐代以後常常出現。
> 如杜甫「遣憂」：「亂離知又甚」，司空圖「避亂」：「亂離身偶在」，
> 鄭谷「渚宮亂後作」：「鄉人來話亂離情」，羅隱「遣興」：「何堪亂離
> 後」。詩裏使用「亂離」一詞，都是實際有戰爭劫掠，迫得人民向外
> 逃亡，所以「亂」和「離」是相引著出現。〔註39〕

而根據宋孔弘研究，他在統計《全唐詩》中五十餘首提到亂離的詩作之後，發現唐人詩作中亂離一詞的使用有其清晰的界定：「亂」與戰爭劫掠有關，「離」是人民向外逃亡，兩者之間存在因果關係，即「離」是因為「亂」而造成。〔註40〕

〔註35〕〔清〕吳梅村：《吳梅村詩集箋注》（香港：廣智書局，1959 年 3 月），頁 252。
〔註36〕李正治：《神州血淚行》，頁 4。
〔註37〕余培林：《詩經正詁》下冊（臺北：三民，1995 年 10 月），頁 206。
〔註38〕余培林：《詩經正詁》下冊，頁 208～209。
〔註39〕李正治：《神州血淚行》，頁 3～4。
〔註40〕宋孔弘：《張煌言詩「亂離書寫」義蘊之研究》（臺北：國立臺灣師範大學國文研究所碩士論文，2006 年），頁 7。

　　因此當「亂離」一詞轉為指涉某種文學的書寫題材時，其描述範圍也就落在主體經歷戰亂後流離失所的所思所感、所見所聞。誠如李正治所言：

> 詩人情有所至，不容止於情，於是聲淚凝為鏗鏘頓挫的聲韻，亂離之境化為各種代表性的意象，相互映發，結合而成藝術性的組構。
>
> 亂離之情，就寄於這個客觀的有機組構之中，成為獨立存在的一個感情世界……〔註41〕

而在亂離詩的相關研究中，如宋孔弘將亂離書寫定義為「在戰亂頻仍、局勢動盪的時空背景下，詩人受到政治力的影響，被迫四處流離，以詩筆記錄自己的見聞，抒發內心的感慨」〔註42〕，而武思庭則認為「『亂離』代表一種經由喪亂所產生的憂愁感。」〔註43〕，基本上皆未能超出李正治的定義之外。

　　值得一提的是，在亂離書寫的發展脈絡中，杜甫或許是一個承先啟後的重要轉折。李正治即認為亂離書寫雖始於《詩經》，但一直要到杜甫手中，才能更開新局，「真正能融入廣土眾民的血淚波濤之中，以豐富的情感和卓越的藝術表現，呈露盛唐亂離世界」〔註44〕。這當然與杜甫親身經歷過安史之亂有關。王福棟指出，安史之亂前唐人戰爭多在邊境，是保衛祖國、開疆擴土的戰爭，因此詩人歌頌戰爭，期待在戰爭中實現人生價值、博得軍功，但到了安史之亂發生後，描寫戰爭苦難的詩歌增多，開始表現出對現實戰爭國計民生的關注。〔註45〕而杜甫面對這一場迫使玄宗為避戰火連夜逃出皇宮的大型叛亂戰爭，更是以自己的切身感受來描寫這場動亂為普通人所造成的傷害。〔註46〕例如乾元二年三月，杜甫將從洛陽至華州之行的沿途見聞寫成「三吏」、「三別」，即展現了亂離情境下的苦難與感慨。在〈石壕吏〉當中杜甫筆下那官吏強徵百姓入伍的場景令人觸目驚心：

> 暮投石壕村，有吏夜抓人。老翁逾牆走，老婦出門看。吏呼一何怒，婦啼一何苦。聽婦前致詞，三男鄴城戍。一男附書至，二男新戰死。存者且偷生，死者長已矣。室中更無人，惟有乳下孫。有孫母未去，

〔註41〕李正治：《神州血淚行》，頁7。
〔註42〕宋孔弘：《張煌言詩「亂離書寫」義蘊之研究》，頁12。
〔註43〕武思庭：《女性的亂離書寫——以清代鴉片戰爭、太平天國戰役為考察範圍》（南投：國立暨南大學中文研究所碩士論文，2008年7月），頁23。
〔註44〕李正治：《神州血淚行》，頁9～10。
〔註45〕王福棟：《論唐代戰爭詩》（北京：中央民族大學文學與新聞傳播學院博士學位論文，2010年3月），頁45。
〔註46〕王福棟：《論唐代戰爭詩》，頁27～29。

出入無完裙。老嫗力雖衰，請從吏夜歸。急應河陽役，猶得備晨炊。

夜久語聲絕，如聞泣幽咽。天明登前途，獨與老翁別。〔註47〕

但對老婦而言，這僅僅只是這場亂離的起點而已。詩人意在言外的是那個希望渺茫的未來，沒有人會知道僅存的翁媳接下來該如何過活，也不會有人知道如果日後官吏再來，還有沒有解決的辦法。當然，更不會有人知道隨著軍隊轉戰而流浪的老婦會不會有回來的一天。只是即便流離者能夠安然返鄉，杜甫恐怕也不認為那就是苦難的終點。他在〈無家別〉裡描寫一個在敗陣中倖存返鄉的士兵：

寂寞天寶後，園廬但蒿藜。我里百餘家，世亂各東西。存者無消息，
死者為塵泥。賤子因陣敗，歸來尋舊蹊。人行見空巷，日瘦氣慘悽，
但對狐與狸，豎毛怒我啼。四鄰何所有，一二老寡妻。宿鳥戀本枝，
安辭且窮棲。方春獨荷鋤，日暮還灌畦。縣吏知我至，召令習鼓鞞。
雖從本州役，內顧無所攜。近行止一身，遠去終轉迷。家鄉既蕩盡，
遠近理亦齊。永痛長病母，五年委溝谿。生我不得力，終身兩酸嘶。
人生無家別，何以為蒸黎。〔註48〕

顯然就算亂離有其終點，等在盡頭的也不再是美好而圓滿的家庭生活。詩中的士兵回到故里，眼前所見不過是一片荒蕪，念及家中老母早已在自己從軍期間過世，他不禁開始思考：沒有親人的故鄉還是故鄉嗎？諷刺的是，在整個歸鄉的時日裡，唯一在意自己回鄉的竟還是徵召平民入伍的縣吏，這才發現上一次亂離的結束竟然只是下一次亂離的開始。

自杜甫之後，亂離詩的創作蔚然成風，也持續對後世造成影響。而就文學史上的發展而言，亂離詩起自《詩經》，別開生面於杜甫，一路派演到兩宋顛覆之際的江西詩派與北金的元好問以降〔註49〕，在這樣長時段的書寫當中，我們確實有理由相信南明時期的遺民詩人承繼了這一脈亂離書寫發展的可能。例如身居隆武帝兵部尚書，有「盧菩薩」之稱的盧若騰（1600～1664），便留有〈將士妻妾汎海遇風不任眩嘔自溺死者數人作此哀之〉這樣的作品：

少婦登舟去，風濤不可支。眩眸逢蜩螗，豔質嫁蛟螭。盡室為遷客，

〔註47〕〔唐〕杜甫撰、〔清〕楊倫注：《杜詩鏡銓》（臺北：文津出版社，1970 年 8 月），頁 205。

〔註48〕〔唐〕杜甫撰、〔清〕楊倫注：《杜詩鏡銓》，頁 207。

〔註49〕李正治：《神州血淚行》，頁 11。

　　　　招魂復望誰。化成精衛鳥，填海有餘悲。〔註50〕

詩中描寫將士家眷隨軍渡海，卻不耐波濤暈船失足落海溺死的慘狀，未必是
詩人的親眼所見，但是中原動盪，明鄭軍隊不得已轉進東南海島以作經營卻
是事實。盧氏作詩最忌無病呻吟，他嘗自述：「喪亂以來，驚心駭目之事，層
見疊出，其足供詩料者多矣。」〔註51〕而事實上他的詩作也反映了鄭家軍隊
的苦征與敗壞的軍紀。〔註52〕此詩不僅紀錄了亂離者渡海移動的險境，也道
出了亂離者的無奈：他們舉家遷徙，又有誰能為這些亡者招魂？在這首風波
歷盡的渡臺悲歌裡，我們看見了亂離者最深層的恐慌，那是對客死異鄉無人
聞問的憂慮與驚心。

　　只是在明代以前，文人階層的亂離似乎很少如流落臺灣的沈光文、或如
東渡日本的朱舜水等人這般，離開中原地域、離開原有的漢文化帝國版圖，
跨海投身到一個充滿陌生文化與風土之地，且意識到自己或許再無歸鄉之望。
這其中的差異，在於後者要比前者更須面對主體在異域間所可能產生的各種
矛盾與衝突、融合與在地化、政治與文化認同的變遷〔註53〕。因而我們認為，
傳統的亂離視域可能已難以處理海外遺民的書寫樣態，若非借用西方「離散」
觀點來重新省視明鄭臺灣遺民詩作，我們恐怕很容易對詩人與臺灣本地的互
動關係視而不見。

第三節　從亂離到離散的轉向

　　假如我們同意《文心雕龍‧時序篇》中，「文變染乎世情，興廢繫乎時序」
〔註54〕的這個說法，我們就應當能理解當世的時代發展對詩人主體所造成的
任何影響，都很有可能會落實在書寫當中。也就是說，詩人作為一個社會性
的存在，他所經驗到的時代興廢都有可能會造成其個人主體文學的變異。顏
崑陽提醒我們，「文學家與他的作品無可切分的都是『歷史性』（historicality）

〔註50〕施懿琳等編：《全臺詩》第一冊（臺南：臺文館，2004 年 2 月），頁 33。
〔註51〕施懿琳等編：《全臺詩》第一冊，頁 30。
〔註52〕施懿琳等編：《全臺詩》第一冊，頁 30。
〔註53〕高嘉謙：《遺民、疆界與現代性：漢詩的南方離散與抒情（1895～1945）》，頁
　　　　134。
〔註54〕〔梁〕劉勰撰、〔清〕黃叔琳注：《文心雕龍》（臺北：臺灣商務印書館，1967
　　　　年 4 月），頁 56。

的存在」〔註55〕，儘管人之所是所為的一切都有著歷史性的滲透，然而更值得我們注意的或許是詩人主體「對生命存在的體驗及其意義的理解、價值的選擇，終而實現文化的創造。」〔註56〕。明鄭時期的離散者流離海外，對文化原鄉的追慕使得他們在異鄉著手打造原鄉的人文風景，以試圖接續離散前的片段記憶。例如王忠孝的〈東郊行〉寫道：

逸興踏芳郊，春風處處同。心煩傍岸柳，身弱怯繁霜。椎結多隨漢，

衣冠半是唐。好將開濟手，文治接鴻濛。〔註57〕

「椎結」原為中國少數民族的特殊髮型，如《說苑·善說》載：「西戎左衽而椎結」〔註58〕，如今詩人藉以作為臺灣原住民之代稱。王忠孝信步城郊，眼見東都鄰近的原住民多已改易漢服，詩人信心滿滿地認為番人多半已接受漢人的文治教化，但是眼前的現況畢竟都還只是鴻濛初啟而已，詩人期許的其實是更深刻、更長遠的漢文化改造運動。另一方面，沈光文〈臺灣賦〉也記載鄭成功來臺後「雕題黑髮之人，跳梁豈敢？鑱耳文身之輩，蠢動無聞。……由是首崇文廟，次葺祠宮；歲修禋祀，時奉壇墠。」〔註59〕，在臺漢人政權藉由儒教的崇隆，不僅宣示了南明政統與道統的正統地位，也是彼岸故鄉在此地的重新再製。

　　無論是對原住民的「文治教化」，抑或是重建儒家教養的文化場域，都是一種對故鄉的全面擬仿，然而無論如何比附或譬喻，異鄉或許終究只是故鄉的幻影。另一方面，滿清代明而立，牽涉的便不只是朝代的更替而已，更令這些遺民在意的，還有胡漢代易這樣涉及民族想像的重大議題。身處在清朝統治下的遺民尚且能以「民間身分」投入禮教化民的文化事業當中〔註60〕，

〔註55〕這裡的「歷史性」，依顏崑陽的觀點，指的是使得存有者之所是所為的「事實」能成為「歷史」的基礎。詳參顏崑陽：〈從混融、交涉、衍變到別用、分流、佈體——「抒情文學史」的反思與「完境文學史」的構想〉，《反思批判與轉向——中國古典文學研究之路》（臺北：允晨文化出版社，2016年4月），頁207。

〔註56〕顏崑陽：〈從混融、交涉、衍變到別用、分流、佈體——「抒情文學史」的反思與「完境文學史」的構想〉，《反思批判與轉向——中國古典文學研究之路》，頁207。

〔註57〕〔明〕王忠孝著、臺灣省文獻委員會編：《惠安王忠孝公全集》（南投：臺灣省文獻委員會，1993年12月），頁248。

〔註58〕〔漢〕劉向：《說苑》（臺北：國立臺灣師範大學出版中心，2012年），頁94。

〔註59〕龔顯宗編：《沈光文集》（臺南：臺灣文學館，2012年12月），頁289。

〔註60〕趙園：《明清之際士大夫研究》（北京：北京大學出版社，1999年1月），頁390。

然而身居島國的詩人們卻僅能透過想像去揣測彼岸的故鄉，一如鄭經所感慨：
「群胡亂宇宙，百折守丹誠。海島無鸞信，鄉關斷雞聲。」〔註61〕，在與對
岸聲息不通的政治局勢裡，這種揣測更加劇了遺民對文化流失的危機感。值
此與原鄉若即若離的困境，以及國族易鼎的歷史情境張力裡，明鄭臺灣遺民
詩人在文學史上開創的離散書寫，就有了分流開源〔註62〕的特殊意義。

如前所述，南明遺民的亂離書寫，本就是對中國亂離書寫傳統的接續。
無論是身居廟堂的鄭經，抑或是流離山野的沈光文，儘管書寫的樣貌已經產
生了若干差異，然而他們既然自覺地體認自己身處在亂離的社會情境當中，
也就同時承擔且辨明了自己在中國文學亂離書寫傳統中的歷史位置。值得一
提的是，我們在此反覆申說的「傳統」一詞，並非指稱某種長久固定不變的
集體慣習，而是根據時移世改而不斷產生動態調整的特定行為。顏崑陽便提
醒我們，對於中國古代文學書寫者來說，文學歷史此一「情境性場域」的時
間三維，亦即過去、現在、未來，是源流連續且無法切割的：

> 「傳統」不是固態物，不是可用概念、名言說明的知識客體，因而
> 不是與「現在」對立而被封閉在故紙堆、某些人的腦袋及社會文化
> 符號形式中的觀念、習慣與規範。「傳統」一直就是動態歷程性結構
> 而整體混融之「存在情境」。〔註63〕

每一個當代的存在者，都是在一個社會文化發展的歷程中去各別感知、選擇、
實踐那些不同時期的社會文化條件，從而取得新變的質料及形式，且表現為
實在的經驗現象。〔註64〕因此我們認為，南明海外遺民的離散書寫，實在不
能與中國傳統的亂離書寫分而視之。從亂離到離散之間的書寫轉換，實際上
就是存在者主體因著存在情境自然而然地產生的調整與因應。

〔註61〕施懿琳等編：《全臺詩》第一冊，頁156。
〔註62〕這裡借用的是顏崑陽「源流文學史觀」的詮釋模型。這種詮釋模型主要的效
　　　　用，乃結合了「起源」與「流變」的論述，而對文學既存的經驗現象做出「源
　　　　流終始」關係的描述及詮釋。本文藉此意象來形容明鄭臺灣遺民詩人在文學
　　　　史上一方面遙承中國文學史的發展譜系，一方面則下開臺灣漢文文學發展起
　　　　源；而在漢詩的書寫題材上則上接中國亂離詩書寫傳統，下開臺灣離散詩之
　　　　濫觴的雙重關鍵樞紐位置。關於顏崑陽先生之「源流文學史觀」詮釋模型，
　　　　詳參顏崑陽：〈中國古代原生性「源流文學史觀」詮釋模型之重構初論〉，《政
　　　　大中文學報》第15期（2011年6月），頁231～272。
〔註63〕顏崑陽：〈中國古代原生性「源流文學史觀」詮釋模型之重構初論〉，頁249。
〔註64〕顏崑陽：〈中國古代原生性「源流文學史觀」詮釋模型之重構初論〉，頁249。

　　如果當漢詩面對浩劫創傷的結構性時代經驗，抒情主體介入鉅變選擇的悲劇性視角：自傷、流亡、哀情，說明了漢詩不再尋求崇高且不證自明的文化邏輯，反而是面對歷史，呈現災難背後主體與鉅變的情境交織認同的審美姿態。於是漢詩的象徵精神不再飽滿圓融，而是深入鉅變災難的內部，陳述主體的惶恐不安，以及處身歷史當下碎片狀的存在感。〔註65〕那麼無論是「離散」或者是「亂離」書寫，也許都無可避免地反覆憶起那些招致流亡之由，以及那些對各種難以挽回的過去式的無限追悔與不可奈何。但我們更須注意的是，流離外地的離散主體總是必須要去面對自身與異域之間所產生的各種矛盾與衝突、融合與在地化、政治與文化認同的變遷，因而他們的心態也不能不隨時調整。

　　以先後流寓於越南、暹羅，最終落腳日本的朱舜水來說，他起初確實是以一個「暫居」之心流亡日本。他在〈答釋斷崖元初〉文中曾經一度展露這種想法：「僕以中國喪亂，往來逋播，蕩搖於波濤中者十七年，去冬方得暫借一枝，棲息貴邦」。〔註66〕然而朱舜水蹈海全節的消極心態，卻在三年間感於以本家親藩位居宰府的水戶侯德川光國之知遇禮聘，以及宰府欲興「聖人之學」的決心而有所鬆動。他在〈答奧村庸禮〉中盛讚光國：「上公負特達之資，而恭儉禮下，使得為所欲為，豈惟一變至魯，雖至於大道之行，亦自無難。……東土雖云荒瘠，雅不及於舊邦，若果能真心為之，世無不可教化之地。」〔註67〕因此最終朱舜水仍在德川光國的盛情邀請下，自長崎赴江戶發展儒學。

　　一六六九年，年屆七十的朱舜水本欲告老，卻反受光國行養老之禮，饗於水戶藩邸的小石川後樂園〔註68〕。他在該年春天寫下了〈遊後樂園賦〉，文中以宮廷大賦格局，鋪敘了後樂園內櫻花、西湖、夷齊與詩僧西行塑像等中、日交錯的各色景物。在這一幅春日靜好的圖像中，鄭毓瑜卻讀出了朱舜水告別流亡身分的幽微心緒，在亡國遺民到異國重臣的轉換間，朱舜水告別了故國也有了對未來的瞻望，「彷彿是由糾纏著幽憤、蒼涼的自我陷溺中醒豁了一個出口」〔註69〕。在參贊光國開創儒家聖教德化的萬世功業中，朱舜水赫然

〔註65〕高嘉謙：《遺民、疆界與現代性：漢詩的南方離散與抒情（1895～1945）》，頁48。

〔註66〕〔明〕朱之瑜：《朱舜水全集》（北京：新華書店，1991年8月），頁18。

〔註67〕〔明〕朱之瑜：《朱舜水全集》，頁88。

〔註68〕蔡佳琳：〈朱舜水（1600～1682）的抉擇與遺民心境的轉變〉，《史耘》第十三期（2009年6月），頁83。

〔註69〕鄭毓瑜：〈流亡的風景——〈遊後樂園賦〉與朱舜水的遺民書寫〉，《文本風景：自我與空間的相互定義》（臺北：麥田，2014年12月），頁201。

發現「自己正參與一個連續不絕、無限擴展的文化流脈」〔註70〕，那是透過儒家事業消弭種族與家國限制的柳暗花明之處。由是，朱舜水晚年得以歷經從「亡國遺民到盛世新民」〔註71〕的身分轉變，最終情願葬於茲土。

　　朱舜水的案例提醒我們離散者的心態並非一成不變，他們不必然會永久維持自己的流亡身分，也不可能跟當地人斷絕交往互動。我們必須留意的是，離散者永遠有投入在地化的可能。儘管史書美對以「中國人的離散」來指稱流離來臺的漢人族群始終感到不安：

> 「中國人的離散」（the Chinese diaspora）這一觀念語……它掩飾現今的殖民狀態。在台灣的南島語系原住民從未經歷到殖民主義的終結，他們已經在殖民主義下生存了幾個世紀（十七世紀開始移民至台灣的漢族殖民者成了今日的台灣人或客家人，對他們的殖民者當然也包括荷蘭人、日本人與一九四〇年代後期第二波的漢人定居者等）。〔註72〕

但我們反而認為，至少在談論明鄭時期在臺文人的時候採取離散觀點應該是適切的。在史書美看來，從中國來的移民群在臺灣或新加坡等地聚集形成華語語系社群，這些地方在特定意義上可被視為殖民地，而他們也應當被視為以殖民者之姿統治當地原住民的定居殖民者。〔註73〕因此，她沈重地批判：「以離散理解他們的歷史是對殖民暴力與文化屠殺的錯置與否認」〔註74〕。我們並不否認十七世紀以來，在臺漢人曾經對原住民展開各種衝突、欺凌、壓迫、文化破壞甚至是血腥屠殺的歷史事實。然而不可忽略的是，明鄭時期在臺漢人也同樣必須面對臺灣風土、族群衝突、文化危機等相當程度的離散困境，他們一方面必須面對滿人的步步進逼，一方面又坐困「雕題黑齒之種、斷髮文身之鄉」〔註75〕的南方島嶼，不難想像其間所承受的內外交迫的文化焦慮。

〔註70〕鄭毓瑜：〈流亡的風景——〈遊後樂園賦〉與朱舜水的遺民書寫〉，《文本風景：自我與空間的相互定義》，頁200。

〔註71〕鄭毓瑜：〈流亡的風景——〈遊後樂園賦〉與朱舜水的遺民書寫〉，《文本風景：自我與空間的相互定義》，頁207。

〔註72〕史書美：《反離散：華語語系研究論》，頁15。

〔註73〕史書美：《反離散：華語語系研究論》，頁15。

〔註74〕史書美：《反離散：華語語系研究論》，頁15。

〔註75〕〔清〕高拱乾：《臺灣府志》（南投：國史館，2002年11月），頁185。

　　前已述及，史書美真正反對的其實是文化母國以「離散話語」作為國族主義的召喚，因而她批判離散在定居殖民主義中作為價值觀的用意，是「為了強調在地化，除了拒絕中國政府對世界各地華人的召喚，也反對後殖民國家有系統地否定少數民族在國家內的權利」〔註76〕。但正是在這樣的認識之下，我們反而看到了更應使用離散觀點的理由：傳統亂離詩觀點討論的是詩中展現的那些關於戰爭的殘酷、流離的苦難以及內心的悲涼等種種面向，詩人主體流離的那些異地本身往往並不重要，然而離散觀點卻為我們保留了一道門徑，讓我們有了得以一窺詩人主體與臺灣本地互動的可能。我們希望透過離散書寫來彰顯的，正是這些發生於中國之外的文學生產的跨境意義，這些未曾被收編於中國文學史的作品，不僅為中國文學提出了另一種中原之外的文化想像，也開啟了臺灣古典文學的詩學流變。因此，我們不應為了憂慮「中國性」的召喚而拒絕使用離散視野，相反的，如何透過離散的視野回過頭去對話「中國性」的收編與召喚，或許才是我們真正應該思考的問題。

〔註76〕史書美：《反離散：華語語系研究論》，頁17。

第三章　遺民、離散者與時空處境

第一節　故國前塵的往日追憶

　　康熙十七年（1678 年）七月前後，清聖祖康熙在一次夜間軍事商議的空檔裡，寫下了〈夜至三鼓坐待議政大臣奏事有感而作〉：

> 午夜迢迢刻漏長，每思戰士幾回腸。海東波浪何年靖，日望軍書奏
> 凱章。〔註1〕

該年二月，鄭經命劉國軒為中提督、吳淑為副，大舉進攻海澄。到了七月，不僅吳三桂於衡州僭號稱帝，東南方的劉國軒也陷海澄、攻泉州，清軍將領敗績連連〔註2〕。面對來勢洶洶的反抗勢力，端坐北京皇城中的年輕皇帝也不得不夤夜與諸大臣商議軍事，並期許四海靖平的早日到來。然而事實上對自 1674 年（清康熙十三年、明永曆二十八年）起即呼應耿精忠之邀西進的鄭軍來說，〔註3〕這也是與清軍在中國本土上的最後一次周旋。從 1677 年到 1680 年間，

〔註1〕〔清〕愛新覺羅・玄燁：《聖祖仁皇帝御制文集》卷二十二（長春：吉林出版
　　　集團，2005 年 5 月），頁 268。
〔註2〕夏寧：《康熙帝戰爭詩研究》（上海：復旦大學中國語言文學系博士學位論文，
　　　2010 年），頁 43。
〔註3〕連橫《臺灣通史》載：「（永曆）二十七年……及繼茂死，精忠嗣（靖南王）。
　　　至是議撤藩，精忠謀起兵。秋八月，使黃鏞入告。經至澎湖以俟。」及至十
　　　二月吳三桂正式舉兵，又遣祝治國、劉定先至東寧寓書鄭經約會師。鄭經復
　　　書曰：「頃聞台命，欲伸大義於天下，不勝欣慰。然敢獻一言。自古成天下之
　　　大業，必先建天下之大義。以殿下之貞忠，而擁立先帝之苗裔，則足以號召
　　　人心，而感奮忠義之士。不穀亦欲依日月之末光，早策匡復之業也。枕戈待

-37-

鄭軍的劉國軒、吳淑、何祐等將領與清軍的閩浙總督姚啟聖始終在漳、泉兩州間互有勝敗，儘管在 1679 年鄭軍曾一度迫使清廷在福建省沿海實施遷界令，然最終仍不敵清軍的強勢軍力，在隔年姚啟聖統水路兩師進逼廈門的壓力下，鄭經不得不率諸將棄廈返臺，長達六年的苦心經營終成夢幻泡影。〔註4〕

對明清之際的遺民來說，「時間」一直是最為逼催、最不可擋的憂患。張煌言在一封上呈給魯監國朱以海的書信中，便提及他對時間的焦慮：「若不及早經營，則報韓之士氣漸衰，思漢之人情將輟」〔註5〕，而瞿式耜更是在隆武二年（1646 年）九月的家書中，表達了他對「太平」的不安：「此間亦有傳來謂南方甚熟，米價甚賤，人民反相安，只未知三百年受太祖高皇帝之隆恩，何以甘心薙髮？難道人心盡死？」〔註6〕在時間的沖刷下，前朝的記憶正在逐漸剝蝕，而「恢復」的時機也在等待中消磨折損，對明清之際的遺民來說，這是不願接受卻也莫之能禦的歷史動力，而對於海峽彼端的明鄭來說，也同樣需要接受時間的考驗。儘管克復中原一直是鄭家兩代人的共同心願，然而鄭成功與其子鄭經卻在不同的時空環境裡而有了不一樣的心緒。1959 年鄭成功自廈、泉起兵北伐劍指南京，寫下〈出師討滿夷自瓜州至金陵〉一詩可謂豪氣干雲：

> 縞素臨江誓滅胡，雄師十萬氣吞吳。試看天塹投鞭渡，不信中原不姓朱。〔註7〕

此時正是鄭成功一生軍功最為顯赫的一刻，當年那位縞素誓師的儒生至此橫

旦，以俟會師。」，然而這一次的合作稱不上是成功。永曆 28 年春，耿精忠迅速平定福建，遂後悔於邀師鄭經一事，因而在鄭經渡海駐軍廈門時，「（鄭經）遣人說精忠，借漳、泉為招募。精忠不從。於是耿、鄭交惡。」一直要到永曆 29 年春，「精忠遣張文韜議和，以楓亭為界，始通好也。」詳參連橫：《臺灣通史》（臺北：眾文圖書公司，2014 年 6 月），頁 44～46、張溪南：《明鄭王朝在臺南》（臺南：臺南市文化局，2013 年 3 月），頁 270～271。

〔註 4〕張溪南：《明鄭王朝在臺南》，頁 274。
〔註 5〕明張煌言：《張蒼水集》（北京：中華書局，1959 年），頁 27。
〔註 6〕清瞿式耜：《瞿式耜集·卷三》（上海：上海古籍出版社，1981 年），頁 253。
〔註 7〕佚名編：《延平二王遺集》，收錄於臺灣銀行經濟研究室編：《鄭成功傳》，頁 128。該書未留下編者姓名的原因是出於政治性的考量。編者在書後的跋中提到「時值忌諱，文字獄繁興。」，是以此書原本就是秘密抄存。而根據楊家駱的考證，此書應抄繕於 1729（雍正七年）或更早，不留姓名的原因則是因受當時呂留良案影響而心有餘悸。詳參楊家駱：〈延平二王遺集繫年考〉，《延平二王遺集》（臺北：世界書局，1965 年 4 月），頁 4。

槳賦詩，寫下了他對時間、對歷史最執拗的「悖逆」。南京一役，鄭軍過於鬆懈導致大敗，〔註8〕從之後的歷史發展來看，這一場戰役可說是南明政權最接近成功的一次機會，然而也正因為這一次的失敗，才有了日後鄭氏在臺灣的生聚教訓。數年之後，在一個接見滿清勸降使節的情境裡，嗣位郡王的鄭經也曾忿忿不平，寫下〈滿酋使來，有不登岸、不易服之說，憤而賦之〉：

> 王氣中原盡，衣冠海外留。雄圖終未已，日日整戈矛。〔註9〕

然而比起其父當年的豪情壯志，此詩總有些時不我予的喟嘆。時間一點一滴地銷磨明遺民的復國時限，最終將機會等成了不可逆反的命運。如果明鄭政權終於願意去相信中原真無再「姓朱」的可能，那麼日日整備軍事武力的用意也就僅僅只是為了向那未已的雄圖所做出的消極交代。對鄭經來說，更重要的其實是意識到了「盡」的遺憾與「留」的停損，這並不只是一種天下易鼎的無可奈何，也是一種民族主義式的考量。〔註10〕

　　因此，假如說「鄭成功父子兩代的故事其實充滿了失去，延宕，等待，追悔的遺憾」〔註11〕，那麼我們應該更進一步叩問的也許正是在被迫延宕、等待的那些悵惘時光裡，他們與異鄉臺灣之間所建立的默契與關係。隨著明鄭勢力渡海來臺的追隨者，他們身上所夾雜著的「遺民」、「離散者」的身分，也可能讓他們對這塊荒服之地的觀感做出調整，而他們也將與這塊土地進行各種文化差異下的互動與辯證。為了討論這些問題，我們或許有必要從明中葉以降臺灣與中國之間的互動關係說起。

〔註 8〕黃宗羲《賜姓始末》曾對當時明鄭反清勢力於南京一役由勝轉敗的局面有過詳細的紀錄：「七日，煌言至蕪湖。傳檄郡邑，江之南北相率來附……而下流之常、鎮屬縣，亦皆待時為降計。……金陵亦欲議降；未定，而諜知島師（即鄭軍）疎放，樵蘇四出，諸營壘為空，士卒釋冰而嬉，用輕騎襲破前屯。成功倉促移帳；質明，軍竈未就，北師傾城出戰。兵無鬥志，島師大敗；總兵甘輝等死之。成功遂乘流出海，並撤鎮江之兵。煌言趨銅陵，與楚師遇；兵潰，變姓名，從建德祁門山中出天台以入海。」括號內文字為筆者所加，詳參〔清〕黃宗羲：《賜姓始末》（南投：臺灣省文獻委員會，1995 年 8 月），頁5～6。

〔註 9〕佚名編：《延平二王遺集》，收錄於臺灣銀行經濟研究室編：《鄭成功傳》，頁129。

〔註10〕在鄭經執政其間，清廷總共發起過六次的和談。不過，始終因鄭經堅守清方不願讓步的薙髮底線而破局，顯見鄭經仍有保守漢人衣冠的民族意志。關於鄭清和談之相關研究，可參蔡明叡：〈從和談看鄭經時期與清政府的互動〉，《新北大史學》第五期（2007 年 10 月），頁 193～220。

〔註11〕王德威：《後遺民寫作》，頁 29。

第二節　南方異域的首次接合

永曆十五年（1661 年），遭逢南京大敗的鄭成功決意採用漢籍荷蘭聯合東印度公司通事何斌的建議發兵臺灣，〔註 12〕這是臺灣歷史上的第一個漢人政權。然而臺灣懸於海外，並非中土之民所能熟知，這中間的認知、想像與事實便有了落差。關於明人對臺灣的地理認知，周婉窈曾經進行過詳細的比對與查考。在她的研究當中指出，臺灣起初是以海上的航行標的進入明人的視野當中。彼時臺灣稱小琉球——小琉球自然是相對於大琉球而言，大琉球指的是今日的琉球群島——，被視為閩地航行至琉球航線中的參考指標，而由於航線上並未經過臺灣海峽，因而從船上望不見臺灣全島，只能夠看到臺灣島的西北端。事實上，不僅北向的琉球航線，民間船舶南向的東南亞航線也經常將臺灣西南部的「虎仔山」（或作虎尾山、虎頭山，即打狗仔，今高雄）以及最南端的「沙馬岐頭」（即今鵝鑾鼻）視為航線指標。但由於都是海上望山，因此在明代人的認知中，人們似乎從未將臺灣視為一個連成一氣的島嶼。〔註 13〕

至於明末士人認識臺灣本土風物的第一手漢文資料，當屬 1603 年隨沈有容來臺驅逐倭寇的陳第所著之〈東番記〉。〔註 14〕陳第隨軍短暫駐留臺灣，有

〔註 12〕何斌本是荷蘭聯合東印度公司的翻譯人員，卻因欠下鉅額債務而出逃依附鄭成功。《熱蘭遮城日誌》稱：「那個公司的翻譯員，有能力的頭家，何斌，偕同他的家眷和他姊妹的丈夫，逃去投靠國姓爺，是另一個嚴重的打擊。何斌對福爾摩沙的經濟是一個重要的人。他的逃走使很多大員的居民，包括歐洲人和中國人，受到欺騙，因為他從那些人舉債價值合計五千多里耳。他同時向公司欠債超過 17,122 里耳。」詳參江樹生譯注：《熱蘭遮城日誌第四冊》（臺南：臺南市政府文化局，2011 年 5 月），頁 375。另一方面，何斌也是當時臺灣的漢人領袖。連橫《臺灣通史》載何斌的身分為「荷蘭甲螺」，據日人齋藤正謙〈海外異傳〉：「我日本謂頭目為『加志良』，音近『甲螺』，故遂訛稱耳。」詳參連橫：《臺灣通史》，頁 21、齋藤正謙〈海外異傳〉收錄於臺灣銀行經濟研究室編：《鄭氏關係文書》（南投：臺灣省文獻委員會，1995 年 8 月），頁 76。

〔註 13〕詳參周婉窈：〈山在瑤波碧浪中——總論明人的臺灣認識〉，《臺大歷史學報》第 40 期（2007 年 12 月），頁 93～148。

〔註 14〕陳第，字季立，號一齋，1541 年（嘉靖二十五年）生於福建連江。陳第年少聰穎，為諸生時博覽群書，且好談兵事。1562 年戚繼光征倭至連江，陳第曾上平倭策，後亦曾入俞大猷幕下。1603 年其知交沈有容進剿東番倭寇，陳第「適有觀海之興」，便與沈同舟前往。陳第晚年辭官遠遊，足跡踏遍兩粵、吳、湘、齊、晉、楚、宋等地。陳第學問甚豐，除〈東番記〉一文外，尚著有《尚書疏衍》、《毛詩古音考》、《屈宋古音義》及詩集《薊門塞曲》、《兩粵遊草》等。詳參李祖基：〈陳第、沈有容與〈東番記〉〉，《歷史月刊》第 162 期（2001年 7 月），頁 105～109。

機會近距離觀察與紀錄十七世紀初西拉雅族人的生活習慣、族群特性以及文
化程度，「猶如一篇書寫早期臺灣西拉雅族生活文化圖像的民族誌」。〔註15〕
然而，這樣的觀看仍是異己的、他者的一種再現。陳芷凡便指出：

> 這些觀察，除了呈現陳第作為第一個旅行者，其好奇尚異的心理機
> 制，文中也誘發了一種不可思議的趣味，這些奇人異事、特殊體質，
> 在「新奇」的感染下形成一種可能的娛樂效果，對應著中華「輿圖
> 之廣」的共時性想像。〔註16〕

陳第口中的東番夷人，散居於「魍港、加老灣，歷大員、堯港、打狗嶼、小淡
水、雙溪口、加哩林、沙巴里、大幫坑」〔註17〕，約為今日嘉義縣布袋鎮至
屏東縣東港鎮一帶的西拉雅系平埔族群。〔註18〕他興味盎然地向我們介紹東
番夷人風俗性情，舉凡政治制度、衣著、紀事、農作、屋構、婚喪、飲食、畜
產皆在記錄之列。儘管文中對東番夷人的觀察並沒有太多漢人本位式的評斷，
甚至對其純樸民風有所稱讚：「南倭北虜，皆有文字，類鳥跡古篆，意其初有
達人制之耶？而此獨無，何也？然飽食嬉遊，于于衎衎，又惡用達人為？其
無懷、葛天之民乎？」〔註19〕但實際上整個〈東番記〉裡最令中土漢人驚詫
的或許還是那些不可思議的原始無文之處。泉州仕紳陳學伊在〈題東番記後〉
一文中，便展現了作為一個中原文化人對東番夷人的理解視角：

> 余讀古史，所云羲、農之世，皆草衣木茹之民。竊以為載籍久闕，
> 謬悠之語，奚足深信？乃今讀〈東番記〉，方信其語之非謬。〔註20〕

透過羲、農之世和東番夷人的比對，陳學伊的這個說法令我們想起了薩依德
（Edward W. Said）在《東方主義》中所指陳的那種「西方對東方的投射」而
生的曲解。〔註21〕經由這種特定視野的再現與想像，與華夏文化毫無關係的

〔註15〕 吳毓琪：《離散與落地生根——明鄭時期臺灣漢文學的發展面貌》（臺南：臺
　　　　文館，2012 年 11 月），頁 22。
〔註16〕 陳芷凡：〈從東番到 Formosa——試探〈東番記〉、〈福爾摩沙報告〉中的性別
　　　　書寫〉，《臺灣文學研究學報》第 6 期（2008 年 4 月），頁 83。
〔註17〕 陳第〈東番記〉，收錄於臺灣省文獻委員會編：《閩海贈言、陳第年譜》（南投：
　　　　臺灣省文獻委員會，1994 年 5 月），頁 24。
〔註18〕 吳毓琪：《離散與落地生根——明鄭時期臺灣漢文學的發展面貌》，頁 17。
〔註19〕 陳第〈東番記〉，收錄於臺灣省文獻委員會編：《閩海贈言、陳第年譜》，頁 27。
〔註20〕 陳學伊〈題東番記後〉，收錄於臺灣省文獻委員會編：《閩海贈言、陳第年譜》，
　　　　頁 27。
〔註21〕 Bart Moore-Gilbert 著、彭淮棟譯：《後殖民理論》（臺北：聯經出版社，2004
　　　　年 12 月），頁 68。

東番夷人卻反而成了印證海峽對岸古史之語非謬最為確鑿的鐵證。

不過，陳第的〈東番記〉倒也提醒了我們明代臺灣的海洋位置：

> （東番夷人）始皆聚居濱海，嘉靖末，遭倭焚掠，迺避居山。倭鳥
> 銃長技，東番獨恃鏢，故弗格。居山後，始通中國，今則日盛。漳、
> 泉之惠民、充龍、烈嶼諸澳，往往譯其語，與貿易；以瑪瑙、磁器、
> 布、鹽、銅簪環之類，易其鹿脯、皮角……〔註22〕

臺島地處中繼，北達日本、南通南洋，往西又與中國東南沿海比鄰，因而自
十六世紀以來，便成為倭寇侵擾的對象。到了明隆慶年間，由於海禁較弛，
臺灣開始得以和中國互通有無，但是某些特定地點卻也逐漸成為中國東南沿
海海寇的避難地，甚至為其巢穴。〔註23〕另一方面，日本也同時將他的目光
望向這個位處樞紐的南方島嶼。無論是1593年豐臣秀吉遣使致書高山國，諭
令歸順；〔註24〕還是德川幕府於1609、1616年間的兩度接觸，〔註25〕都在在
說明了日人劍指鯤島的雄心。只是相較於日人的動作頻頻，明廷對臺灣則顯
得興趣缺缺。其實日人在這數年間的幾次行動，並非沒有觸及明士大夫的敏
感神經，例如董應舉的〈籌倭管見〉便提到：

> 倭垂涎雞籠久矣。……雞籠去閩僅三日，倭得雞籠，則閩患不可測，
> 不為明州（即寧波），必為平壤。故今日倭犯我則變急而禍小；倭取

〔註22〕陳第〈東番記〉，收錄於臺灣省文獻委員會編：《閩海贈言、陳第年譜》，頁26
～27。

〔註23〕周婉窈：〈山在瑤波碧浪中——總論明人的臺灣認識〉，《臺大歷史學報》，頁
115。

〔註24〕1593年致書高山國一事，指豐臣秀吉令手下原田喜右衛門攜帶親筆信函，招
諭高山國。此處所謂高山國，一般認為即今天的臺灣；周婉窈認為，很可能
指北部雞籠一帶。豐臣秀吉的書信即是著名的「高山國招諭文書」。此事僅止
於計畫階段，書似未發，幾年後豐臣秀吉和原田喜右衛門相繼過世，此事不
了了之。詳參周婉窈：〈山在瑤波碧浪中——總論明人的臺灣認識〉，《臺大歷
史學報》，頁122。

〔註25〕1609年二月，有馬晴信奉幕府之命，派遣部下率兵士到高山國視察，調查其
地理、港灣、物產等。最主要的目的在促進日明貿易船能在此地從事轉運貿
易。然而由於「土人矇昧」，視察的目的無法達成，只是俘虜數名當地人，並
掠奪數艘中國船而歸。根據日文史料，德川家康接見臺灣原住民，饋贈禮物，
並予以遣歸。七年之後，1616年三月二十九日，長崎代官村山等安派遣十三
艘兵船遠征雞籠。結果村山等安派遣的船隊遭遇颱風，幾乎全毀，率領船隊
的次子秋安不知去向。詳參周婉窈：〈山在瑤波碧浪中——總論明人的臺灣認
識〉，《臺大歷史學報》，頁122。

雞籠，則變遲而禍大。此灼然也。〔註26〕

但對於倭患的問題，董應舉最終提出的策略卻非搶在日本之先，儘快將臺島納入勢力範圍，而是主張開放琉球以供日本貿易，希望可以藉此阻止日本向中國東南方發展。〔註27〕因此，我們也就不難瞭解，當荷蘭於 1604 年和 1622 年兩度竊佔澎湖而又兩度被明軍所逐，遂於 1624 年轉而佔領大員時，何以明人會對這類的軍事活動採取默許的態度了。

第三節　海東孤島的夷荒想像

值得注意的是，儘管明人的海上經驗已經相當豐富，對於臺灣海峽也稱不上陌生，但這似乎無礙於明清之際士大夫對於海東的奇幻想像。我們在盧若騰的《島噫詩》中，依舊讀得到像〈長蛇篇〉這樣的篇章：

> 聞道海東之蛇百尋長，阿誰曾向蛇身量；蛇身伏藏不可見，來時但覺勃窣腥風揚。人馬不能盈其吻，牛車安足礙其肮！鎧甲劍矛諸銅鐵，嚼之縻碎似兔鬐。謠傳此語疑盧誕，取證前事亦尋常；君不見巴蛇瘞骨成邱岡，岳陽羿跡未銷亡。當時洞庭已有此異物，況於萬古閉塞之夷荒；夷荒久作長蛇窟，技非神羿孰能傷。天地不絕此種類，人來爭之犯不祥；往往活葬長蛇腹，何不翻然還故鄉。〔註28〕

盧若騰，字閑之，一字海運，號牧洲；為福建同安金門賢聚人。明崇禎九年舉人、十三年進士，授兵部主事，旋陞本部郎中兼總京衛武學。嘗外遷浙江布政使司左參議，分司寧紹巡海兵備道，在任遺愛於民，士民建祠以奉，有「盧菩薩」之稱。後南明隆武帝授以督察院右副都御史，後加兵部尚書。清軍南下，若騰守平陽，力戰中矢，遇水師救出，聞閩敗，隆武帝被俘，痛憤赴水，為同僚救起。其後輾轉遁入閩海，偕王忠孝、徐孚遠等居於浯洲嶼，自號留庵。1664 年（永曆十八年）東渡，寓澎湖，病亟，值崇禎當年殉難之日，一慟而絕，享年六十六歲，遺命題其墓曰「自許先生」。〔註29〕盧若騰晚年銳意

〔註26〕〔明〕董應舉：《崇相集》，收錄於《四庫禁燬書叢刊》集部，102 冊（北京：北京出版社，2000 年），頁 190。括號內文字為筆者所加。

〔註27〕周婉窈：〈山在瑤波碧浪中——總論明人的臺灣認識〉，《臺大歷史學報》，頁 125。

〔註28〕〔明〕盧若騰：《島噫詩》（南投：臺灣省文獻委員會，1994 年 5 月），頁 25。

〔註29〕陳漢光〈弁言〉，收錄於明盧若騰：《島噫詩》，頁 1～2。

著述，遺著多達十數種，惟多散佚，其中《留庵文集》、《留庵詩集》、《島噫詩》等著作還是 1959 年發掘金門魯王塚才又流傳於世。〔註30〕

　　盧詩常披露時事，《全臺詩》稱可以「詩史」觀之〔註31〕，但在〈長蛇篇〉中，盧牧洲卻提到了一條蟄伏在海東的「百尋大蛇」。尋者，依《說文解字》：「度人之兩臂為尋，八尺也。」。〔註32〕此蛇蛇身雖大，卻也時隱時現，隨著大蛇所至而攜來的腥風十分難堪，更嚇人的是因為體型巨大，所以無論是人馬牛車，抑或是鎧甲劍矛看起來似乎都不構成威脅。盧若騰言之鑿鑿，甚至徵引后羿斬殺洞庭巴蛇的傳說軼事來強調其真實性。然則語涉荒誕，盧若騰並非生手。盧若騰「上自天文地理，下逮蟲魚花草，無不宏通博雅」〔註33〕，晚年更是載異搜奇，寫下了《島居隨錄》這本雜記。清人羅聯棠評該書：

> 獨計先生當顛覆流離之際，憤時事不可為，欲以澎湖作田橫之島，自託殷頑。日與波臣為伍，所見皆蠻煙瘴雨、鮫人蜃舍，可驚可愕之狀。羈孤塚窶，傾跌至八九不悔，而猶抱遺編，究終始，非直比張華之《博物》，《齊諧》、《夷堅》之志怪也，其《離騷》、《天問》之思乎？。〔註34〕

這也就是說羅聯棠認為此書之所以「探絪縕之原，通消息之故，博繁頤之彙，極蟲沙之變」〔註35〕，並不單純為了志怪，而有探問天地萬物生化的奧妙之意。但實際上，《島居隨錄》與《博物志》、《齊諧記》、《夷堅志》等書還是存在著某些共同之處，亦即並非全然是經過科學手段驗證或實地踏查的真實記錄，且存在若干蒐羅街巷傳聞、古典文獻想像的誌異隨筆。例如像〈物交〉篇就提到：「龍與牛交則生麟；與豕交則生象；與馬交則生龍馬。」〔註36〕又如〈比類〉篇記載：「姑獲鳥、鬼車鳥俱能夜入人家，收人魂氣，並稱鬼鳥。姑獲鳥雌無雄，鬼車鳥九首。」〔註37〕這些都不是真正具有科學性的紀錄。而

〔註30〕陳漢光〈弁言〉，收錄於明盧若騰：《島噫詩》，頁 1～2。

〔註31〕施懿琳等編：《全臺詩》第一冊，頁 30。

〔註32〕〔漢〕許慎撰、〔清〕段玉裁注：《說文解字注》（臺北：黎明文化事業公司，1974 年 9 月），頁 121。

〔註33〕陳漢光〈弁言〉，收錄於〔明〕盧若騰：《島噫詩》，頁 2。

〔註34〕〔清〕羅聯棠〈島居隨錄序〉，收錄於劉獻廷等編：《清代筆記叢刊》（濟南：齊魯書社，2001 年），頁 81。

〔註35〕〔清〕羅聯棠〈島居隨錄序〉，收錄於劉獻廷等編：《清代筆記叢刊》，頁 81。

〔註36〕〔明〕盧若騰《島居隨錄》，收錄於劉獻廷等編：《清代筆記叢刊》，頁 85。

〔註37〕〔明〕盧若騰《島居隨錄》，收錄於劉獻廷等編：《清代筆記叢刊》，頁 108。

其中最引人注目的，更是那些關於中國外圍異域的描述與記載。儘管明末已經是對周邊各國認識相對清晰的朝代，[註38]但盧若騰仍樂於引用《山海經》、《南史》、《北史》等古老文獻來描述這些周邊區域，如〈傀異〉篇載：「《山海經》云：三首國一身三首，在崑崙東。」[註39]、〈物生〉篇載：「《南史》：東海有女國，二三月競入水，則妊娠，六七月產子。女人胸前無乳，頂後生毛，毛根白，毛中有汁，以乳子。百日能行，三四年則成人矣。」[註40]

固然，誠如葛兆光所言，像《博物志》和後來很多的類書，都在盡可能地搜羅各種文獻的記載，在它們良莠不分、有聞必錄的彙編中，有各種或真或假的異域記載，也在後來充當著真實的或想像的資源。[註41]就以「海東之蛇」來說，在清代收併臺灣之後，儘管兩岸的交通已經不若以往陌生，卻也還是能多多少少見到來者的相關描述。例如一直到了乾隆年間，來臺赴任的朱景英，仍在《海東札記·記洋澳》中記下一則傳聞：「船將屆澎湖，經黑水溝，乃海水橫流處，深無底，水多青紅碧綠色，勢若稍窪，故謂之溝，廣約百里。……傳有怪蛇長數丈，遍體花紋，尾稍向上，毒氣熏蒸，腥穢襲人。」[註42]像這樣只有傳聞而非親眼所見的異事，也在寫作者毫無深究的情況下被記錄下來。然而隨著這些記載的不斷傳抄、謄錄甚至踵事增華，中國文明之邦與蠻荒四夷差異對比的想像，也就同樣在這些話語當中被不斷地受到強化。

羅聯棠說盧若騰「當顛覆流離之際，憤時事不可為，欲以澎湖作田橫之島，自託殷頑。」，無獨有偶，盧牧洲也在《島噫詩》的〈小引〉中提到：「詩之多，莫今日之島上若也。憂愁之詩、痛悼之詩、憤怒激烈之詩，無所不有，

〔註38〕中國歷代對周邊的認識，以現存圖像為例，自梁元帝時代的《職貢圖》起，到唐代周昉《蠻夷職貢圖》、北宋趙光輔《蕃王禮佛圖》等，都可以看到古代中國人對異國異族的形象知識已經不少。而到了元、明兩代，由於出使者與航海者親身記載，更是豐富了異域的相關知識，如《真臘風土志》、《島夷志略》等等，再加上各朝各代異國使者的進貢，人們對於異域人物與風俗的知識，其實已經相當多了。而萬曆年間來華的西洋傳教士利瑪竇為中國人繪製的世界地圖，更是讓中國人對天下的想像開始發生根本的變化。詳參葛兆光：《宅茲中國：重建有關「中國」的歷史論述》（臺北：聯經出版社，2011 年 3 月），頁 67～91。

〔註39〕〔明〕盧若騰《島居隨錄》，收錄於劉獻廷等編：《清代筆記叢刊》，頁 108。

〔註40〕〔明〕盧若騰《島居隨錄》，收錄於劉獻廷等編：《清代筆記叢刊》，頁 83。

〔註41〕葛兆光：《宅茲中國：重建有關「中國」的歷史論述》，頁 72。

〔註42〕〔清〕朱景英：《海東札記》（臺北：臺灣銀行經濟研究室，1958 年 5 月），頁 11。

無所不工。」〔註43〕盧若騰身為南明遺臣，所憤之事不難理解：隆武帝不幸被俘遇難、南明朝廷戰線的持續潰縮，都在在提醒了盧若騰天意的不欲成全。但假如〈長蛇篇〉也乘載了盧若騰的憂愁、痛悼與憤怨，那麼讓他不禁「噫氣」的又會是什麼？在詩的末段，盧若騰感嘆在萬古閉塞之夷荒的海東，存在著傳說中的百尋大蛇並不是什麼匪夷所思的事情。但他想藉此說明的卻是，既然海東早已久作長蛇窟，且天地亦無意滅絕此種類，那麼人們欲與長蛇爭地，就是冒犯了不祥的禁忌，是不會有好結果的，與其如此，倒還不如「翩然還故鄉」，另作打算為宜。這樣的態度也相當程度的反映了有明一代對臺灣此地的觀感，究其緣由，還是因為明人認為臺灣偏遠蠻荒，是孤懸海外的化外之地，〔註44〕而從盧若騰的〈長蛇篇〉來看，儘管他出身於同屬海島的金門，但也同樣存在這種思維的痕跡。

　　不過，此詩更值得一談的地方或許在於：何以盧若騰必須如此言之鑿鑿地向讀者們揭露這一尾百尋大蛇的存在，且又苦口婆心地勸誡讀者們遠離海東？是什麼樣的歷史事件，導致了盧若騰在此時將他的目光暫時轉向了海東這片「夷荒之地」？前已述及，1661 年兵敗南京的鄭成功決意進軍臺灣，他在廈門的一場軍事會議中提到：

> （臺灣）近為紅夷佔據，城中夷夥，不上千人，攻之可垂手得者。
> 我欲平克臺灣，以為根本之地，安頓將領家眷，然後東征西討，無內顧之憂，並可生聚教訓也。〔註45〕

依鄭成功之意，是要將臺灣打造為海外的復興基地以為前線後援。雖然鄭成功對逐退荷人深具信心，然而這樣的戰略構想卻未必能得到其他南明遺臣的認可與支持。例如兵部侍郎張煌言便致函反對鄭成功的入臺之策：

> 即如殿下東寧之役，豈誠謂外島可以創業開基，不過欲安插文武將吏家室，使無內顧憂，庶得專意征勤。但自古未聞以輜重、眷屬置之外夷，而後經營中原者，所以識者危之！……區區臺灣，何與於

〔註43〕〔明〕盧若騰：《島噫詩》，頁3。
〔註44〕不僅是盧若騰，同為南明遺民的王忠孝也曾經提到他對臺灣的負面印象：「僻處海東，向為紅夷所據，土夷雜處，散地華人，莫肯措止矣。間有至者，多荷鋤逐什一之利，衣冠之侶未聞也。」詳參〔明〕王忠孝：《惠安王忠孝公全集》（南投：臺灣省文獻委員會，1993 年 12 月），頁22。
〔註45〕括號內文字為筆者所加。〔明〕楊英：《從征實錄》（南投：臺灣省文獻委員會，1995 年 8 月），頁 184～185。

赤縣神州？而暴師半載，使壯士塗肝腦於火輪、宿將碎肢體於沙磧，生既非智、死亦非忠，亦大可惜矣。翹普天之下，止思明州（指廈門）一塊乾淨土……夫思明者，根柢也；臺灣者，枝葉也。無思明是無根柢矣，能有枝葉乎？此時進退失據，噬臍何及！古人云：「寧進一寸死，毋退一步生。」使殿下奄有臺灣，亦不免為退步；孰若早返思明，別圖所以進步哉？〔註46〕

張煌言與鄭成功雖分事魯、桂二王，但後隨魯王赴閩，兩人亦共同揮軍北伐，對他可以說是充滿期待，例如張煌言當年作〈長鯨行〉諷鄭芝龍降清：「嗟嗟長鯨爾何愚，如彼異類終屈節；神龍不臣臣貪狼，抉自塗腸坐自滅。」嗟嘆之餘，尚不忘誇讚鄭成功：「長鯨有子類龍種，起代靈鼉震列缺。」〔註47〕，但此刻仍嚴詞批判鄭氏轉戰臺灣之舉。在張煌言看來，攻臺效益不如鄭氏想像中的大，僅僅只有安頓文武官員家眷的功能而已，但為了滿足這個功能，卻必須調轉反清軍勢去與荷蘭交戰，使得將士徒然埋屍蠻荒，何況臺灣乃外夷之地，恐怕很難對中原局勢產生重大影響。不只張煌言，一向與鄭成功友善的王忠孝也有類似的看法。他在一封信件中批評鄭成功：「頃者，虜又虐徙海濱，所在騷然。乘此時一呼而集，事半功倍。而僻據海東，不圖根本，真不知其解也。」〔註48〕同樣認為臺灣過於偏荒，並非復明基地的最佳選擇。

其實，比起戰力的折耗，張煌言等南明遺民更害怕的或許是鄭成功的一去不復返。在那之後，張煌言陸續有詩諷諫成功：「田橫嘗避漢，徐福亦逃秦；試問三千女，何如五百人！槎歸應有恨，劍在豈無嗔！慚愧荊蠻長，空文採藥身。」〔註49〕又：「杞憂天墜屬誰支，九鼎如何繫一絲？鰲柱斷來新氣象，蜃樓留得漢威儀。故人尚感褰裳夢，老我難忘伏櫪詩。寄語避秦島上客，衣冠黃綺總堪疑！」〔註50〕都在挖苦鄭氏的蟄伏不出。時間的隱患始終縈繞在詩人心底，在那些明確感受到時不我待的情境裡，他不免憂慮恢復的良機是否在這些時光的虛度中蹉跎過去。在當時，和張煌言一樣怪罪鄭成功遠遁臺

〔註46〕括號內文字為筆者所加。〔明〕張煌言：〈上延平郡王書〉，收錄於《張蒼水先生全集》（南投：臺灣省文獻委員會，1994年5月），頁30～31。

〔註47〕〔明〕張煌言：〈長鯨行〉，《張蒼水先生全集》，頁154。

〔註48〕〔明〕王忠孝：〈與張玄著書〉，《惠安王忠孝公全集》（南投：臺灣省文獻委員會，1993年12月），頁195。

〔註49〕〔明〕張煌言：〈感事四首〉其三，《張蒼水先生全集》，頁161。

〔註50〕〔明〕張煌言：〈得故人書至臺灣二首〉其二，《張蒼水先生全集》，頁183。

灣的聲音在遺民圈中可能並不罕見，因而後來黃宗羲還特別為鄭氏的羈旅平反，儘管他同樣怪罪鄭成功復國不力，但他卻也認為鄭成功此舉至少在海外暫時保存了故明衣冠與中華正統。〔註51〕

　　另一方面，在張煌言的語脈當中，思明與臺灣的根枝之喻，其實也是一個雙重性的隱喻，它不止指向大陸本位的空間距離遠近之別，同時也指向了中華與外夷的文明和蠻荒之異。張煌言痛批鄭成功捨中國而就臺灣，無異於捨樂郊而就幽谷的論點，便是著眼於臺灣的開發程度開展。〔註52〕即使等到鄭成功逐退荷人，臺島的蠻荒意象依舊在遺民口耳間流傳，例如盧若騰的〈東都行〉：

> 海東有巨島，華人舊不爭。南對惠潮境，北盡溫麻程。紅夷浮大舶，
> 來築數雉城。稍有中國人，互市集經營。虜亂十餘載，中原事變更。
> 豪傑規速效，擁眾涉滄瀛。於此闢天荒，標立東都名。或自東都來，
> 備說東都情。官司嚴督趣，令人墾且耕。土壤非不腴，區畫非不平。
> 灌木蔽人視，蔓草窘人行。木杪懸蛇虺，草根穴狸鼪。毒蟲同寢處，
> 瘴泉供飪烹。病者十四五，聒耳呻吟聲。況皆苦枵腹，鍬鍤孰能擎。
> 自夏而徂秋，尺土墾未成。紅夷怯戰鬥，獨恃火器精。城中一砲發，
> 城下百屍橫。林箐深密處，土夷更猙獰。射人每命中，竹箭鐵鏢並。
> 相期適樂土，受廛各為氓。而今戰血濺，空山燐火盈。浯島老杞人，
> 聽此憂惇惇。到處逢殺運，何時見息兵。天意雖難測，人謀自匪輕。
> 苟能圖匡復，豈必務遠征。〔註53〕

盧若騰一生未至臺灣，提到臺灣的詩句也不多，不過這首詩卻把時人對臺灣

〔註51〕「史臣曰：鄭氏不出臺灣，徒經營自為立國之計，張司馬作詩誚之；即有賢鄭氏者，亦不過躋之田橫、徐市之間。某以為不然！自緬甸蒙塵（永曆帝曾遁入緬甸，後被吳三桂所獲，縊死於昆明）以後，中原之統絕矣；而鄭氏以一旅存故國衣冠於海島，稱其正朔。在昔有之：周厲王失國，宣王未立，召公、周公二相行政，號曰「共和」；共和十四年，上不係於厲王，下不係於宣王，後之君子未嘗謂周之統絕也。以此為例，鄭氏不可謂徒然。獨怪吾君之子匿於其家，而不能奉之以申大義於天下！愚聞海外尚多人物，當必有說以處此。」括號內文字為筆者所加。清黃宗羲：《賜姓始末》，頁7～8。

〔註52〕「或者謂女真亦起於沙漠，我何不可起於島嶼。不知虜原生長窮荒，入我中國如適樂郊，悅以犯難，人忘其死。若以中國師徒，委之波濤浩渺之中、拘於風土狂獠之地，真乃入於幽谷。」〔明〕張煌言：〈上延平郡王書〉，《張蒼水先生全集》，頁30。

〔註53〕〔明〕盧若騰：〈東都行〉，收錄於施懿琳等編《全臺詩第一冊》，頁33～34。

的認識陳述得十分完整。盧若騰避居金門，對臺灣的認知全憑實際見識者口耳相傳，但當中述及的蠻荒境地以及軍士們的慘狀，確實令人膽戰心驚，而詩末「苟能圖匡復，豈必務遠征。」一句，更是透露出盧若騰對鄭氏的不信任感。當年張煌言警告鄭成功若移師臺灣「其間感離、恨別、思歸、苦窮種種情懷，皆足以壓士氣而頓軍威；況欲其用命於矢石、改業於耰鋤，胡可得也！」〔註54〕如今看來似乎一一應驗，而無論是火砲精良的荷蘭紅夷，還是潛伏在密林深處神出鬼沒的番人，不僅時時提醒此間絕非樂土，同時也展現了漢人難以適應的生活方式。對這些始終追隨南明的遺民而言，金、廈兩島雖然也同樣不是中國「本土」，至少仍離中原不遠，猶屬中華文化澤披的邊緣地帶，但再往東過去，那就是去國懷鄉的離散情境了。因此，當我們面對〈長蛇篇〉這樣的想像之作時，我們應該察覺的或許正是那其中隱含的異地恐慌、憂慮與排斥。無論是海東的長蛇也好，還是臺灣島上的原始面貌也罷，這些或虛或實的消息與傳說在明清之際的遺民腦中相互指涉、彼此印證成一個凶險蠻荒的邊境之地。但如今，時間將他們逼入牆角，使他們不得不乘桴東渡，前往一個看似故國卻非故土的新天地。

第四節　位居邊緣的離散國主——鄭經

一、遺民身分的繼承

時間不僅催逼著南明遺民，也同樣考驗著海上的抗清勢力。1662 年（永曆十六年）鄭成功病逝臺灣，臺人陰以成功之弟鄭襲為護理，卻引來駐守廈門的世子鄭經的不滿。擁護鄭襲者多批評鄭經亂倫親弟乳母德不配位〔註55〕，但隨後鄭經大軍壓境、黃昭戰死，最終仍然平定了島內的反對勢力，成功繼承爵位。〔註56〕鄭經（1642～1681），字式天，號賢之，福建南安人〔註57〕，

〔註54〕〔明〕張煌言：〈上延平郡王書〉，《張蒼水先生全集》，頁 30。
〔註55〕例如鄭成功亡故後，鄭經曾遣禮官鄭斌齎諭往臺布告鄭經不日返臺奔喪一事，卻遭黃昭、蕭拱宸二人出爭：「世子嗣繼大統，理之正也。誰敢背主易言？但世子奉命守國而亂倫，致先王大怒，賜死者再。又不能悔過自新，而反統兵據國，此自古以來亦未有是子，使先王日夜搥胸飲恨而死。」〔清〕江日昇：《臺灣外記》（南投：臺灣省文獻委員會，1995 年 8 月），頁 218。
〔註56〕連橫：《臺灣通史》，頁 36。
〔註57〕〔清〕鄭克塽：〈先王父墓誌〉，收錄於連橫編：《臺灣詩薈》上冊（南投：臺灣省文獻委員會，1992 年 3 月），頁 501。

是鄭氏治臺時期實際執政最久的統治者。鄭經早年閉門讀書，然而鄭成功的死亡卻促使他倉促接班。他在《東壁樓集》的自序中自言：

> 余自幼從師，僅記章句耳，至十餘歲方粗識大略，每讀忠孝之事，未嘗不感激思奮。原國祚中衰，胡氛正熾，余年頗長，乃日事弓馬，不務刀筆。及先王賓天，始出臨戎……。〔註58〕

考量當時政局，鄭經讀書的文化意義或許大於從事科舉之業，至於鄭成功為其子弟所聘業師，則更能看出成功對遺民志節傳存的期待。鄭經師從之徐孚遠，〔註59〕是「海外幾社」的組成分子。〔註60〕幾社於滿清入關之際，猶隨南明政權轉戰各處，最終飄零海外，其忠義之心可以想見。而在海外六子當中，創社元老徐孚遠更是受到鄭成功的敬愛。連橫記載兩人結識因緣：「初，延平在南京國學，嘗欲學詩於闇公，以是尤加禮敬，如是幾及十年。」〔註61〕鄭成功早年追慕徐孚遠之才學，卻因故失之交臂，一直到徐孚遠隨魯王赴廈來投，雙方才真的有相互交流的機會，而將過去本欲師事的宿儒延請為鄭家子弟之師範，這更是鄭成功對其家世最深切的反省。當年鄭成功入太學、習經史，且在當代名士錢謙益門下受教，讓鄭成功與海寇出身的父親有了最根本的差別：鄭芝龍降清前夕，成功以忠義泣諫其父：「父教子忠，不聞以貳。」然而鄭芝龍審時度勢，卻反而對之以：「喪亂之天，一彼一此，誰能常之。」〔註62〕隨後鄭芝龍率軍投清，鄭成功乘隙逸去，慷慨悲歌，謀畫起師，且攜所著儒巾、襴衫赴文廟以焚，這正是他日後半生戎馬的起點。而鄭經自幼承接父輩的遺民意識，也同樣對江山易鼎的現況感到不滿。

永曆十七年（1663 年），亟欲奪回海上影響力的荷蘭東印度公司與清廷合

〔註58〕龔顯宗編：《鄭經集》（臺南：臺灣文學館，2013 年 11 月），頁 308。

〔註59〕徐孚遠，字闇公，江蘇華亭人。明亡之後，先是輔佐夏允彝抗清，後入舟山依附魯監國，1651 年再隨魯監國赴廈門，徇被鄭成功延攬至金門。1663 年清軍攻陷金、廈，徐孚遠遁入廣東饒平，最終病故於此。詳參連橫：《臺灣通史》，頁 747～748。王忠孝，字長孺，號愧兩，福建惠安人。明亡後曾一度投奔福王，兵敗後至廈門轉投鄭成功，1663 年與鄭經一同入臺，四年後病逝臺灣。詳參連橫：《臺灣通史》，頁 749。

〔註60〕依據連橫《臺灣詩乘》記載：「闇公寓居海上，曾與張尚書煌言、盧尚書若騰、沈都御史佺期、曹都御史從龍、陳光祿士京為詩社，互相唱和，時稱海外幾社六子，而闇公為之領袖。」詳參連橫：《臺灣詩乘》（南投：臺灣省文獻委員會，1992 年 3 月），頁 11。

〔註61〕連橫：《臺灣詩乘》，頁 10～11。

〔註62〕鄭亦鄒著：〈鄭成功傳〉，收錄於臺灣銀行經濟研究室編：《鄭成功傳》，頁 5。

軍攻鄭，鄭經不敵清、荷聯軍的攻勢，遂棄金、廈兩島而退守臺灣，自此休養生息、致力內政。後人論斷明鄭功過，大抵厚成功而薄鄭經〔註63〕，但卻也不能不正視鄭經的文治之功。他接受東寧總制使陳永華的建議，起建聖廟、立學校、復辦科考，建立由地方到中央的各級教育機構，由此教習之風日盛。連橫讚許此舉讓「臺人自是始奮學。」〔註64〕，這正是臺灣漢學教育的嚆矢。另一方面，彼時滿清方入主中原，晚明遺民的左衽之痛仍歷歷在目，而在那些足以區別彼此的內外樣態中，「頭髮」正好是一個相當重要的表徵。趙園便觀察到，對於晚明遺民來說，全髮即是全節以至存明，所以就算不能全髮，至少也不願接受朝廷頒佈的「時式」，因此就有部分遺民遁入釋門，以此「剃」來代替彼「剃」。〔註65〕對異域的遺民來說，當外來者變成了在地者，而在地者卻反而成了星散異地的離散者，那麼文化身分的再現、族群記憶的留存則更在這江山的變換間顯得至關重要。例如當鄭克塽決意降清之際，寧死不屈的寧靖王朱術桂在自經之前所留下的〈絕命詞〉：「艱辛避海外，總為幾根髮。於今事畢矣，祖宗應容納。」〔註66〕雖然有些時不我予的感歎，但不得不說這其中也有些全節保身的釋然。而在鄭清雙方來來回回進行過的數次和談之中，也有多次都在這個癥結點上卡關。鄭經在1669年對來使慕天顏所說的一席話，最能展現其堅持與底限：

> 本藩豈不能戰？因念生靈茶苦，故傚張仲堅遠避海外。一自癸卯東
> 來，業已息兵。又何必深求耶？苟能照朝鮮事例，不削髮、稱臣納

〔註63〕例如謝國楨《南明史略》便批評鄭經不如鄭成功的宏圖大略，而僅能克守厥成，沒有力圖恢復的雄心、金成前〈鄭經與明鄭〉則認為鄭經不重軍備，又無遠略，致使恢復大業以失敗告終。而清光緒年間於臺南興建的鄭成功祠「其正殿安鄭成功衣冠束帶塑像，後殿中央為翁太妃祠（祀成功生母田川氏）。左為監國祠（祀經長子克臧），右為寧靖郡王祠（祀名寧靖郡王），東西兩廡配祀鄭氏部將百餘人焉。」，竟獨漏了執政最久的鄭經，也可見其一斑。詳參謝國楨：《南明史略》（上海：上海人民出版社，1957年12月），頁209～213、金成前〈鄭經與明鄭〉，《臺灣文獻》二十三卷第3期（1972年9月），頁119～137、臺灣銀行經濟研究室編：《鄭成功傳》，頁4。

〔註64〕連橫：《臺灣通史》，頁39。

〔註65〕趙園：《明清之際士大夫研究》，頁309～311。

〔註66〕朱術桂，字天球，別號一元子，為明太祖九世孫，隆武帝封寧靖王。永曆十八年（1664年）隨鄭經東渡臺灣，居於定西坊。永曆三十七年（1683年）清軍破澎湖，克塽議降，朱術桂以其皇族身分，義不可辱，遂在其府中懸梁自經，葬於竹滬。詳參連橫：《臺灣通史》，頁732～734。施懿琳等編《全臺詩》第一冊，頁68。

貢，尊事大之意，則可矣。〔註67〕

從鄭經寧可接受稱臣納貢也不願意剃髮留辮的反應，也就不難看出文化身分對海外離散者的重要性。但此舉看似屈從，卻又有虛與委蛇的意味，遠在北京的康熙帝便看出了他的企圖，他在九月時下的一道諭令中指出：

> 若鄭經留戀臺灣，不忍拋棄，亦可任從其便。至於比朝鮮不剃髮、
> 願進貢投誠之說，不便允從。朝鮮係從來所有之外國，鄭經乃中國
> 之人。若因住居臺灣，不行剃髮，則歸順悃誠，以何為據。〔註68〕

該次談判最終仍然在雙方的各自堅持中破裂。但究其緣由，正因為鄭經是「中國之人」，剃髮對彼此的意義才更顯重要，因為那不僅是征服者對被征服者留下的印記，更是被征服者放棄緬懷過去，並擁抱新的文化身分的實際證明。

二、孤獨的海上國主

當我們衡量明清易代之際的遺民行為，我們總認為相較起留在故土的遺民僅能透過「遺民史述」作為記憶工程，以「存史」來作為「存明」的手段來抵擋日漸遺忘的前朝記憶，〔註69〕海外的明鄭政權應該多了幾分能動性，足以有更進一步的實際作為。然而面對實際的客觀形勢，鄭經也有他不得不等待的時機。江日昇批評鄭經性格：「雖好學善射，但嚴毅果敢弗如厥父之風也。」〔註70〕多少源自於他繼位後的幾年蟄伏。渡海數年，一事未成，這位年輕的統治者不免也有落寞時刻。儘管他也有〈自嘆自想〉：「渡海東來忽幾秋，勳名未遂不勝愁，臥龍猶復待雲雨，有日高飛遍九州。」〔註71〕這類積極進取、將目光投向未來的自我期許之作，但更多時候鄭經所流露的卻是高處不勝寒的孤獨感。

作為一個統治者，在他那有限的交友圈之內，似乎無人能消解他以遺民身分處在投閒置散的生活中所產生的憂慮與不安，因此在他的詩作中，只好不斷提起他那不為人知的內心感受。據統計，在其《東壁樓集》所收錄的四

〔註67〕〔清〕江日昇：《臺灣外記》（南投：臺灣省文獻委員會，1995 年 8 月），頁
253。
〔註68〕臺灣史料集成編輯委員會編：《臺灣史料集成——明清臺灣檔案彙編》第壹輯
第七冊（臺北：遠流，2004 年 3 月），頁86。
〔註69〕趙園：《明清之際士大夫研究》，頁395。
〔註70〕〔清〕江日昇：《臺灣外記》，頁200。
〔註71〕施懿琳等編《全臺詩》，第一冊，頁166。

百八十首詩作中，「孤」字出現了六十四次，「獨」則出現了四十九次；至於「寂」與「寂寞」也分別出現了十五及二十五次。〔註72〕例如〈江上吟〉：

> 寂寞在江上，風雨夜瀟瀟。飛螢數萬點，煙氣連碧霄。漁舟雲邊返，
> 停棹繫綠條。市酒歸獨酌，狂歌自逍遙。江樹著雨急，灑落隨風飄。
> 靜坐思往事，開窗夜聽潮。殘燈伴孤枕，濃睡不覺宵。〔註73〕

此詩首句點開主題，說明詩人當下所處情境，眼前所見，江上煙雨濛濛，又有流螢萬點。值此景象，詩人泊舟垂柳傍沽酒小酌，卻終究僅能自得其樂，他一面思量往事，一面聽潮，最終在燈下沈沈睡去，不知不覺已到了深夜。鄭經在此故做瀟灑，以逍遙掩蓋憂傷，雖然從起初的「寂寞」到中段的「逍遙」看似有向上超脫的跡象，然而在他所調度的這些極美場景裡，並沒有一絲快樂的痕跡，反而在「獨酌」、「自逍遙」、「殘燈」、「孤枕」的字裡行間，洩漏了最真實的情感。而在〈幽窗〉一詩中，鄭經也同樣在美景中見證自己的孤獨：

> 明月窺玉牖，月移花影移。寒蟬鳴翠竹，孤雁有餘悲。獨坐生寂寞，
> 閒步臨清池。池蓮花半笑，帶露愈嬌姿。夜深欲就寢，難與景暫辭。
> 〔註74〕

詩人夜間遊園，在月的推移中見證時間流動，他的目光從明月轉到池蓮，由高往低處位移，但一腔心事卻久久不能平息。他曾在〈東壁樓集自序〉當中表明他的詩是：「公事之餘，無以自遣，或發於感慨之時，或寄於山水之前，或托於風月之下，隨事吟咏，無非西方美人之思。」〔註75〕如果說詩人夜未眠的創作，是以暗夜獨醒的孤傲清明來開啟詩人的心靈視窗，探視了社會的邊緣視景，而在此邊緣視景中，歷史、社會乃至個人主體的缺憾方清晰浮現，〔註76〕那麼鄭經的遺民苦悶，則在這些深夜徘徊的情境中不斷折射，最終難以將息。

　　永曆二十八年（1674年）三藩亂起，當年那位引清兵入關，隨後又絞殺永曆帝的平西王吳三桂如今又以反清復明為號召起兵，鄭經喜出望外，時代終於給了亟欲一展長才的他一個表現的機會。他在〈聞西方反正喜詠〉中寫道：

> 群胡亂宇宙，百折守丹誠。海島無驚信，鄉關斷雞聲。義師興襄岫，

〔註72〕詳參阮筱琪：〈論鄭經《東壁樓集》的孤獨感〉，《有鳳初鳴年刊》第5期（2009年10月），頁118。
〔註73〕施懿琳等編《全臺詩》第一冊，頁72。
〔註74〕施懿琳等編《全臺詩》第一冊，頁80。
〔註75〕龔顯宗編：《鄭經集》，頁308。
〔註76〕廖美玉：《中古詩人夜未眠》（臺南：宏大出版社，2002年1月），頁18。

壯氣撼長鯨。旗斿荊襄出，刀兵日月明。一聞因色動，滿喜又心驚。

願掃腥羶幕，悉恢燕鎬京。更開朝貢路，再築受降城。〔註77〕

從父輩繼承下來的宿願在此際看見曙光。鄭經自九歲起即被父親帶往廈門，隨後眼見父親伐南溪、攻海澄、取漳州，最後兵敗南京，發兵臺灣，多少挫折與打擊都在這些軍事行動中產生，更不用說自己過去也曾遭受清荷聯軍的攻伐，而不得已退居臺灣的挫折。但經過了數年沈潛，如今忽聞義軍揭竿，不由得心驚難已。此次的亂事，不僅是前朝遺民復國的契機，也是離散者歸鄉的唯一機會。兩岸長久以來的音信未通，徒長居留臺島遺民的思鄉之情，但歸鄉卻亦需面對文化身分的變換，因而對他們來說，「復明」始終是唯一一個既能滿足「政治身分」，又能滿足「文化身分」的兩全之計。鄭經在這裡表達了他的志向，不僅是要掃平宇內胡虜，更是要透過軍事力量將此際漢／夷主客異位的現況加以「反正」，回到過去漢人所習以為常的漢主夷客的朝貢制度。

為了爭取合作關係，鄭經以極度卑恭的姿態致信吳三桂：

經兒髮未燥，即聞大名，每讀殿下家書檄草，忠孝激烈，未嘗不撫膺慨嘆、感極而繼之以泣也。今者四海仰望，惟殿下一人；未審軍政之暇，亦知有天外孤臣否？特遣推官吳宏濟恭候福履。敝國雖小，樓船千艘、甲士十萬，惟殿下所使之。仰俟德音，無任主臣。〔註78〕

吳三桂不僅為明朝降將，更曾殺害朱明王室，時人對其印象本就甚為惡劣，而清初以來的官私載籍也大多給予極差的評價，〔註79〕鄭經身處當世，又以晚明遺民為師，不可能不知道吳三桂的作為，但此刻鄭經態度低下、語多溢美，無非是想藉助吳氏的軍事實力。他自稱「天外孤臣」，說明了自己的邊緣與離散，但即使是這樣，卻也有糾合義士恢復中原的雄心。他自居低下，寧可為吳三桂所驅馳，這是他顧及大局的心意；但後來邀請明鄭與戰的耿精忠自毀前約，〔註80〕阻鄭經於海上，鄭經卻又不堪其辱，遂與耿精忠反目。其

〔註77〕施懿琳等編《全臺詩》第一冊，頁156。

〔註78〕〔明〕鄭經：〈致吳三桂書〉，收錄於龔顯宗編：《鄭經集》，頁295。

〔註79〕葉高樹：〈三藩之亂期間鄭經在東南沿海的軍事活動〉，《國立臺灣師範大學歷史學報》第27期（1999年6月），頁56。

〔註80〕江日昇《臺灣外記》提到耿精忠舉兵前夕曾致書鄭經：「孤忠海外，奉正朔而存繼述；奮威中原，舉大義以應天人！速整征帆，同正今日疆土；仰冀會師，共成萬世勳業。」後又遣使請鄭經會師，並以全閩沿海戰艦許之。詳參〔清〕江日昇：《臺灣外記》，頁259、262。

實這場戰役本就存在著許多野心與利益的衝突。鄭經為取得立足之地，出兵連下耿精忠同安、海澄兩城，耿氏遣使求和，鄭經回書斥責：「天下乃我太祖之天下，侈言天下，豈不羞乎？」〔註81〕早已提醒耿氏懸崖勒馬；而當吳三桂意圖稱帝，試圖爭取鄭經支持，鄭經則感嘆：「吳藩萌念已差！不但不能取信天下，號召英雄；實為後世羞耳！」〔註82〕反清立場的不盡相同，這是三方合作關係始終不穩固的原因，而鄭經雖然在沿海地區屢有斬獲，但來自清廷的降將時常遇敵則降，致使鄭軍又陷入了當年鄭成功所遭遇的地方旋得旋失之苦，〔註83〕這又是另一個影響深遠的不利因素。

鄭經西進的軍事活動，於永曆三十四年（1680年）二月正式告終，隨著中國東南沿海據點的相繼失守，鄭軍全師不得不退守臺灣。當年那位自許「高飛遍九州」的年輕統治者，如今成了最失魂落魄的海外之主，自此「不理國政，建園亭於洲仔尾，與諸將落之，驩飲較射，夜以繼日」，〔註84〕最終於隔年（1681年）以三十九歲的年紀病逝東寧。鄭經晚年的自我放逐，不僅來自於羞憤與懊惱，也來自於遺民的時間焦慮，他們深知恢復時機的轉瞬即逝，不得不說是一個可怕的事實〔註85〕，但如今三藩動亂已平，也就再沒有可趁之機。回首鄭經一生，恰如一部離散者的異地接受史：他接受晚明遺民言教身教，自此有了濃厚的原鄉情懷，以及文化身分的認同與追求，引領他恢復前朝；但他又立足海外，自認為非中國之民。在這個乾坤初闢的海外孤島上，以鄭經為首的離散群體以一種別具過往的流亡經驗在此開展了新的身分，而這個身分則帶給了他們某種程度的靈活與游移。於是，他們在此雖然看似被整個大時代所失落、延宕，但其實他們卻也同樣在那亟欲永存的往日時光裡，得到了短暫的挽留。

第五節　流離海東的文獻初祖

一、充滿創傷的流離經驗

受迫性遷徙、放逐和來自於對歸返的無能為力的失落感，這是離散的古

〔註81〕龔顯宗編：《鄭經集》，頁306。
〔註82〕〔清〕江日昇：《臺灣外記》，頁274。
〔註83〕葉高樹：〈三藩之亂期間鄭經在東南沿海的軍事活動〉，頁56。
〔註84〕連橫：《臺灣通史》，頁51。
〔註85〕趙園：《明清之際士大夫研究》，頁373。

典形式，經常被用以形容非洲人經由奴隸制度而移往美洲各地的大規模移動。這種移動與遷徙伴隨著創傷經驗的聯繫，其中便包含著一股恆常的失落，以及對一個可得家鄉的渴盼。〔註86〕鄭成功逐荷人、建東都，雖然為晚明遺民留住了一塊能保有舊時衣冠的清靜之地，卻也退居海外，從此遠離家園，把他鄉變成了故鄉。連雅堂在《臺灣通史》中曾提到：「吾聞延平入臺後，士大夫之東渡者蓋八百餘人」，〔註87〕這是當年遺民爭相奔走疏附的盛時景象，但歷經有清一代之後，關於前朝遺民的生活記錄卻多所失落，以致「姓氏遺落，碩德無聞」。〔註88〕亦有研究指出，明清之際的遺民來臺潮共可分成四波：第一期是先於鄭成功入臺者，即在1661年（永曆十五年、順治十八年）以前，此時多是因失職而被鄭成功幽居在臺灣的官員；第二期則是1661年隨鄭成功入臺者，這批人大多是鄭成功所仰賴的重要文官，如承宣司葉亨、禮都事蔡政、戶官楊英、承天府府尹顧礽等；第三期則是1662追隨鄭經平定繼承權紛亂、以及1664年與鄭經為避清荷聯軍而一同來臺者；第四期則是1674年三藩之亂，因鄭經西征而兩岸復通、因故避難來臺者。〔註89〕但這四波渡臺潮下的遺民史蹟到了連雅堂作史前夕卻早已湮沒不彰，在《臺灣通史·諸老列傳》中，僅列有沈光文等十七人的傳記，〔註90〕而此十七人當中，又僅有王忠孝、徐孚遠、盧若騰、沈光文四人有在臺（含澎湖、金門）作品傳世，〔註91〕這其中文獻的亡佚與歷史記憶的失落確實教人觸目驚心。

永曆十七年（1664年）清荷聯軍那一役，清軍「入金廈，墮兩城，棄其地，收保貨婦女而還。」〔註92〕這讓當年離鄉投鄭的前朝遺民再度被迫流離。隔年春正月，宗室寧靖王、瀘溪王、巴東王、魯王世子與王忠孝、辜朝薦、盧若騰、沈佺期、郭貞一、李茂春等遺民隨從鄭經東渡臺灣，王忠孝形容這趟海上之行

〔註86〕Virinder S. Kalra, Raminder Kaur, John Hutnyk 著，陳以新譯：《離散與混雜》，頁17。

〔註87〕連橫：《臺灣通史》，頁745。

〔註88〕連橫：《臺灣通史》，頁745。

〔註89〕唐立宗：〈渡海東來忽幾秋：明清之際渡臺文士的見聞與際遇〉，《臺灣文獻》第六十五卷第2期（2014年6月），頁123～127。

〔註90〕連橫諸老列傳中共列有：沈光文、徐孚遠、張煌言、王忠孝、辜朝薦、沈佺期、盧若騰、許吉燝、李茂春、郭貞一、諸葛倬、黃事忠、林英、張士榳、黃驤陞、張灝、葉后詔等人。詳參連橫：《臺灣通史》，頁746～754。

〔註91〕以《全臺詩》所收錄的作品為標準。

〔註92〕連橫：《臺灣通史》，頁37。

「踽踽漏帆下，衣衫濕侵肌」、「偃臥板帆眠，輾轉畏淋漓」〔註93〕可謂狼狽至極，其中盧若騰更是中途染疾，旋即病逝澎湖。〔註94〕經此震盪，流寓來臺的海外遺民亦有不復從政，而過著以詩酒消愁解悶的隱居生活者，〔註95〕例如沈佺期來臺後，僅過著「以醫藥濟人」〔註96〕的日子，而李茂春則「日放浪山水間，跣足岸幘，旁若無人。搆一禪亭，名曰『夢蝶處』；與僧誦經自娛」，〔註97〕至於在鄭成功時代便曾辭謝仕宦之請的王忠孝，也持續過著「不圖宦達，澹如也。惟日與流寓諸人肆意詩酒，作方外人。」〔註98〕的生活。遺民諸老的避世不出，或許多少來自於流離異地的創傷，以及對當政者的消極抵制。〔註99〕

二、意外漂流的南明太僕

在所有來臺諸遺民當中，當屬沈光文對鄭經批判最烈。他在〈臺灣賦〉中痛斥鄭經：「壬寅年成功物故，鄭錦（即經）僭王，附會者言多諂媚，逢迎者事盡更張。」〔註100〕從此幾遭不測，於是變服為僧，結茅山中，教授生徒，餘時則醫以濟人。〔註101〕沈光文，字文開，號斯庵，浙江鄞縣人，少時曾以明經貢太學，福王年間授太常博士，後又累遷太僕少卿。若從目前傳世的作品來說，沈光文可以說是來臺遺民中書寫臺灣最力者，這當然跟他特殊的身世遭遇有關：他早年隨南明政權起兵抗清，卻意外遭遇颶風漂流來臺，他在臺歷經統治者的更迭變換，是在臺居住最久的晚明遺民。斯庵開臺灣漢語文學先河，全祖望推其為「海東文獻初祖」，〔註102〕歷代亦有諸多沈氏傳略記載，但關於沈光文渡臺的確切時間，則有些模糊不清之處。

〔註93〕〔明〕王忠孝：〈同辜在公年兄抵澎湖坐漁舟風雨大作賦此志感〉，《惠安王忠孝公全集》，頁246～247。

〔註94〕〔清〕江日昇：《臺灣外記》，頁230～231。

〔註95〕施懿琳：《從沈光文到賴和——臺灣古典文學的發展與特色》（高雄：春暉出版社，2000年6月），頁30。

〔註96〕〔清〕高拱乾：《臺灣府志》（南投：國史館臺灣文獻館，2001年11月），頁212。

〔註97〕〔清〕高拱乾：《臺灣府志》，頁212。

〔註98〕〔清〕高拱乾：《臺灣府志》，頁212。

〔註99〕唐立宗：〈渡海東來忽幾秋：明清之際渡臺文士的見聞與際遇〉，頁145。

〔註100〕龔顯宗編：《沈光文全集及其研究資料彙編》（臺南縣：南縣文化，1997年12月），頁168。

〔註101〕連橫：《臺灣通史》，頁746。

〔註102〕〔清〕全祖望〈沈太僕傳〉，收錄於龔顯宗編：《沈光文全集及其研究資料彙編》，頁37。

　　在目前可見沈光文平生事蹟的各家傳述當中，以康熙二十四年（1685 年）諸羅縣令季麒光所撰之《蓉洲文稿・沈文開傳》為最早。季麒光與沈光文共組「東吟詩社」，曾經有過密切的互動交流，是以此版本應該有相當程度的可信度。然而，此書今已失傳，過去所見的版本皆是引自雍正二年（1724 年）黃叔璥的《臺海使槎錄》〔註 103〕。儘管在 2006 年，由李祖基編校之《蓉洲詩文稿選集・東寧政事集》中，重新收錄了更加完整的〈沈光文傳〉，然而該傳對於時間的紀錄仍有前後矛盾之處。〔註 104〕

　　至於乾隆十年（1745 年）浙東學派史家全祖望久聞同鄉沈光文之名，遂透過友人蒐得沈氏資料編成的〈沈太僕傳〉，由於該文紀事詳瞻，因而此後紀沈光文傳者多以全祖望本為母本。全氏繼承前說，認為沈光文在 1651 年左右從金門乘船欲赴泉州，卻在海口圍頭洋遭遇颶風，遂漂流至臺，「時鄭成功未至，而臺灣為荷蘭所據，公從之，受一廛以居，極旅人之困，不恤也」，〔註105〕在這裡，沈光文與荷蘭人的關係正式被確認下來，且在不斷被方志、史冊沿用的情況下，成為我們對其抵臺時間點的普遍認知。〔註 106〕

　　然而，歷來亦有諸多學者提出不同看法。例如方豪便質疑前說，認為不但辛卯年七月之說不可靠，辛卯之年亦不可靠，〔註 107〕而楊雲萍則推測「沈

〔註 103〕茲節錄沈光文渡臺相關記載處：「名光文，四明故相文恭公世孫，字文開，別字斯庵；以恩貢，歷仕紹興、福州、肇慶；由工部郎中，加太僕寺少卿。明鼎革後，避跡不仕。辛卯，從肇慶至潮州，由海道抵金門；當事書幣邀之，不就。七月挈眷買舟赴泉；過圍頭洋，遇颶風，漂泊至臺。及鄭大木掠有其地，斯庵以客禮相見，鄭經嗣爵多所變更；斯庵以一賦寓譏諷為忌者所中。乃改服為僧，入山不出。」，詳參龔顯宗編：《沈光文全集及其研究資料彙編》，頁 34。

〔註 104〕該文既說沈光文「辛卯（1651 年），從肇慶至潮州，由海道抵金門；督院李公聞其名，遣員致書幣邀之，斯庵不就。七月，挈其眷買舟欲入泉州；過圍頭洋，遇颶風，漂泊至臺」，如此斯庵在旅居金門應該不出半年，但該文卻又在後面提到：「是時，永曆假號于肇慶，斯庵復往從之，隨監鄭鴻逵軍事，又從揭陽來旅寓金門所，越十有餘年，而轉徙至臺灣」，如此沈光文反而又在金門居住十餘年之久。詳參李祖基點校：《蓉洲詩文稿選集・東寧政事集》（香港：香港人民出版，2006 年 7 月），頁 122～124。

〔註 105〕〔清〕全祖望：〈沈太僕傳〉，收錄於龔顯宗編：《沈光文全集及其研究資料彙編》，頁 36。

〔註 106〕例如《全臺詩》中載錄的沈光文生平便提到：「永曆五年（1651 年）從廣東潮州渡海到福建金門。後自金門搭船赴泉州，至海口圍頭洋遇颶風，遂漂流至臺。」，詳參施懿琳等編《全臺詩第一冊》，頁 36。

〔註 107〕方豪：〈荷據時代的寓賢沈光文〉，收錄於龔顯宗編：《沈光文全集及其研究資料彙編》，頁 177。

斯庵之渡臺，當在永曆六年（壬辰），即清順治九年，西元一六五二年。」〔註
108〕近年翁佳音重新整理相關文獻，他回歸原始文本，依沈光文作於 1685 年
（康熙二十四年）的〈東吟社序〉中自言：「余自壬寅（1662 年），將應李部
臺之召，舟至圍頭洋，遇颶飄流至斯，海山阻隔，慮長為異城之人」，〔註 109〕
認為沈光文早已明確指出自己的來臺時間。在他看來，全祖望為沈光文建構
的形象，實是為了替未殉節的沈光文於海外窮荒之地保留、發揚漢家文化，
為同鄉先賢找到安身立命的義理依據。〔註 110〕是以，翁佳音揚棄了全祖望的
說法，轉而推斷出 1651 年二月魯王與沈光文君臣為避清軍而羈留金門，此後
便一直在金門生活到 1662 年。只是隨著鄭成功病逝、鄭經與其叔的王位爭奪
戰的爆發，以及明鄭勢力中數位高級將領的陸續叛逃，「整個局勢變成早走晚
走而已」，因此沈氏為了投清，才需要買船試圖渡海至泉州，也才會遭遇颶風
而流離臺灣。〔註 111〕

　　其實，即便回歸原始文本，沈光文自己對時間的記憶也並不精確。例如
他在康熙二十六年（1687 年）為季麒光的詩文作序時，便提到：「先生與余海
外交也，憶余漂泊臺灣三十餘年，苦趣交集，則托之於詩」，〔註 112〕這顯然又
與前引〈東吟社序〉的說法相互矛盾。然而如果翁佳音的主張是正確的，那
麼沈光文便不曾經歷過荷人據臺時期，也就不可能從荷人處「受一廛以居」，
這即使得我們此前對斯庵詩的理解、詮釋、繫年等成果皆有重新檢視與省思
的必要。然而無論沈光文是 1651 年便已來臺，抑或是 1662 年才移居臺灣，
這都不妨礙其作為離散者的生命遭遇。

三、離散之後

　　康熙二十二年（1683 年）鄭克塽兵敗降清，沈光文舊識閩浙總督姚啟聖
承諾接返故籍，不意姚氏卻突然發病身亡。彼時沈光文已老，歸鄉的期待又
再度落空，所幸諸羅縣令季麒光對其照顧有加，「為粟肉之繼，旬日一候門

〔註 108〕楊雲萍：〈臺灣的寓賢沈光文〉，收錄於龔顯宗編：《沈光文全集及其研究資
　　　　料彙編》，頁 486。
〔註 109〕〔明〕沈光文〈東吟社序〉，收錄於龔顯宗編：《沈光文全集及其研究資料彙
　　　　編》，頁 24～25。
〔註 110〕翁佳音：〈史實與詩：明末清初流寓文人沈光文的虛與實〉，《文史臺灣學報》
　　　　第 7 期（2013 年 12 月），頁 16。
〔註 111〕翁佳音：〈史實與詩：明末清初流寓文人沈光文的虛與實〉，頁 17～24。
〔註 112〕龔顯宗編：《沈光文集》（臺南：臺文館，3012 年 12 月），頁 221。

下」〔註 113〕，又與之共結詩社聯吟。沈光文自言在他旅居臺島的這二十四
年來：

> 雖瀏覽怡情，咏歌寄意。而同志乏儔，才人罕遇，徒寂處于荒埜窮
> 鄉之中，混跡于雕題黑齒之社。何期癸甲之年，頓通聲氣。至止者
> 人盡蕭騷，落紙者文皆佳妙；使余四十餘年拂年拂抑未抒之氣，鬱
> 結欲發之胸，勃勃焉不能自己。〔註 114〕

這時他的額髮已經象徵性地剃過，海內外的反清勢力也早已消散，這是他距
離故國最遙遠的日子，卻也可能是一生中最平靜安穩的時光。

從前朝遺民到新朝順民，這不僅是他看盡了天命爭奪與權力傾軋的妥協，
〔註115〕也是大時代的不得不然。在一海之隔的對岸，明遺民群體也同樣始終
處在動態變化的過程當中，這並不僅僅只是因為遺民群體的自然物故，更是
清初五十年間清人透過對待漢族士人的政策調整下不斷分化的結果。清廷一
方面以招納故明舊臣、恢復科舉考試、徵辟山林隱逸，誘發其用世之心；一
方面又以文字獄案等手段逼迫遺民就範。〔註116〕沈光文晚年正逢康熙帝積極
招撫前明遺民的時代浪潮，這或許也是他受到善待的原因之一，而他著眼於
文化的延續與擴散，與清臣及游宦共同吟咏酬唱，這與過往遺民的形象落差，
也為自己招來晚年變節的嚴厲質疑。全祖望曾感嘆沈光文：

> 嗚呼！在公自以為不幸，不得早死，復見滄海之為桑田。而予則以
> 為不幸中之有幸者，咸淳人物，蓋天將留之以啟窮徼之文明，故為
> 強藩悍帥所不能害……〔註117〕

或許正是對他晚年心境與其一生行儀最深刻的理解。從鄭成功到鄭克塽，晚
明遺民用了二十餘年的時間來驗證天命的抉擇，卻終究不可避免地老死在境
外絕域。然而，正是在他們最顛沛流離的逃亡路徑裡，我們反倒更能抽繹出
他們書寫在生命中的離散特質。無論是位居廟堂的鄭經，還是駒留空谷的沈
光文，都在這個特殊的時空當中展現了他們的姿態：他們時而表達了離開的

〔註 113〕連橫：《臺灣通史》，頁 746。
〔註 114〕〔明〕沈光文〈東吟社序〉，收錄於龔顯宗編：《沈光文全集及其研究資料彙
　　　　編》，頁 25。
〔註 115〕王德威：《後遺民寫作》，頁 30。
〔註 116〕李瑄：〈清初五十年間明遺民群體之嬗變〉，《漢學研究》第二十三卷第 1 期
　　　　（2005 年 6 月），頁 319。
〔註 117〕〔清〕全祖望〈沈太僕傳〉，收錄於龔顯宗編：《沈光文全集及其研究資料彙
　　　　編》，頁 37。

不情願與無法回歸的無奈，時而又在與異地的互動中感到隔閡、進而不斷追求與原鄉的文化連結點。時間將海外遺民的志業消磨殆盡，但他們筆下的離散詩作卻成了臺灣漢語文學的起源，一直到乙未割臺之際，都猶能為政權嬗變下的臺灣遺民，提供一個歷史意義上的參考指標。〔註118〕

〔註118〕　高嘉謙：《遺民、疆界與現代性：漢詩的南方離散與抒情（1895～1945）》，頁144。

第四章　艱辛避海外──
流離他方的無奈

第一節　星散者與離散感

　　1644 年滿清入關，崇禎皇帝煤山自縊，明代的鼎祚至此告一段落，然而遺民論述卻正要掀起一波高峰。除了伯夷、叔齊之外，陶淵明、鄭思肖、謝枋得、汪元量等人都在晚明的遺民論述中被反覆言說而紛紛成為典範人物。〔註1〕重論遺民，固然是在此世變之際的士人尋求自我定位的一種方式，但再多的討論，卻終究無法改變國破家亡的歷史事實。普天之下，莫非王土，當晚明遺民重讀夷齊不食周粟的段落，不免也得再加以反思方能合腳〔註2〕，然值此之際，卻有一批遺民流離海外，自成一格，那是孤懸臺島的明鄭政權。

〔註1〕趙園：《明清之際士大夫研究》（北京：北京大學出版社，1999 年 1 月），頁 269。

〔註2〕例如黃宗羲便認為不食周粟意謂不收受周俸，而非真的不食米糧：「太史公謂伯夷不食周粟者，蓋伯夷先時歸周祿以養老，隱於首陽，始不受祿，故謂之不食周粟也。若以率土之粟即為周粟，則薇與粟何擇焉？」（《王義士傳》）；陳確則認為不食周粟的意義在於守節，而非求死：「二子之義只在窮餓，節如是止矣，不必沾沾一死之為快也……」（《節義論》）；至於王夫之則將不食周粟之舉，視為是身為商臣的二子對其當年未能為商謀的一種自懲：「必若伯夷、叔齊之絕周，悲歌餓困，備嘗艱苦而不恤，然後可以免咎。」（《周易內傳·卷二》）。清初明遺的夷齊論，或多或少都投射了論者的自我生命處境與心跡，這或許可視為是在易代之際的存活者藉由討論過去以面對未來的一場思辯。詳參趙園：《明清之際士大夫研究》，頁 269～279。

　　相較於中原遺民在自我指陳上的曲折，臺灣島上的遺民表述似乎顯得政治正確得多，其中以明臣自居的延平郡王鄭經，在這方面更是迭有成績。然而，明鄭遺民也有他們必須面對的問題：如果說遺民是一群為了凍結往日時光、緬懷舊時衣冠，而不得不與整個時代相互拒斥的群體，那麼明鄭臺灣的遺民則是不僅被時代所遺棄，更是被拋擲在民族故土之外的失根者。喪亂生憂愁，遺民群體的亂離感始終來自於家國歸屬的土崩瓦解，正如徐孚遠〈懷雪嵩〉〔註3〕所言：「海外之海邊人稀，家人散盡獨居夷。」〔註4〕國之亡、家之散，都在在提醒著離散者漂流海外的迫不得已。

　　本文第二章已述及，明鄭時期遺民群體的離散書寫並非新創，反而與中國文學傳統中的亂離書寫有某種程度上的承繼關係。明末清初的變局導致遺民群體向外星散，流離的遭遇自是亂離書寫在詩壇中再度浮現的主因。研究者宋孔弘謂「亂離書寫」意指在戰亂頻仍、局勢動盪的時空背景下，詩人受到政治力的影響，被迫四處流離，以詩筆記錄自己的見聞，抒發內心的感慨。他將亂離書寫的「亂」與「離」拆分，前者著重時代局勢，內容可能是描繪戰亂或政治的混亂；後者則指時代動亂造成個人或黎民百姓流離失所的處境，或詩人由於時代動亂而產生的憂慮。〔註5〕就此而言，亂離書寫與離散書寫在關注群體的流亡傷痕方面，是有其相似之處。例如卡爾拉（Virinder S. Kalra）等便曾指出，在對離散傳統模式的評論當中，主要的關注焦點之一，就是把移動和遷徙與創傷結合起來的聯繫，其中包含著一股恆常的失落，以及對一個可得家鄉的渴盼。〔註6〕

　　其實歸根究底，戰爭動亂本是導致離散發生的常見因素。從甲申之變那一刻起，家國便不再是一個安穩固定的容身之處，南明諸帝在各地的漸次紛立，正好說明了這種因戰亂而隨時移動的流徙狀態。至於明鄭這頭，雖說暫有安身之處，但一來與中原隔海相望，不僅自絕於中土之外，與許多親朋故舊從此兩地分隔，二來臺島人文風土與中原大異其趣，這其中的不適應感也

〔註3〕連橫《臺灣詩乘》載錄本詩時有註：「常雪嵩，不知何許人，徐闇公有送其安置臺灣之詩，當為在廈所作。」，詳參連橫：《臺灣詩乘》（南投：臺灣省文獻委員會，1992年3月），頁12。

〔註4〕施懿琳等編《全臺詩》第一冊（臺南市：臺灣文學館，2004年2月），頁24。

〔註5〕宋孔弘：《張煌言詩「亂離書寫」義蘊之研究》（臺北：國立臺灣師範大學國文研究所碩士論文，2006年），頁12。

〔註6〕Virinder S. Kalra, Raminder Kaur, John Hutnyk 著，陳以新譯：《離散與混雜》（臺北：聯經出版社，2008年1月），頁17。

都還有待跨越。此外，一如哈金所言：由於離散者對故土的強烈依戀，經常是與「流亡」的移居經驗聯繫起來的，因此對許多離散群體來說，懷舊總是參雜著恐懼──害怕不確定性，害怕面對更大的世界擺出的挑戰，害怕夾帶著過去和信心的缺失。也正因為流亡，離散者對故土的依戀會變得缺乏理性，甚至毫無道理。〔註7〕而被迫遷臺的晚明遺民，也同樣要忍受失敗恐懼與時間焦慮的反覆熬煎。正是因為來臺生活的心理建設千頭萬緒，這些遺民群體便又必須面對另外一個問題。沈光文曾在詩中言道：「只說暫來耳，淹留可奈何。」〔註8〕臺灣畢竟只是個復興基地，並非久居之所，而既是暫時寄居，那便沒有非得投入在地不可的理由。只是問題就在於，這樣的「暫時」並沒有人能夠為他們劃定一個明確的終點線，因而遺民群體日日面對無止盡的等待，卻始終懷揣著隨時可能歸返的心情，既不能落葉歸根，又遲遲不願落地生根，遂形成一種漂流無著的無奈感。

第二節　遺民與亡國傷痕

　　話說從頭，自從鄭成功建都安平以來，海峽兩岸的僵持對立也隨之成形：明鄭這方既無力反攻，清廷方面也暫且未能渡海進犯。〔註9〕地理與軍事的限制，給了這群海外遺民一個喘息的機會。此刻回首前塵，不免有些感慨；但事過境遷，卻也有了反省的可能。鄭經在一次於東壁樓上與群臣聚會的筵席裡，與諸老聊起前事，隨後更有感而發地寫下了兩章作品。在這兩章以楚辭體寫就的作品當中，他批判了崇禎朝群臣昏聵、流寇作亂，乃至南明時期福王不辨忠奸而使反清勢力自亂陣腳的歷史過往：

> 燕京峨峨兮，易水悠悠。思宗御極兮，大勢橫流。皇赫斯怒兮，客魏虔劉。閹黨剗盡兮，賢相旁求。皇綱再正兮，旁無贊助宸衷獨斷之嘉猷。敷王道之蕩蕩兮，不剛而不柔。真勤政而愛民兮，宜平治

〔註7〕哈金：《在他鄉寫作》（臺北：聯經，2010年1月），頁44。
〔註8〕施懿琳等編《全臺詩》第一冊，頁45。
〔註9〕學者蔡明叡便認為：在鄭經時期，清廷積極推動的幾次和談，都出自於海上作戰能力不足的情況；而鄭經反清復明的意願不若父親強烈，反倒有隔海自立的心態，因此並不積極投入反攻作戰。詳參蔡明叡：〈從和談看鄭經時期與清政府的互動〉，《新北大史學》第五期（2007年10月），頁193～220。不過蔡氏對後者的詮釋，很難解釋何以鄭經主動聯絡吳三桂並參與三藩之亂的作為。本文反倒認為，將鄭經的避戰視為是休養生息與積累軍備或許比較合理。

而垂旒。何期數之屯兮,凶胡殺掠,致民窮為流賊之由。初起撲滅兮,易策易籌。將相視如疥癬兮,勦撫之計不講求。一任其東西馳突兮,固位卒歲而優游。精神全注于缺之美惡兮,賄不足是憂。情面多而擔當少兮,九伐之政不修。前有病賢誤國溫薛兮,繼以好貨庸懦之陳周。卒至冠虜交訌兮,猶交相蒙蔽而勿置可否。所以縱成凶焰滔天兮,實群臣之寡謀。最可痛十七載聖皇兮,苦身孤立而焦愁。竟遭千古未有之慘兮,抱長恨于寇讎。寡人嗣位兮,費志未酬。每與群公道及兮,傷悲而涕淚難收。將區區之愚忠直兮,同心同德賦同仇。倘皇靈降鑒兮,庶不我尤。

鍾山巍巍兮,長江洋洋。聖安監國兮,旋正位于南京。內有史閣部之忠懇兮,外有黃靖國之守危疆。苟用人盡當其職兮,豈徒繼東晉南宋之遺芳。胡乃置賢奸于不辨兮,罷碩輔而宵小用張;付萬機于馬阮兮,致寧南之猖狂。任四鎮之爭奪相殺兮,不聞不問而刑賞無章。妙選之使四出兮,既酖酒而復作色荒。慨半壁之江南兮,已日慮于危亡。元首何昏昏兮,股肱弗良。庶事之叢脞兮,安得黎庶之安康。陳、馬使北而無成兮,竟延胡寇以撤防;謀國有如是之乖刺兮,俾腥羶泛瀾于四方。致黃、唐之冑裔兮,盡彳亍而彷徨。賢人之不甘污辱兮,蹈東海而遠颺。痛恨奸諂遺害無窮兮,迄今茲而強胡虐焰方長。〔註10〕

這兩章作品從崇禎皇帝即位開始講起,再一路從南明弘光朝的覆滅而收束於其父成功的遠渡海外,可說是一篇紀錄明末衰亡的史詩。第一章一方面盛讚崇禎皇帝勤政愛民,甫登基便將魏忠賢等宦官勢力一掃而盡,一方面則感嘆崇禎雖賢,卻不能得良臣相佐。綜觀朝局之中,無人願當重任,反倒充滿貪污腐敗、飽食終日之輩。例如先後成為內閣首輔的溫體仁、薛國觀以及周延儒和陳演等人,都是排擠賢才而又貪婪聚斂之人,這即使得崇禎皇帝在位的十七年間,始終處於一個孤立無援的狀態,因此雖遇賢君,卻反倒亡國。

　　至於第二章,則從福王在南京即位開始談起。在鄭經看來,照理說弘光政權若能扼守長江險要之地勢,外有史可法、黃得功等人的協防,內又能任

〔註10〕〈三月八日宴群公于東閣道及崇弘兩朝事不勝痛恨溫周馬阮敗壞天下以致今日胡禍滔天而莫能遏也爰製數章志亂離之由云爾二章其二〉,收錄於施懿琳等編《全臺詩》第一冊,頁175～176。

人得法，或許也還能循東晉、南宋舊例，暫時偏安一隅。可惜福王不辨賢奸，將國家大事交由馬士英、阮大鋮等人恣意妄為，自身又酗酒荒淫，這即導致了國家內政的混亂瑣碎。此外馬紹愉、陳洪範等人使北議和，卻撤下防線導致清兵入侵，最終虜亂席捲全國，這不能不說是君臣上下的集體失誤。鄭經反思前塵，並不將江山易鼎的主因歸於胡亂，反而將矛頭指向了昏君佞臣的倒行逆施，才是導致家國淪亡、漢人離散的最大關鍵。這點，倒是與清人見解相同。在《明史・流賊傳論》一文中，也同樣討論過明亡的癥結：「明之亡，亡於流賊；而其致亡之本，不在於流賊也。」〔註11〕無論是帝王的德荒政圮，還是朝堂的朋黨之爭，都無可避免的在帝國的尾聲帶來毀滅性的災難。晚明政治的積弊沉痾，自然並非鄭經所能措手，但如今偏安一島，回望故鄉，家國早已是不可得歸之處。

事實上，鄭經黍離銅駝之歎不少，如〈痛孝陵淪陷〉：「故國山河在，孝陵秋草深。寒雲自來去，遙望更傷心。」〔註12〕即是一例。鄭經襲仿杜甫〈春望〉「國破山河在，城春草木深。」詩意，季節雖異，卻有類似感觸。安史之亂，杜甫所見的長安是一片破敗荒涼景象，國都的頹隳、春草的橫生都在暗喻著國家的衰微；而鄭經懷想孝陵秋草蔓生，則是以帝陵之不治來象徵國家淪喪，兩者都巧妙地借用了國家的重要設施來影射國運的黯淡。儘管在意象的經營上，杜甫以春之草木花鳥的生意盎然來映襯國都破碎的蕭條，較鄭經單純以秋日的蕭颯來描摹孝陵的破敗要來得突出許多，然而詩意的擬仿與借鑑，來自於跨時代生命經驗的感通，面對難以挽救的殘局，兩人都有事不可為的無力感。

只是淪喪之悲，固然是遺民群體的普遍感受，而鄭經身為嗣王，理當能為亂局做得更多。對這群遺民而言，跨海遷徙是不得已而為之、是不甘受辱的舉動，但明鄭政權的不攖其鋒，卻也有意無意地暗示了理想與現實之間的落差。急於復國返鄉的心情與現實條件的限制，讓遺民的焦慮與失落感在無盡的等待中不斷昇溫，甚至心生不滿。例如徐孚遠〈北馬〉：

北馬千群至，茲丘仍寂然。晉師今不出，漢過古無先。聞有交綏約，何時多疊平。紅旗空自播，未許劇龍泉。〔註13〕

〔註11〕清張廷玉等編：《明史》（臺北：鼎文書局，1991年5月），頁7947～7948。
〔註12〕龔顯宗編：《鄭經集》（臺南：臺灣文學館，2013年11月），頁254。
〔註13〕施懿琳等編《全臺詩》第一冊，頁28。

這不止是對停戰的抗議，也是時不我待的焦慮。徐孚遠詩如其人，連雅堂曾評闇公：「闇公之詩，大都眷懷君國，獨抱忠貞，雖在流離顛沛之時，仍寓溫柔敦厚之意。人格之高、詩品之正，足立典型，固非藻繪之士所能媲也。」〔註14〕但再怎麼忠貞敦厚，也有失望憤懣的時候。徐孚遠此詩以北馬喻清兵，眼看清人早已大舉進入中原，整個朝廷卻只能任人魚肉。至於打著復明旗號的軍隊，難道就真的值得託付嗎？詩人此刻，接到了鄭清雙方約定和談的消息。「交綏」一詞典出《左傳》，《左傳·文公十二年》：「秦以勝歸，我何以報，乃皆出戰，交綏。」，杜預注曰：「古名退軍為綏。秦、晉志未能堅戰，短兵未至爭而兩退，故曰交綏。」〔註15〕意指兩軍缺乏戰志、尚未真正接戰便各自撤退。復國義舉，難道不應該拚死為之嗎？「多壘」語出《禮記·曲禮上》：「四郊多壘，此卿大夫之辱也。」〔註16〕壘為軍壁，意指四方侵伐甚多，鄭玄注曰：「辱其謀人之國，不能安也」。〔註17〕因此，徐孚遠運用此典，或許也有將身為明臣，卻遲遲未能負起反清復明的責任，視為自身恥辱的意味。只是此際，清、鄭雙方的交戰最終竟輕易以停戰做結，反清復明的志願，眼看是更顯得遙遙無期了。戰旗空播、寶劍難出，這所有為了復國的準備，便顯得格外諷刺與徒勞。

　　不過，如果我們回到歷史現場，徐孚遠卒於 1665 年，在此之前，鄭經與清廷方面曾分別在 1662 年及 1663 年到 1664 年間有過兩次和談，但這兩次和談都以失敗告終。第一次的和談，發生在鄭成功死後，鄭氏內部的王位之爭之際。當時黃昭、蕭拱宸欲擁立成功之弟鄭襲為東都主，鄭經不得不自廈門整裝發兵臺灣。另一方面，清廷接獲成功病故的消息，也試圖遣王維明、李振華等使節前往廈門招撫。為了避免兩面受敵，鄭經遂同意和談藉機拖延，爭取東向解決內部繼承問題的時間。但待到鄭經平定臺灣，雙方的談判便在「剃髮登岸」與否的環節中宣告破裂。至於第二次的和談，則是發生在 1662 年荷蘭與清廷聯軍進軍金、廈，迫使鄭經退軍至銅山時。總督李率泰恐鄭經一旦遁入臺灣，其勢力尚難剿滅，遂再遣使招撫鄭經，然鄭經依舊堅持不剃髮、效仿朝鮮事例，因而談判再度破裂，鄭經最終仍然退守臺灣。〔註18〕因此，徐孚遠所聽聞的停

〔註14〕連橫：《臺灣詩乘》，頁 12。

〔註15〕〔晉〕杜預注、〔唐〕孔穎達疏：《左傳正義》（臺北：廣文書局，1971 年 10 月），頁 7。

〔註16〕〔漢〕鄭玄：《禮記鄭注》（臺北：學海出版社，1981 年 9 月），頁 30。

〔註17〕〔漢〕鄭玄：《禮記鄭注》，頁 30。

〔註18〕蔡明叡：〈從和談看鄭經時期與清政府的互動〉，頁 196～199。

戰消息固然是真，但若從這兩次和談的發生背景來看，鄭經對清方的交涉皆是出自於險中求存的戰略考量，亦不能說是貪圖苟安。然而鄭經息兵之舉，看在齎志復國的遺民眼裡，卻也不免心有不甘。或許正如王德威所言：

> 遺民深懷覆巢之痛，雖生猶死，從來就潛藏著幽靈意識。……君父的本體（ontology）的亡佚頹敗是遺民的原罪負擔。……在他的歷史想像中，他所欲念的君父也許仍然長相左右，也許根本就是缺席的偶像，幻魅的幻魅。〔註19〕

此刻徐孚遠心中的執著與陷溺，或許正是來自這如幻魅亡靈般的意識形態，他自言「波濤不耐鬚鬖鬖，無力扶天心自慚。」〔註20〕亦即將國家衰亡的罪責，歸咎在自己身上。他的求生意志，早已隨著家國的覆亡、帝冑的凋零以及年歲的老大而逐漸消磨殆盡。正如他在〈隨舟〉一詩中所歎：「丹心空避地，白首歎無君。」〔註21〕後半生的流離與等待，隨著復明之勢的漸不可為，如今看來都是徒勞。比起年紀尚輕、更願意付出時間等待時機的鄭經，徐孚遠所欲求的或許只是想盡得最後的求仁得仁而已。老年的徐孚遠悲情滿溢，他在〈悲吟〉中不禁長歎：「逋臣日日望王鈇，世事傷心始願孤。不覺頻驚千遍死，居然賸得十分愚。」〔註22〕十幾年來所堅持的初衷，以及不顧一切的出生入死，到現在突然醒覺自己竟然只剩下這一份看似愚昧的忠貞，詩人至此，已是萬念俱灰。然而青年國主鄭經穩紮穩打、以靜制動，遲遲沒有西進跡象，看在徐孚遠的眼裡就更顯絕望。於是，亡國離鄉的傷痕，便反而在這西線無戰事的短暫和平裡，深深地刺痛起來。

第三節　坐困愁城孤島中

連雅堂在 1921 年所編纂的《臺灣詩乘》中，對沈光文的〈思歸〉六首曾有感慨之言：「中原易主，故國久墟，又何必作歸計哉！」〔註23〕說的是變質了的原鄉早已喪失了歸返的意義。如果我們站在後設的立場來看，返鄉這個

〔註19〕王德威：《後遺民寫作》，頁9。
〔註20〕徐孚遠：〈夢餘〉，收錄於郭秋顯選注：《徐孚遠・王忠孝集》（臺南：臺灣文學館，2012 年 12 月），頁 93。
〔註21〕郭秋顯選注：《徐孚遠・王忠孝集》，頁 65。
〔註22〕郭秋顯選注：《徐孚遠・王忠孝集》，頁 139。
〔註23〕連橫：《臺灣詩乘》，頁 7。

舉動本身確實不能為文學家的成就增色。正如哈金所言：「作家身體上的回歸除了能緩解鄉愁，此外毫無意義。」〔註24〕文學家的價值並不取決於他在地理上的位置，反而經常是取決於他在歷史上的位置。只是無可避免的，對任何一個離散主體而言，返鄉仍是最念茲在茲的心靈寄託。

一、歸返的障礙

在離散論述裡頭，對離散者的判定的一個非常重要的特性，是關於「歸返」的障礙。也就是說，在返回家鄉的過程上，就算沒有絕對的阻礙，至少也必須存在著某種的困難。〔註25〕另一方面，伴隨著創傷的移動與遷徙為離散者帶來恆常的失落，也容易使離散者對返家的渴望更加強烈。而正是在這兩者交集的情境裡，離散群體對原鄉的渴望遂成為更加飽滿，卻更無法被滿足的欲求。如果說，離散者注定擁抱著不只一個以上的歷史、一個以上的時空，以及一個以上的過去與現在，還歸屬於此間與他地，又背負著遠離原鄉與社會的痛苦，成為異地的局外人，而淹沒在無法克服的記憶裡嚐盡失去與別離〔註26〕，那麼，他們該如何面對此身飄零落拓的身世與心靈？

歸返的無力感，在明鄭的遺民群體當中，避罪逃禪的沈光文或許最有感觸。他因颶風而意外漂流來臺，復因得罪鄭經而飽嚐顛沛流離之苦，一連串的身不由己，讓他數十年間備嘗艱辛，對離散也有了更加深刻的感悟。他在〈山間〉其五寫到自己的離散心境，是一種無可奈何的愁緒：

> 只說暫來耳，淹留可奈何。驅羊勞叱石，返舍擬揮戈。我恥周旋倦，
>
> 人言厭惡多。旅途宜自惜，慨以當長歌。〔註27〕

沈光文此詩臚列了四個不可為，而每一個都是他難以解決的困局。首先，當然是離散異鄉的無奈。原以為只是暫時短住的地方，此刻卻被迫久留而不得歸返，這是第一個不可為。其次，是面對隱居時衣食短缺、收入無著的無奈。「驅羊勞叱石」一句典出葛洪《神仙傳》，傳載丹溪人黃初平十五歲外出牧羊，卻遇道士引至金華山石室修道四十年，後其兄尋得初平，詢問當年所牧之羊何在，初平

〔註24〕哈金：《在他鄉寫作》，頁44。

〔註25〕Virinder S. Kalra, Raminder Kaur, John Hutnyk 著，陳以新譯：《離散與混雜》，頁17。

〔註26〕林鎮山：《離散‧家國‧敘述：當代臺灣小說論述》（臺北：前衛，2006年7月），頁60～61。

〔註27〕施懿琳等編《全臺詩》第一冊，頁48。

乃叱曰：「羊起！」，於是山中白石化為羊數萬頭。〔註28〕神仙者言，本屬無稽，
然正是這種無稽之言，更是突顯光文的內心苦楚：想要牧羊，還得勞煩自己去
叱山間之石，然而叱石成羊，這是可能的嗎？想必詩人心中也十分了然，這是
第二個不可為。其三，則是復國之路窒礙艱難的無奈。「返舍擬揮戈」典出《淮
南子‧覽冥訓》：「魯陽公與韓搆難，戰酣日暮，援戈而撝之，日為之反三舍。」。
魯陽公揮戈向日，竟讓太陽倒退，這是《淮南子》用以說明但凡人只要全性保
真，就算遭逢危難，其精誠仍能上通於天而獲得庇佑的例證，而後人也以魯陽
揮戈來意指力挽危局的舉動。〔註29〕只是此刻危局固然近在目前，但真能有如
魯陽公一般將太陽喝退而反敗為勝的機會嗎？這是第三個不可為。最後，是關
於人際之間的無奈。俗人之間的流言蜚語、人與人之間的周旋與虛偽，是讓沈
光文厭倦而必須遠避不可的。只是就算隱居山林，但人本就生在名利場裡，無
論如何也無可避免，這是第四個不可為。面對這四個不可為，沈光文本來就是
無能為力的。因此，在詩的最後，他也僅能夠勸慰自己珍惜自我，而胸中鬱結
的那些不愉快，便只能託於長歌以抒了。

　　如果說〈山間〉其五刻畫的是沈氏島上生活的心境，那麼〈山間〉其三則
是他對遠方來處的追念。沈光文的山居歲月，並未消磨他對過往朝堂的初衷，
儘管早已變服為僧，卻是人隱而心不隱。他在〈山間〉〔註30〕其三中寫道：

　　　念此朝宗義，孤衷每鬱寥。未能支廈屋，祇可託魚樵。冀做雲中鶴，

　　　來聽海上潮。長安難得去，不是為途遙。〔註31〕

是因為念及身為人臣有朝見天子的義務，沈光文那無人聞問的心才更加孤獨。
當年桂王朱由榔於廣東肇慶稱帝，沈光文前往依附，蒙授太僕少卿之職，卻沒
能陪這位永曆皇帝走到最後，如今也只能託身於鄉野漁父樵夫之事了。沈光文
固然是因故漂流臺灣，永曆帝卻也自有一段顛沛之旅：1652 年（永曆六年）永
曆帝受張獻忠舊部李定國之邀進入貴州，隨後卻因同是獻忠舊部的李定國與孫

〔註28〕〔晉〕葛洪：《神仙傳》（臺北：藝文印書館，1966 年），頁 6～7。

〔註29〕〔漢〕劉安撰、〔漢〕高誘注：《淮南子》（臺北：中國子學名著集成編印基金
　　　　會，1978 年），頁 204。

〔註30〕臺文館所編《全臺詩》載本詩詩題為〈山間〉，與清代范咸所編《重修臺灣府
　　　　志》中所載錄的詩題相同，但連雅堂《臺灣詩乘》、龔顯宗選注《沈光文集》
　　　　等版本卻作〈山居〉，至於龔顯宗編《沈光文全集及其研究資料彙編》則重覆
　　　　收錄此詩，且分別以〈山間〉及〈山居〉為題，可見此詩題名或許仍有討論
　　　　空間。

〔註31〕施懿琳等編《全臺詩》第一冊，頁 48。

可望內訌而轉往雲南。而孫可望兵敗後轉投清軍，將西南軍情盡付清軍，致使定國屢屢敗退，永曆帝也接連從昆明一路轉進到安寧、永昌，最終流亡緬甸。當沈光文寫作此詩之日，永曆帝早已因被緬甸王擒送吳三桂而遭絞死多年，龔顯宗評介此詩云：「作者雖住山中，卻不忘君，非希求富貴，而是忘不了故國家鄉。」〔註32〕實則明廷自永曆崩後再無國君，存在於離散者沈光文心中的，恐怕仍舊是王德威所描述的「君父的亡靈」罷了。因此，就算做得了雲中鶴，畢竟沒有可以前往的目標，終究也只能盤桓於海上聽潮。而末聯「長安」一詞，在此處雖應作國都解，然而不管是南京或北京，都不是永曆帝曾經涉足之處。或許在亂世之中，對國都的理解也有了改變，此際，它已經不再是指涉一個實際的地點，而是一個帝王所在的精神象徵。但無論如何，帝王既已崩逝，國都自然也就不在了，因此「難得去」的問題本就不在距離，而在於要如何才能到達一個不存在的地方。這時的沈光文或許才會發現，自己不僅是在空間中離散，也在歷史往而不返的流動中，早早被不經意的離散了。

事實上，傷懷於空間與歷史記憶的明鄭遺民又何止沈光文一人？時與光文相過從的王忠孝也曾為詩〈臥茅齋有思〉抒發相同的感嘆：

棄家入殊域，念國廿餘年。月色侵簷隙，潮聲逼枕邊。草深三尺地，
雞叫四更天。不寢憶前事，渾如蝶夢中。〔註33〕

此詩末句為何沒有合韻，這是個仍待考據的議題，然而其感慨深沈的離散憂思，卻正說明了王忠孝的一腔心血。王忠孝在崇禎元年（1628年）即登進士，雖曾因應變接濟軍糧有功而受到長官題薦，卻也曾因公得罪薊監視太監鄧希詔等人而遭誣陷下獄；到了甲申之變後，王忠孝復出朝堂，卻又因與馬士英相忤而以疾告歸。弘光元年（1645年）清軍渡江南下，福王夜半逃往蕪湖，卻遭降將劉良佐所俘，最終被送往北京斬首於市，這正是王忠孝詩中所謂「廿餘年」的起點。

另一方面，當鄭成功決意移師臺灣之際，王忠孝亦拋家棄子往投鄭軍。他在〈自狀〉當中提到：「余知事不可為，遣兒攜諸孫及老妻入山，余南下銅山，二老妾從焉。侍行者，從姪孫亥、族姪環，及僕婢而已。」〔註34〕與家

〔註32〕龔顯宗編：《沈光文集》（臺南：臺灣文學館，2012年12月），頁176。
〔註33〕施懿琳等編《全臺詩》第一冊，頁20。
〔註34〕〔明〕王忠孝：《惠安王忠孝公全集》（南投：臺灣省文獻委員會，1993年12月），頁39。

人分別，對王忠孝來說自然是難以撫去的記憶，因而他在詩作中也曾提到這類事件，例如〈偶感〉：「徵全婦子及諸孫，胡爾棄家作離群。出屏匡章緣念父，袖椎張子不忘君。」〔註35〕，一方面自述心志，一方面也慶幸自己的兒孫得以保全。亂離雖然造成了許多無奈與悲哀，但對王忠孝來說這毋寧是「家」與「國」、「小我」與「大我」的抉擇，是他自己，選擇了這樣的結果。他在〈促兒孫入山〉中寫道：「我今應如此，兒曹勿猶疑。膚髮我何有，香火爾應持。好速攜孫去，篤志守墳廬。世亂多離別，苦辛靠天知。」〔註36〕身在亂世，此二者似乎難以兩全。王忠孝為了報效國家，早已不將生命當成是自己的了，然而對於他的兒孫，卻也有希望他們能留在故鄉繁衍香火的期盼。當年為了盡節而選擇棄家流亡，如今家人分隔兩地，此間苦確實只有天知。

　　隨著時間的流逝，詩人彷彿也看見了生命的盡頭，正如他在〈自狀〉最末所言：「行年七十（三），疾病侵奪，不審後來作何狀。自信此生，罔敢失節，因憶銓次，以誌顛末，倘得中興好音，生還故里，望闕焚祝，沒齒無餘憾矣。」〔註37〕，復國與歸返，始終纏繞在王忠孝的心靈，然而反攻的時程，卻仍無止盡的延宕當中。在無邊的月色和浪濤聲中，國事與家事的追憶驅逐了這位老詩人的睡意，我們無從得知他在是夜反覆咀嚼的是哪些過往片段，但正如宇文所安所言：「凡是回憶觸及的地方，我們都發現有一種隱密的要求復現的衝動。」〔註38〕回憶總是觸及我們生命中所感覺到的「不完善」，因而當個體在回憶的同時，他也在腦內搬演復現，一次又一次的思考該如何讓結果更臻完美。這些念想，無助於改變過去，也始終無法忘卻，令人沈湎其中，最終反倒使王忠孝形神錯亂，從現實逃離開來。

二、離散者交遊

　　離散者對歸返不得的無奈，還能體現在彼此的交遊中。人是群居的動物，人與人之間同聲相應，同氣相求的朋伴交誼，本來不是一件特別值得一提的事，然而在離散情境裡，同屬某地的離散者不僅透過交遊來聯繫感情，他們也必須藉此集體召喚共同或相似的原鄉記憶，才能繼續保有對原鄉的執念。

〔註35〕節錄自〔明〕王忠孝：《惠安王忠孝公全集》，頁250。
〔註36〕〔明〕王忠孝：《惠安王忠孝公全集》，頁249。
〔註37〕〔明〕王忠孝：《惠安王忠孝公全集》，頁39。
〔註38〕宇文所安著、鄭學勤譯：《追憶：中國古典文學中的往事再現》（北京：三聯書店，2004年12月），頁113。

學者涂洛彥（Kachig Toloyan）便認為：

> 離散社群積極地保存集體記憶，這是他們獨特的身份屬性的基本要
> 素。有些集體記憶，具體地再現於文本之中，例如猶太人的舊約聖
> 經……離散人士極為重視彼此之間，以及與原鄉的家人、親戚、朋
> 友保持聯繫。〔註39〕

而哈金也觀察到，由於中國人心中不依賴人文之外的力量作為精神支拄，因
而很少有中國的流亡者能在北美孤獨地生活。〔註40〕明鄭時期兩岸隔絕，此
岸的遺民當然很難與對岸的家族保持聯繫，因此在臺遺民群體彼此間的往來
唱酬，便成了撫慰思鄉之情、抒發復國之志的重要管道。

在中國文學傳統當中，但凡文人相交，皆會有詩的產生。這類彼此唱和酬
對的詩作性質輕鬆，其目的本在促進彼此的交流、彼此分享情緒或情感。然正
如連雅堂《臺灣通史・藝文志》所言：「鄭氏之時，太僕寺卿沈光文始以詩鳴。
一時避亂之士，眷懷故國，憑弔河山，抒寫唱酬，語多激楚，君子傷焉！」〔註
41〕遺民群體處在世變之際，唱和倒也是一種安頓生命的方式，透過這種與友朋
間相互遞詩的方式，明鄭遺民群體不僅找到了一個自我表述的空間，也有了寄
寓情志的機會。在這一來一往的唱和之間，歸返不得的離散者們正是因為分享
了彼此的傷痕，才有相互療傷的可能，也才有繼續堅持下去的動力。

例如沈光文〈答曾則通次來韻〉：

> 海天滯跡久，世受國恩同。事業饑寒後，身名忍辱中。困當堅骨力，
> 閒足老英雄。握手相憐處，何須怨谷風。〔註42〕

盛成認為此詩寫作時間點「當在成功逝世，鄭經即位，則通來臺之後，曾則
通來詩，光文答之。」〔註43〕曾則通為明文淵閣大學士曾櫻〔註44〕之子，其

〔註39〕林鎮山：《離散・家國・敘述：當代臺灣小說論述》，頁108。

〔註40〕哈金：《在他鄉寫作》，頁35。

〔註41〕連橫：《臺灣通史》（臺北：眾文圖書公司，2014年6月），頁615。

〔註42〕施懿琳等編《全臺詩》第一冊，頁53。

〔註43〕盛成〈沈光文自著詩文中之自述〉，收錄於龔顯宗編：《沈光文全集及其研究
　　　資料彙編》，頁426。

〔註44〕櫻字二雲，峽江人。萬曆丙辰進士，授尚書工部郎。時璫禍方熾，雅不為下。
　　　崇禎時，歷官工部侍郎。隆武即位，以東閣大學士召入閣，與芝龍不合。既
　　　從成功，飛（浮）沈海上。官軍入島，家人請遁，櫻曰：「吾今日猶得正命清
　　　波也！」。是月晦夜，自經死。參鄭亦鄒著：〈鄭成功傳〉，收錄於臺灣銀行經
　　　濟研究室編：《鄭成功傳》，頁8。

生平事蹟不詳，不過與諸遺老應屬友善，不僅沈光文多次作詩相贈，當永曆五年（1651 年）曾櫻於廈門與清軍交戰身亡，則通扶靈歸還江西時，盧若騰也曾經致詩與之送別。曾則通的相關記錄極少，故而我們無從得知曾則通來臺後的遭遇，但是我們知道沈光文對鄭經繼任之後「頗改父之臣與政」的舉動有些批評，因而導致「幾至不測，乃變服為僧，逃入北鄙，結茅羅漢門山中」的結果。〔註 45〕如果從此詩見沈光文與曾則通的互勉來看，或許兩人有相似的遭遇或感觸。為了一盡朝臣志節而在海島上久居，這是所有遺民的共同心境，而沈光文逃禪隱居，則更須面對饑寒交迫的困阨與羞辱。比起其他遺民，沈光文的離散更近乎流亡，他既不願薙髮降清，亦不見容於鄭氏政權。在這樣的困境裡，他雖然明白越是困苦越要堅強骨力的道理，只是經年處在投閒置散的日子裡，縱算是英雄也會老去。而末句「谷風」二字則是《詩經》篇名，在《國風‧邶風》與《小雅》中各有一篇以谷風名者。龔顯宗注此詩時指出這兩篇「一刺衛人淫於新昏而棄其舊室，夫婦離絕，國俗傷敗；一諷周幽王，天下俗薄，朋友道絕。此喻鄭經不尊魯王，不循父道，倫常乖絕。」〔註 46〕然而鄭經未遵循父親的執政方針是確實，但若說這是批判鄭經不尊魯王，這點則似乎仍有待商榷。

　　首先，龔氏「不尊魯王」之說，或許是從盛成的觀點延伸而來。盛成〈沈光文自著詩文中之自述〉提到：

> 鄭成功死後，弟襲與幾社五子：徐孚遠、曹從龍、張煌言、盧若騰、沈佺期……及沈光文皆擁戴魯王監國者。十月十六日，鄭經整軍入臺，藉口立襲，殺曹從龍、蕭拱宸、黃昭等，嗣延平王位。光文作賦云：「成功物故，鄭錦僭王，附會者言多諂媚，逢迎者事盡更張。」即指此也。〔註 47〕

然而鄭襲擁戴魯王的說法，缺乏足夠的文獻支持。而鄭成功少年時即頗受隆武帝賞識，隆武帝甚至在初見成功時便展現了他的厚待：

> 既而成功陛見，隆武奇之，撫其背曰：「惜無一女配卿，卿當盡忠吾家，無相忘也」。賜姓朱，改名成功；封御營中軍都督，賜尚方劍，

〔註 45〕連橫：《臺灣通史》，頁 746。
〔註 46〕龔顯宗編、明鄭沈光文：《沈光文集》，頁 38。
〔註 47〕盛成〈沈光文自著詩文中之自述〉，收錄於龔顯宗編：《沈光文全集及其研究資料彙編》，頁 420。

　　儀同駙馬。〔註48〕

在這層關係上，鄭成功也並未崇隆過去與隆武帝有過嫌隙的魯王。事實上，當魯監國政權覆滅之際，魯王移往金門依附成功，儘管成功對其優禮有加，卻也宣稱自己已奉永曆年號，並不承認魯王的監國名銜，而只是以明朝宗室視之。因而在不久之後，不僅禮儀漸疏〔註49〕，魯王也被迫放棄了監國稱號。〔註50〕因此，如果說鄭襲與沈光文等遺民真的要擁立魯王，那反而才是不循鄭成功的舊制。

　　到了鄭經嗣位，明宗室諸王皆移居臺灣，雖然奉贍不如以往，但也並非針對魯王個人，而是所有的宗室都被削減。〔註51〕除此之外，從清人徐鼒《小腆紀傳》的記載：

　　朱成功以宗人府宗正禮見（魯）王，贄千金，紬緞百端，安插從官，饋月餼，後有譖王於成功者，成功禮儀漸疏。

　　癸巳，三月，王自去監國號。甲午，移南澳。

　　己亥秋，永曆帝手敕命王仍監國，而成功不欲，遷王澎湖，尋悔之，迎歸金門，供給如初。洎自永曆帝就俘，成功亦卒，閩南遺臣猶欲再奉王監國，貽書張煌言、鄭經，謀會師大舉，會臺灣多事，不果。

　　壬寅，冬十一月，辛卯，王殂於臺灣，諸舊臣禮葬之。〔註52〕

也同樣可以看出早在鄭成功生前就已經與魯王有所嫌隙，所以若真要論起「不尊魯王」，那也不應漏掉鄭成功而只批判鄭經，更何況成功五月亡故後鄭經、

〔註48〕鄭亦鄒著：〈鄭成功傳〉，收錄於臺灣銀行經濟研究室編：《鄭成功傳》，頁3。

〔註49〕清查繼佐《魯春秋》載：「國姓以桂無所通監國，引嫌罷供億，禮儀亦疏，以見一。監國饑，各勸舊王忠孝、郭貞一、盧若騰、沈佺期、徐孚遠、紀石青、沈復齋等間從內地密輸，緩急軍需。」詳參清查繼佐：《魯春秋》（臺北：臺灣銀行，1961年10月），頁66～67。

〔註50〕司徒琳著、李榮慶等譯：《南明史：1644～1662》（上海：上海書店，2007年1月），頁100。

〔註51〕根據黃典權《鄭延平開府臺灣人物志》所載，渡海來臺諸宗室王，除了寧靖王「就萬年縣竹滬墾田數十甲，歲入頗豐」之外，其餘魯王、瀘溪王、巴東王、樂安王、舒城王、奉南王等皆有「贍給不繼」或「生活至困，墾種鄉間」的紀錄。又，此時原魯監國朱以海已病逝金門，故渡海來臺的是魯王世子朱弘桓。弘桓來臺後娶成功四女為妻，鄭氏降清後則被移往內地安插。詳參黃典權《鄭延平開府臺灣人物志》（臺南：海東山房，1958年2月），頁4。

〔註52〕括號內文字為筆者所加。〔清〕徐鼒撰、〔清〕徐承禮補遺：《小腆紀傳》（北京：中華書局，2018年9月），頁97。

鄭襲叔姪爭權，鄭經於該年十月自鹿耳門登岸、十一月展開會戰，而魯王亦於同年十一月病故，從時間上來看鄭經也實在沒有表態的機會。因此若是以此來解釋沈光文之詩意，或許仍有值得討論之處。

　　倒是元代胡一桂《詩集傳附錄纂疏》注《小雅·谷風》末句「習習谷風，維山崔嵬。無草不死，無木不萎。忘我大德，思我小怨。」時提到：「大風摧物，維山獨存，草木無不萎死矣。喻大患難也。此時賴朋友以濟，豈可以忘大德而思小怨乎？」〔註53〕而沈光文在作賦刺鄭經之際，也是因讒言所害而險遭不測〔註54〕，因此兩相對照，將「谷風」解作朋輩的道絕背叛或袖手旁觀，可能比較合適。離散者面對離亂的困局，本應重視彼此聯繫、互通有無，此時卻反倒以流言中傷，遺民群體的同室操戈，或許才是令沈光文最為痛心之處。〔註55〕值此之際，曾則通的相知相憐，確實是提供了沈光文在這海島上的一絲撫慰。

　　除了沈光文之外，組織海外幾社的徐孚遠與諸遺老亦多有唱和贈答之作。連雅堂在《臺灣詩乘》中曾提到：

> 闇公寓居海上，曾與張尚書煌言、盧尚書若騰、沈都御史佺期、曹都御史從龍、陳光祿士京為詩社，互相唱和，時稱海外幾社六子，而闇公為之領袖。余讀其集，如贈張蒼水、沈復齋、辜在公、王愧兩、紀石青、黃臣以、陳復甫、李正青諸公，皆明季忠義之士而居臺灣者，事載《通史》。〔註56〕

徐孚遠本就是幾社創社六子之一，只是隨後因戰亂故，幾經顛簸，最後才又終於在金廈一帶重組。當年幾社「幾者，絕學有再興之幾而得知幾其神之義也。」〔註57〕的創社精神，隨著弘光朝幾社成員陳子龍、夏允彝、徐孚遠等人在松江的起義抗清後，如今更加添了一些忠義色彩。

　　徐孚遠於 1651 年（永曆五年）從魯監國浮海至廈門，後由鄭成功迎至金

〔註53〕〔元〕胡一桂：《詩集傳附錄纂疏》（北京：北京師範大學出版社，2013 年 11月），頁 464。
〔註54〕連橫：《臺灣通史》，頁 746。
〔註55〕沈光文詩中時有感嘆受人中傷者，例如〈感懷八首其一〉「身閒因性懶，我拙任人工。」、〈山間八首其五〉有「我恥周旋倦，人言厭惡多。」等句，都可見沈氏在這方面的憂懼。
〔註56〕連橫：《臺灣詩乘》，頁 11。
〔註57〕臺灣銀行經濟研究室編：《徐闇公先生年譜》（南投：臺灣省文獻委員會，1997年 12 月），頁 8。

門，頗受重用。《臺灣通史》云：「當是時，招討大將軍鄭成功開府思明，禮待朝士，搢紳耆德之避地者皆歸之。而孚遠領袖其間，軍國大事，時諮問焉。」〔註58〕然而再怎麼備受尊崇，卻也有力不從心的時候。當1661年「清廷詔遷沿海居民，各省騷動。」之際，「兵部尚書張煌言寫書成功，以乘勢取福建；並遺孚遠書，勸其代請出師。時東都初奠，休兵息民，故未行。」〔註59〕成功的息兵，澆熄了抗清的熱浪，張煌言雖一度自力在浙東一帶發動抗清，卻也在1662年魯王病逝後解散軍隊隱居，最終為清軍所執。而徐孚遠眼見抗清無望，此身又坐困臺灣，自然無比悵惘。在那些與諸遺民觥籌交錯的歡樂場景裡，其實盡是一把辛酸淚。他在〈陪飲賦懷〉中寫道：

> 問余東向亦何為，屢與王侯泛酒巵。夙昔襟期空自許，於今行跡有
> 誰知。年衰難入驅羊夢，衣敝常多捫蝨時。明歲土膏應早發，好隨
> 陶亮共扶犁。〔註60〕

國家有難，且飲酒作樂，唯有這樣的不合時宜，方能凸顯徐孚遠心中矛盾。明末遺民離散海外，本應該有更積極的作為，但此刻徐孚遠卻僅能夠與達官貴人終日飲宴，當年去國離鄉所遭遇的生離死別，如今看來更顯得毫無意義。

　　與動輒得咎、知交零落的沈光文相較，徐孚遠身為海外幾社領袖，更有和其他離散人士相處的機會，然而鄭氏政權的裹足不前、復明大業的毫無進展卻又明白提醒著徐孚遠理想的落空。正如王忠孝一般，徐孚遠也有對時間的憂慮感，回想過去壯年時的抱負，如今的行跡又有誰料想得到？此刻徐孚遠的腦海裡，卻浮現了兩個人物：一是力牧、一是王猛。《帝王世紀》記載黃帝曾夢有人執千鈞之弩，驅羊萬群，黃帝夢醒後不禁感嘆：「夫鈞弩，異力者也；驅羊數萬群，能牧民為善者也。天下豈有姓力名牧者哉？」，於是黃帝依夢在大澤訪得力牧，並拜之為將。〔註61〕而《晉書·王猛載記》載東晉大將桓溫進兵關中時，王猛曾「被褐而詣之，一面談當世之事，捫蝨而言，旁若無人。」展現其任情自適的風采，而得到了桓溫的關注。〔註62〕

　　徐孚遠重提這兩個歷史人物，正巧與自身的困境兩相呼應。黃帝拜力牧為將後得其助力，終能在逐鹿之戰中擊敗蚩尤，然而此刻徐孚遠自言年老體

〔註58〕連橫：《臺灣通史》，頁747。
〔註59〕連橫：《臺灣通史》，頁748。
〔註60〕郭秋顯選注：《徐孚遠·王忠孝集》，頁122。
〔註61〕〔晉〕皇甫謐：《帝王世紀》（臺北：藝文印書館，1966年），頁7～8。
〔註62〕〔唐〕房喬：《晉書》（臺北：商務印書館，1981年），頁5757。

衰，再不能符合領兵作戰的需求，因此自嘲難入執政者的驅羊之夢。至於王猛捫虱論政，雖頗符合徐孚遠情志，然則最終王猛亦沒有為桓溫所用，正如他此際雖能時與其他離散人士把酒議論，卻也並未成為鄭經諮政的對象。離散者的歸返障礙再度浮現在這位遺老眼前，理想破滅後的失落感朝著徐孚遠襲來，使他不忍直視，於是他最後只能把話題帶開，自我寬慰至少明年還能效法陶淵明隱居耕讀。只是當年陶淵明辭官歸隱，畢竟是自己的主動選擇，而徐孚遠此際不見重用，轉為農耕，兩相比較之下，卻是更加顯得不堪。

第四節　陷入困窮的身與心

一、離散者窮愁

　　當年何斌負債走廈，對鄭成功盛言臺灣「沃野千里，為四省要害，橫絕大海，實霸王之區」〔註63〕然而實際上臺灣的開發程度卻是不如預期。為了解決糧荒問題，鄭氏軍隊甚至必須屯墾方能自足，而隨軍來臺的遺民群體，也就更需要自食其力。〔註64〕知識分子拒絕仕清，固是一種經濟來源的自絕，而離散者星散四方，也同樣要面對現實生活的難題。正如劉昭仁所言：「窮愁悲怨本是遺民的群體性格。」〔註65〕儘管明鄭政權在政治權力上佔有主導地位，但這並不代表所有人的經濟條件都能維持在水準之上，例如附隨鄭經東渡的明宗室諸王，最終亦不免面臨「生活至困，耕種鄉間」〔註66〕的結果，至於浮沈寂寞於蠻煙瘴雨的沈光文，則更須面臨來自生活的考驗。盛成曾評價沈氏詩作：「光文之詩，言飢餓者多矣。」〔註67〕在他的詩作裡，隨處可以撿拾他的窮困與飢餓，例如：

　　　　「家亦有薄田，棄之來受饑。」（〈大醉示洪七峰〉）〔註68〕

〔註63〕鄭亦鄒著：〈鄭成功傳〉，收錄於臺灣銀行經濟研究室編：《鄭成功傳》，頁21。
〔註64〕連橫《臺灣通史》載成功克臺後表示：「食之者眾，作之者寡，倘一旦匱餉，師不宿飽，則難以固邦家。今臺灣土厚泉甘，膏壤未闢，當用寓兵於農之法，庶可以足食而後兵。然後觀時而動，以謀光復也。」詳參連橫：《臺灣通史》，頁34。
〔註65〕劉昭仁：《海東文獻初祖沈光文》（臺北：秀威資訊，2006年5月），頁107。
〔註66〕黃典權《鄭延平開府臺灣人物志》，頁4。
〔註67〕盛成：〈沈光文自著詩文中之自述〉，收錄於龔顯宗編《沈光文全集及其研究資料彙編》，頁438。
〔註68〕施懿琳等編《全臺詩》第一冊，頁37。

「買藥則無錢，受饑偏不死。」（〈曾則通久病以詩問之〉）〔註69〕

「事業饑寒後，身名忍辱中。」（〈答曾則通次來韻〉）〔註70〕

「餓已千秋久，人堪飯首陽。」（〈山間〉八首之七）〔註71〕

「用堅饑餒志，壯士久無顏。」（〈歸望〉）〔註72〕

「於我應當餓，家人苦未能。」（〈寄跡效人吟〉六首之五）〔註73〕

「東國書難去，西山餓早分。」（〈秋日和陳文生韻〉）〔註74〕

「最幸家貧眠亦穩，堪憐歲熟我仍饑。」（〈慨賦〉）〔註75〕

「但令雙魚無或問，困窮亦足慰周饑。」（〈移居目加灣留別〉）〔註76〕

都可以見詩人對生活困境的著墨。楊若萍認為沈光文「詩作雖然題材不夠開闊，但他藉詩盡情吐露心聲，不掩飾情感，勇於正視生存困境，體現了一個作家對時代的敏感與對生活的真誠，在藝術上也達到了一定的水準。」〔註77〕但事實上，詩人嘆窮並不奇怪，因為詩人本就有其「常民性」。顏崑陽即指出：每一個文學家都必然與所有不分階層的一般人，共享著整體性的歷史文化與社會情境，也和一般常民一樣，都有心知血氣之性、男女飲食的欲求、情緒哀樂的變化，也依隨著社會文化所習成的生活形式在過日子。因此，每一個文學家亦不可避免的在他的現實生活及文學作品中表現其「常民意識」。〔註78〕而沈光文半生顛沛，飲食不繼既是他亟待解決的生活課題，因此詩中屢有窮愁也就不足為奇。而又因長期處在匱乏的物質生活裡，因此沈光文的心靈狀態亦隨之痛苦不堪。

例如在〈東曾則通借米〉這首詩中，沈光文毫無保留地傾訴了他的焦慮：

〔註69〕施懿琳等編《全臺詩》第一冊，頁38。
〔註70〕施懿琳等編《全臺詩》第一冊，頁53。
〔註71〕施懿琳等編《全臺詩》第一冊，頁48。
〔註72〕施懿琳等編《全臺詩》第一冊，頁50。
〔註73〕施懿琳等編《全臺詩》第一冊，頁52。
〔註74〕施懿琳等編《全臺詩》第一冊，頁53。
〔註75〕施懿琳等編《全臺詩》第一冊，頁63。
〔註76〕施懿琳等編《全臺詩》第一冊，頁64。
〔註77〕楊若萍：《臺灣與大陸文學關係之歷史研究》（臺北：中國文化大學中國文學所博士學位論文，2002年12月），頁14。
〔註78〕顏崑陽：〈宋代「詩詞辨體」之論述衝突所顯示詞體構成的社會文化性流變現象〉，《詮釋的多向視域：中國古典美學與文學批評系論》，頁334～336。

遍來乞食竟無處，饑即驅我亦不去。甌中生塵興索然，飡風吸露望
青天。窮途依人仍不足，自顧已忘榮與辱。何當稚子因餓啼，絕不
欲我作夷齊。勉學魯公書新帖，呼庚未免為臣妾。嗟！嗟！苦節尤
難在後頭，一日不死中心憂。〔註79〕

斷炊絕糧，必須向人周轉，而曾則通一向與沈光文交厚，是以作詩向他借米。
作詩期應，是中國古代特有的「詩式社會文化行為」〔註80〕。龔鵬程亦曾提
及中國「社會生活的文學化」現象：

所謂文學，乃是生活中的一部份……文學作品，更可以壽生日、賀誕
子、慶佳節、祝新婚、誌吉祥、達禮節、哀喪祭、記壙墓、悲謫居……，
用在一切人生社會活動上。這就叫做社會生活的文學化。〔註81〕

沈光文寫作此詩，既是為了達到期待的效果，因此必然要將自身所遭遇之困
境傳達給受話者曾則通。他在開頭揭露了自己貧苦的近況，那是眼看著饑餓
不斷迫近，卻又無人接濟的窘境；甌中生塵，表示無米可炊久矣，是在這樣
走投無路的境地，才不得不向摯友呼救。其實沈光文自己也清楚四處借貸並
非長久之計，但為了果腹，卻也忘了向人低頭時的羞辱，畢竟稚子餓啼，為
父者豈能效伯夷叔齊餓死首陽山故事？然而沈光文話說回頭，求人接濟畢竟
還是一件羞恥之事，「勉學魯公書新帖」之「勉」，既是「勉力」，也是「勉強」：
一方面要打起精神，效法顏真卿作〈乞米帖〉〔註82〕時的氣節；一方面卻也

〔註79〕施懿琳等編《全臺詩》第一冊，頁39。

〔註80〕此一專有名詞為顏崑陽所建立，他觀察到中國古代知識階層以「詩式語言」
進行互動，既是具有「意向性」的「社會行為」，又是並時性甚而歷時性多數
人反覆操作的「文化行為」，是以他將此二者複合為「詩式社會文化行為」
（poetry as sociocultural act）概念。詳參顏崑陽：〈用詩，是一種社會文化行
為模式──建構「中國詩用學」初論〉，《反思批判與轉向──中國古典文學
研究之路》（臺北：允晨文化，2016年4月），頁259。

〔註81〕龔鵬程：〈文學崇拜與中國社會：以唐代為例〉，《文化符號學》（臺北：臺灣
學生書局，2001年2月），頁360～361。

〔註82〕顏真卿〈乞米帖〉為〈與李太保帖〉九首其中之一，〈集古錄跋〉謂此帖為顏
氏任「刑部尚書時乞米於李大夫」所作，帖中顏真卿云：「拙於生事，舉家食
粥，來已數月，今又罄竭，祗益憂煎。輒恃深情，故令投告，惠及少米，實
濟艱勤，仍恕干煩也。真卿狀。」宋代黃裳在《演山集》中認為此帖：「予
觀魯公乞米及醋二帖，知其不以貧賤為愧，故能守道，雖犯難不可屈。剛正
之氣，發於誠心，與其字體無異也。」詳參〔唐〕顏真卿：《顏魯公集》（臺
北：中華書局，1965年），卷四，頁5、卷二十四，頁11，文中標點符號為筆
者所加。

是在勉強自己，做如此在人前低頭如臣妾之事。最終沈光文再次強調，他的挨餓受餒，都是出自於堅守貞節。他在〈大醉示洪七峰〉一詩中曾經提及自己：「家亦有薄田，棄之來受饑。」〔註83〕因此倘若他選擇捨棄遺民身分果斷回鄉，確實是有機會為三餐不繼的煎熬生活劃下句點。但正是為了堅持志節，才會落得如此生不如死的境地。

沈氏此詩，先後以燃眉之急、稚子哭啼動之以情，又反覆強調遺民志節說之以理，確實令人難以婉拒。不過，曾則通的經濟狀況也未必寬裕。沈光文〈曾則通久病以詩問之〉便曾提到曾則通「買藥則無錢，受饑偏不死。揮毫但苦吟，應即霍然矣。」〔註84〕可見曾則通也同樣必須面對生計上的壓力。只是貧苦的生活沒有期限，死亡卻反倒成為唯一的解脫，沈光文在〈癸卯端午〉其一便不由歎道：

> 年年此日有新詩，總屬傷心羈旅時。卻恨餓來還不死，欲添長命縷何為。〔註85〕

年年端陽，沈光文筆下總有新詩作成，然而題材卻總不離離散之苦。在這首詩中，我們讀到了詩人的厭世心理。趙園在論及明清之際遺民的「失節夢魘」時便曾提及，遺民的時間焦慮更深刻的根據，即在於「節操」在時間中的剝蝕、消磨。節操的消磨一方面固然是來自於時間終將逐漸撫平當年的亡國傷痛；另一方面，趙園認為更隱蔽的變化，在於「神情氣象」，亦即人的精神意志在時間中的耗損。他引用黃宗羲《壽徐掖青六十序》：「年運而往，突兀不平之氣，已為饑火所銷鑠。」以及張爾岐《與鄧溫伯書》提及遺民：「亦為人事衣食所累，神識趨向，漸異於舊。」等例證來說明精神意志的耗損根由。實際上，消磨遺民志節最甚者就是來自日常生活的經濟壓力。另一方面，遺民群體在應對進退亦處處如履薄冰，畢竟一旦稍有違背風節之舉，便有可能留下清白之玷。在這種「末路不可不慎」的精神壓力下，遺民群體反而陷入一種「壽則多辱」的窘境。〔註86〕而在沈光文的案例裡，早年閩督李率泰密遣使以書幣聘光文，他焚書返幣以對〔註87〕，是以此時早已沒有變節轉向的選項；而他如今既不能見容於鄭氏政權，又經常恥於求人接濟，這卻又成了另

〔註83〕施懿琳等編《全臺詩》第一冊，頁37。
〔註84〕施懿琳等編《全臺詩》第一冊，頁38。
〔註85〕施懿琳等編《全臺詩》第一冊，頁41。
〔註86〕趙園：《明清之際士大夫研究》，頁378～380。
〔註87〕連橫：《臺灣通史》，頁746。

一種形式的「壽則多辱」。抱志潦倒卻享高壽的沈光文,比起未及來臺便病逝海外的盧若騰,以及來臺數年便撒手人寰的徐孚遠、王忠孝來說,確實更須直面時間的消磨。正是在苦節難貞與無能歸返這兩大難題裡,「求死」的念頭一直縈繞在沈光文的心中揮之不去。

二、窮中的自我書寫

然而,面對窮困生活,詩人也有他化被動為主動的作法。比起沈光文窮愁難當的生活自述,更值得我們留意的,或許是他在這些詩作中所透露的自我表述和形象建構。宇文所安在《追憶:中國古典文學中的往事再現》曾經提到,中國古典文學提供了作家一個能使身名永垂不朽的想望:

> 早在草創時期,中國古典文學就給人以這樣的承諾:優秀的作家借
> 助於它,能夠身垂不朽……在中國傳統的長期演變中,這種承諾變
> 得越來越重要,越來越像海市蜃樓似的引人入勝:它不但能使作家
> 名垂千古,也能讓作家內在的東西流傳不衰,因此,後世的人讀了
> 他的作品,有可能真正了解他這個人。這種承諾喚起的希望越大,
> 引起的焦慮感就越嚴重,帶來的困難就越難克服。〔註88〕

然而留下著作,固能名傳千古,但是對這些文學創作者來說,唯一能操之在己的或許是:到底要在後世讀者的心中留下何種印象?因此,如果說每一個文學創作者都希望自己的身影能夠為後世所記憶,那麼遭到離散者政權疏離的沈光文,又該如何跳脫政治的影響,並在異地中形塑自我?

事實上,倘若我們仔細觀察沈光文在作品中所調度的文化符碼,就能察覺沈光文的用典不僅是為了呼應實際遭遇,更是一種自我形象的建構。中國文學傳統當中本就有「用典」的習慣,作者在書寫文本時藉由挪用這些歷史典故,於有限的篇幅裡盡可能的容納了最大限度的資訊,並交由與作者共享同一歷史文化情境的讀者加以詮釋、解碼,最終達成某種程度的理解。〔註89〕

〔註88〕宇文所安著、鄭學勤譯:《追憶:中國古典文學中的往事再現》,頁1。
〔註89〕關於中國古典文學中「用典」此一修辭技巧的討論,顏崑陽在《李商隱詩箋
　　　釋方法論》一書中已有過詳盡的探討。顏崑陽認為,使用「典故」,在中國古
　　　典詩的寫作上,是很通常的修辭技巧,至於中國古典文學中用典的理論基礎,
　　　則在劉勰手中已大致建構完畢。劉勰所提出之有關用典的理論,則包含了三
　　　個概念:(一)用典乃是在文章作品所要表達的意義之外,引用古代的人事或
　　　成辭,以收類比或印證的效用。(二)用典大致可區分為「用故事」與「用成
　　　辭」二種;(三)用故事,其效用是「舉人事以徵義」,這是以經驗事實印證

不過，我們也應當留意到，詩作為一種個人情志的自我表述，其所要交付給讀者解讀的內容，也是經由作者所特意決定與篩選的。因此，當作者調度了經由他篩選過後的歷史記憶來進行自我形容或抒發情感時，他不僅在典故中找到了自我的想像與投射，也因以構成自我的表述，乃至建構了自身的形象；而我們作為受話者、閱讀者，則在作者遺留下來的作品中，透過他自我表述的所有片段，加上他留存於史料中的任何蛛絲馬跡，來拼湊出一個作者可能的精神樣貌。例如洪靜芳在〈明鄭時期臺灣遺民詩中的陶淵明隱逸文化〉一文中，便透過對沈詩〈看菊〉：「柴桑獨酌後，猶戀晉亡土。迄今景高蹈，五字慚規撫。維菊與忘言，芬芳自傾吐。序晚值風霜，勁節孰予侮。藉非高士流，濫賞奚足取。共識此中意，斯會同友輔。」，以及〈仲春日友人招飲不赴〉：「並無一事慰相知，占住桃源亦頗宜。詩債屢稽明月夜，酒緣偏誤好花時。頻收靜致留春雨，忽發新思寄柳枝。卻訝漁人焉得到，遂令雞犬也生疑。」等詩句的觀看與詮釋，得出沈光文實有效法陶淵明采菊忘言的隱逸之意。〔註90〕

同樣的，在沈光文的歎窮之作裡，亦有其亟欲傳達的自我表述，茲以〈夕餐不給戲成〉與〈慨賦〉二詩為例：

> 難道夷齊餓一家，蕭然群坐看晴霞。煉成五色奚堪煮，醉羨中山不易賒。
>
> 秋到加餐憑素字，更深吸露飽空華。明朝待汲溪頭水，掃葉烹來且吃茶。〔註91〕
>
> 憶自南來征邁移，催人頭白強支持。樂同泌水風何冷，飲學秋蟬露不時。最幸家貧眠亦穩，堪憐歲熟我仍饑。仰天自笑渾無策，欲向西山問伯夷。〔註92〕

抽象義理的修辭技巧。用成辭，其效用則是「引成辭以明理」，應該是借用已被認可的權威性觀念來解釋新提出來的道理。至於在詩中使用典故所能產生之效能，劉若愚在《中國詩學》中說得很清楚：「典故可以作為表現情況的一種經濟的手段。它們能夠作為一種速記術，傳達給讀者否則可能需要說明和占去篇幅的某些事實。」詳參顏崑陽：《李商隱詩箋釋方法論——中國古典詮釋學例說》（臺北：里仁書局，2005 年 11 月），頁 184～185；劉若愚著、杜國清譯，《中國詩學》（臺北：幼獅文化出版社，1979 年 1 月），頁 215。

〔註90〕詳參洪靜芳：〈明鄭時期臺灣遺民詩中的陶淵明隱逸文化——以沈光文、徐孚遠、鄭經為例〉，《弘光人文社會學報》第 18 期（2015 年 7 月），頁 79～80。

〔註91〕施懿琳等編《全臺詩》第一冊，頁 57～58。

〔註92〕施懿琳等編《全臺詩》第一冊，頁 63。

此二詩挪用伯夷叔齊故事，皆是用以自狀：前者「難道夷齊餓一家」意指自身一家如伯夷叔齊窮苦絕糧；至於後者則是自言歲熟我仍饑，故須問策於伯夷，然而伯夷自是為了守節而餓死的賢人，斷不可能有解決之道，因此與其說是問策，不如說是一種效法或是同理。在中國歷史中，伯夷叔齊或許是遺民人物當中最具代表性者。《史記·伯夷列傳》載：

> 武王已平殷亂，天下宗周，而伯夷、叔齊恥之，義不食周粟，隱於首陽山，采薇而食之。及餓且死，作歌。其辭曰：「登彼西山兮，采其薇矣。以暴易暴兮，不知其非矣。神農、虞、夏忽焉沒兮，我安適歸矣？于嗟徂兮，命之衰矣！」遂餓死於首陽山。〔註93〕

趙園亦指出，在明末清初此一時期，商周之際早就因為儒家經典與歷代士人對經典的解釋而被賦予了原型意義，其中箕子、微子、伯夷、叔齊，更被作為士人處易代之際可供選擇的型範。〔註94〕在沈光文詩中，夷齊的身影並不罕見，例如前引〈山間〉八首之七：「餓已千秋久，人堪飯首陽。」、〈秋日和陳文生韻〉「東國書難去，西山餓早分。」、〈柬曾則通借米〉：「何當稚子因餓啼，絕不欲我作夷齊。」以及〈隩草戊戌仲冬和韻〉其七：「遠寄西山恥，重將南渡尤。」〔註95〕等等皆動用了跟夷齊有關的典故。沈光文挪用夷齊此一文化符碼，自然與明清易代之際的時代氛圍有關。但更重要的是，夷齊隱於首陽山，為盡臣節不食周粟而死，而沈光文漂流外島雖非本意，至少也同樣是不食清粟，於是兩者又有了相似的際遇。因此，透過兩者生命情境的比附，夷齊的身影可以說是提供了沈光文一個人格範型之型範，使之效法步武，並使他在長期受餓的經濟狀態中得以自我勉勵；另一方面，夷齊也在他不斷的反覆自比中成為了他的自我投射，使他在夷齊的身上找到了關於自我身影的某種想像。

除了夷齊之外，「秋蟬」也成為沈光文詩中所挪用之典故。秋蟬在中國古典文學傳統當中有象徵清高的意涵，例如李商隱〈蟬〉寫道：「本以高難飽，徒勞恨費聲。」〔註96〕，清人馮浩箋注此詩時引用之《吳越春秋》句：「秋蟬

〔註93〕〔漢〕司馬遷撰、〔宋〕裴駰集解：《史記》（臺北：藝文印書館，2005 年 2 月），頁 852。

〔註94〕趙園：《明清之際士大夫研究》，頁 269。

〔註95〕施懿琳等編《全臺詩》第一冊，頁 55。

〔註96〕〔唐〕李商隱著、〔清〕馮浩箋注：《玉谿生詩集箋注》（臺北：里仁書局，1981 年 8 月），頁 440。

登高樹，飲清露，隨風撝撓，長吟悲鳴。」〔註97〕，本來只是說明秋蟬登高飲露的特性，但在李商隱的詩中，將蟬喜處高樹的特性轉化為不流於俗，而飲清露則是為了維持高節而不得不然的結果。沈光文〈慨賦〉：「飲學秋蟬露不時。」直接化用此典，自言意欲效法秋蟬飲露為食，但秋露卻也非時時皆有，藉以描述三餐不繼的窘境。

沈光文的清高自持，在他的詩作中也多少透露。他在〈無題〉這首詩中提到自己：「吾亦愛吾耳，如何欲乞憐。叩閽翻有路，投刺竟無緣。道以孤高重，持當困苦堅。既來學避地，言色且從權。」〔註98〕為了珍重自身的人品與操守，無論在何種困境當中，他也不願乞憐、關說，因為他知道，正道是因為孤高自許方能受人尊重，而自我的操持更是要在困苦中更加堅定。儘管他在末聯也試圖提醒自己切莫過於孤僻，在言談臉色間也需從權，然而他卻也在〈野菊〉：「野性偏宜野，寒花獨耐寒。經冬開未盡，不與俗人看。」〔註99〕一詩中以菊自喻，表現了自己對當世的不妥協。菊花為陶淵明所愛，乃花中之隱逸者，正如沈光文隱逸臺灣鄉間；而野菊本性偏野，不宜為人所栽，卻又能耐寒苦，亦如他不願為鄭氏所用，寧可忍受窮苦。最重要的是，野菊花開山野，非尋常人所能得見，正如自己稟性孤高，也不願和俗人往來。貧窮的生活是注定也是選擇。正如《論語·泰伯》所言：「邦有道，貧且賤焉，恥也；邦無道，富且貴焉，恥也。」〔註100〕處在易代之際的遺民本就沒有說富貴的本錢，而沈光文亂離海外，更是有一番難以道盡的辛苦。不過沈氏透過書寫、用典，卻是在自己的詩作中，逐漸描摹出一幅關於自身的海外遺民圖像。在這幅圖像中，他離散他方，卻仍對前朝持節不移，他的身影風標磊落、堅貞不拔，縱使隱居山林不斷受餓、受小人讒害而顛沛流離，也從不考慮放棄遺民志節。〔註101〕而此一圖像雖是立基於沈氏離散窮愁的生命情境，卻也

〔註97〕〔唐〕李商隱著、〔清〕馮浩箋注：《玉谿生詩集箋注》，頁441。

〔註98〕施懿琳等編《全臺詩》第一冊，頁44。

〔註99〕施懿琳等編《全臺詩》第一冊，頁40。

〔註100〕〔明〕胡廣等撰：《論語集註大全》上（臺北：中國子學名著集成編印基金會，1978年），頁571。

〔註101〕例如劉昭仁便形容沈光文：沈光文是勝國遺民，不負明室，不仕二姓，不食周粟，甘心忍餓，不肯妄有交取，而授徒自給，三旬九食，習以為常。他的處境艱難，生活窮愁，內心深處有著家國殘破的憂感，漂泊羈旅的悲涼，水土不服的煎熬，牛驥同皁的寂寞，饑寒交迫的無奈。這種種複雜悲鬱的情緒，交織成沈光文的心靈世界。不過石萬壽則據《斗南沈氏族譜》及相關史料的

使他超脫生命之外、得以放眼於未來，期待後世透過對其文學與生命經驗的
理解、詮釋、再申說而更加固定下來，並成為我們對他的普遍認知。

考證，認為沈光文對南明或鄭氏皆無深刻情感，反倒與施琅交情較篤，因此
在明鄭時期雖為一介窮儒，但入清後因受施琅所助，遂搖身一變成為一大業
主。故石萬壽認為「若因之言沈光文為明朝之遺臣，不如說是清朝新貴之賓
客，更合乎事實」。綜上所述，我們不難發現「沈詩」中的沈光文、「傳記」
中的沈光文及「實際上」的沈光文，其面貌可能存在著某種程度的落差。詳
劉昭仁：《海東文獻初祖沈光文》，頁107、石萬壽〈沈光文事蹟新探〉，收錄
於龔顯宗編：《沈光文全集及其研究資料彙編》，頁190～207。

第五章　群胡亂宇宙——民族文化的
連結與確認

第一節　海島中原

　　若要討論鄭、清之間的衝突，我們很難不去留意到兩者之間所存在著的民族差異，甚至有學者認為：「如果從反民族主義或超民族的觀點來看，反清復明的運動是沒有意義的。」〔註1〕可見在這場江山誰屬的爭奪戰裡，民族〔註2〕意義有時反而大過於政治意義。而對於羈旅海外的南明遺民來說，保全既有的民族性不受改變更是他們不惜去國離鄉也亟欲完成的任務，是以如寧靖王朱術桂便曾謂：「艱辛避海外，總為幾根髮。」〔註3〕最後選擇於鄭克塽降清之際完髮以終。這份民族意志亦被視為臺人傳統，例如李漁叔《三臺詩傳》開宗明義便指出：

　　臺地多吟人，尤多忠義慷慨之士，蓋其淵源蘊蓄，已非一日之功。

　　自鄭延平驅紅夷而奋有此地，一時奮臿握槧之士，從其遊於是邦者，

〔註 1〕陳昭瑛：《臺灣文學與本土化運動》（臺北：臺大出版中心，2011 年 10 月），頁 20。
〔註 2〕本文對民族的界定借鏡於班納迪克‧安德森（Benedict Anderson）：它是一種想像的政治共同體——並且，它是被想像為本質上有限的（limited），同時也享有主權的共同體。詳參班納迪克‧安德森著，吳叡人譯：《想像的共同體——民族主義的起源與散布》（臺北：時報文化出版公司，2010 年 5 月），頁 41。
〔註 3〕施懿琳等編：《全臺詩》第一冊（臺南：臺灣文學館，2004 年 2 月），頁 68。

多抱孤臣孽子之心，堅興滅繼絕之志；及乎明社已屋，鄭氏旋淪，

目擊身丁，尤增悲憤。故其民族意志，深入固結，歷久不渝。〔註4〕

將臺人抵抗異族的民族精神上溯至明鄭。〔註5〕

　　明鄭政權得以遠避海外，得益於鄭家世代經營的海上武裝力量。早在晚明，以顏思齊、鄭芝龍為首建立的「顏鄭集團」就已經是東亞海域武力最大、貿易動能最強的「武裝海商集團」，該集團甚至掌控了從日本到東南亞的海上貿易，而臺灣亦是在此時被納入漢人的活動領域。因此，廖咸浩便認為「海盜／海洋文化」的精神也是明鄭傳入臺灣的漢人文化中的重要脈絡，甚至可以稱之為臺灣文化最重要的特質。〔註6〕「海盜／海洋特質」讓臺灣得以積極運用「混沌政治」（politics of liminality）〔註7〕，能在各種壓抑與忽略中找到重新建構平滑空間（smooth space）〔註8〕的契機，既能在亂軍中找到經貿的可能性，更能在曖昧中找到「逃逸」的可能性，能積極運用「不確定」

〔註4〕李漁叔：《三臺詩傳》（高雄：學海出版社，2015年10月），頁1～2。

〔註5〕然李知灝亦指出：李漁叔《三臺詩傳》之所述，實有試圖讓臺灣對戰後播遷來臺的中華民國政府產生政治認同的企圖。支配集團透過「官方民族主義」的形塑，將原本處於不同歷史、意識形態的群眾，通通服膺於由統治集團建構的「民族」框架之中，而由於受到當下政治氛圍的牽引，此一官方民族主義更容易受到支配集團的政治論述所影響，使得所有考古所得的歷史撰述都成為支配集團統整群眾的意識形態之基礎。換言之，李漁叔追溯臺灣遺民歷史脈絡，亦是將此收編於中華民國政府的官方民族史之一環。詳參李知灝：〈李漁叔《三臺詩傳》中臺灣「遺民」詩史的形塑〉，《文史臺灣學報》第七期（2013年12月），頁39～67。

〔註6〕廖咸浩〈華人海洋與臺灣：海盜、另類現代性、「後中國」動能〉，收錄於陳瑞麟等著：《知識臺灣：臺灣理論的可能性》（臺北：麥田，2016年6月），頁294～295。

〔註7〕廖咸浩提出「混沌政治」的觀念，是用以為臺灣的現狀提出理論思考。在他看來，臺灣雖是一個政治實體但卻無國家之名，因此身分上的曖昧不明遂造成某種因不被認可而產生的悲情。然而若從反面思考，身分不明所形成的「混沌狀態」卻也是能量受限最少的時刻，也是臺灣能夠翻轉逆境的契機，開拓超越國家的可能性。詳參廖咸浩〈華人海洋與臺灣：海盜、另類現代性、「後中國」動能〉，頁299～300。

〔註8〕在廖文的脈絡中，所謂的平滑空間指的是「一個沒有迴路或管道的野地」，它「與一種特殊的『紛然雜陳』（multiplicity）緊密聯結：無法度量、無中心，故是一種根莖式的『紛然雜陳』，占有了空間，但卻不『計算』（counting）此空間，且只能由『親身跋涉』（legwork）來探索。」詳參廖咸浩〈華人海洋與臺灣：海盜、另類現代性、「後中國」動能〉，收錄於陳瑞麟等著：《知識臺灣：臺灣理論的可能性》，頁298。

（uncertainty）以為能量再開發。〔註9〕然而若要在臺灣延續既有的民族文化，
則顯然還需要借力於斯文。然而漢文化並非臺灣固有，因此明鄭時期在臺灣
的文化實踐實際上是一種文化的再現（representation）活動，王忠孝〈東寧風
土沃美急需開濟詩勗同人〉盛讚鄭成功：「巨手劈洪濛，光華暖海東。」〔註
10〕、〈東郊行〉：「好將開濟手，文治接洪濛。」〔註11〕等句皆可看出遺民群
體初來乍到時，眼中所見的是一片原始、混沌的狀態。值得注意的是，這種
原始、混沌的狀態某種程度上是基於中國文化的著力深淺來測量的，是臺灣
漢化前的社會樣貌，而「風俗憑徐化，語音以漸通。」〔註12〕、「椎結多隨漢，
衣冠半是唐。」〔註13〕則是多年努力後的結果。文化的再現不僅在此身，亦
在風俗未化的番人。

　　班納迪克・安德森（Benedict Anderson）曾經指出，民族主義應該和一些
大的文化體系─例如宗教共同體（religious community）以及王朝（dynastic
realm）─聯繫在一起來加以理解，因為先於民族主義而出現的文化體系，在
日後既孕育了民族主義，同時也變成民族主義形成的背景。而在安德森看來，
基督教世界、伊斯蘭世界乃至中國（the middle kingdom）等宗教共同體的想
像之所以可能，主要還是經由某種神聖的語言與書寫文字的媒介。而由於古
老的共同體對他們語言的獨特神聖性深具信心，因此這種自信也塑造了他們
關於認定共同體成員的一些看法：「中國的官人們帶著讚許的態度注視著千辛
萬苦方才學會揮毫書寫中國文字的野蠻人。這些蠻人雖未入文明之室，卻總
算也登上文明之堂了。」。〔註14〕這樣的思維很可以解釋王忠孝的觀點，以及
日後清人季麒光評沈光文：「從來臺灣無人也，斯菴來而始有人矣；臺灣無文
也，斯菴來而始有文矣」〔註15〕的持論，在中華文化登堂入室之前，島嶼上

〔註9〕廖咸浩〈華人海洋與臺灣：海盜、另類現代性、「後中國」動能〉，收錄於陳
　　　瑞麟等著：《知識臺灣：臺灣理論的可能性》，頁300。
〔註10〕〔明〕王忠孝：《惠安王忠孝公全集》（南投：臺灣省文獻委員會，1993年12
　　　月），頁250。
〔註11〕〔明〕王忠孝：《惠安王忠孝公全集》，頁248。
〔註12〕〔明〕王忠孝：《惠安王忠孝公全集》，頁250。
〔註13〕〔明〕王忠孝：《惠安王忠孝公全集》，頁248。
〔註14〕班納迪克・安德森（Benedict Anderson）著，吳叡人譯：《想像的共同體──
　　　民族主義的起源與散布》，頁49～51。
〔註15〕〔清〕季麒光〈題沈斯菴雜記詩〉，收錄於龔顯宗編：《沈光文全集及其研究
　　　資料彙編》（臺南縣：臺南縣文化局，1998年12月），頁219。

的人文顯然都不太能入漢人之眼。

這種對語言乃至文化神聖性的信心不僅來自於長遠的歷史積累，更可以訴諸「天」的意旨，例如王忠孝〈東寧上帝序〉便提到：

> 東寧僻處海東，向為紅夷所據，土夷雜處，散地華人，莫肯措止矣，間有至者，多荷鋤逐什一之利，衣冠之侶未聞也。賜姓撫茲土，華人接踵而來，安平東寧，所見所聞，無非華者。人為中國之人，土則為中國之土，風氣且因之而轉矣。是以向者地屢震，而今寧謐；向者春無雨，而今沾濡。天心之明，示人以意也，而況於神乎。〔註16〕

在王忠孝看來，臺灣的洪濛狀態是因為中國之人的到來而有了秩序，重要的是這些中國之人必須得是有能力攜來文化的知識分子，而不能只是荷鋤逐什一之利的尋常百姓。確實，在鄭氏治臺之前，隨著漢族移民進入臺灣的是庶民階級的漢文化，儘管其中或許不乏自儒學衍申而表現於人倫日用之間的思想，但真正屬於士大夫階層的漢文化，如儒學與科名觀念、文學與書畫創作，則必須有賴隨鄭氏來臺的遺民群體傳入臺灣。〔註17〕

王忠孝之所以如此強調，乃是出於漢人看待他者的歷史慣習。陳光興曾透過梳理數組漢人面對他者的論述策略，發現此間皆存在著由最具優勢文化資本及權力主體所盤據著發言位置所建構的階序之別，而此階序其實說白了就是「人」與「非人」，或是「人」到什麼程度的問題。至於這裡所說的「人」，其意象則是受到高度教化的主體，是經過長期的養成，一般的人雖然在軀體上可以說是人，但是並不能算是真正達到理想境界的人，唯有透過四書五經的閱讀、修身養性等途徑，方有可能達至此一境界。〔註18〕王忠孝身為士大夫階層，正是在區別階序關係上深具優勢者，因而他自然不會只滿足於庶民文化的基本層面。不過，如他一般的高階序者大批移入，這也讓他對臺灣的中原化感到樂觀，甚至認為只要當此地的人文得以化成，那麼就連地區性自然現象的「風氣」，都有可能隨之轉變。王忠孝透過「天心」來論證文化再現的正當性當然有些牽強，不過此言更在有意無意間暗示了其殖民的正當性。正如霍爾（Stuart Hall）所提醒的，每個再現政權，都是由「權力／知識」這

〔註16〕〔明〕王忠孝：《惠安王忠孝公全集》，頁22。
〔註17〕陳昭瑛：《臺灣儒學：起源、發展與轉化》，頁2。
〔註18〕陳光興：《去帝國：亞洲作為方法》（臺北：行人文化實驗室，2014年7月），頁427。

一組決定性的概念所構成的權力體制，而透過這種內在知識的運作，讓被殖民者受制於某種「知識」之下，也就是利用內在的強制力，以及主觀上與規範相符合這兩種力量，將抑制與支配強加在這群人身上，這種從內在奪取人們意志所有權的作法，對文化認同具有破壞和變形的能力。〔註 19〕華夷風氣的轉變，其實正是原住民族主體認同的消亡，而隨著教化的普及，其特性亦被掩蓋於漢人的主流文化之中。然而值得注意的是，王忠孝此言也同樣展現了一種土地認同的姿態：從「土夷雜處」到「人為中國之人，土為中國之土」，遺民群體的移入提高了臺灣中國化的程度，而中國化的程度又反過來提升了遺民群體的適居性，而讓他們有了接納他鄉的可能。〔註 20〕

第二節　儒學與遺民意識

另一方面，中國文化的高度再現，也來自於統治階層欲與中原拮抗的決心。永曆十九年（1665 年）臺灣各項建設漸次就緒，屯墾亦略有成法，陳永華遂啟鄭經請建聖廟、立學校：

> 昔成湯以百里而王、文王以七十里而興，豈關地方廣闊？實在國君好賢，能求人才以相佐理耳。今臺灣沃野數千里，遠濱海外，且其俗醇；使國君能舉賢以助理，則十年生長、十年教養、十年生聚，三十年真可與中原相甲乙。何愁侷促稀少哉？今既足食，則當教之。使逸居無教，何異禽獸？須擇地建立聖廟、設學校，以收人才。庶國有賢士，邦本自固；而世運日昌矣。〔註 21〕

孔廟與學校的建立，使得民族精神落實為具體的文教制度〔註 22〕，教育也得以更加深化，連雅堂《臺灣通史》載孔廟建成之後，鄭經「又命各社設學校，延中土通儒以教子弟。凡民八歲入小學，課以經史文章。……三月，以永華

〔註 19〕斯圖亞特・霍爾〈文化認同與族裔離散〉，收錄於 Kathryn Woodward 編，林文琪譯：《認同與差異》（臺北縣：韋伯文化國際出版公司，2006 年 10 月），頁 88。

〔註 20〕例如陳昭瑛便認為，明鄭文學中雖充滿「不歸之思」，然而「不歸」的前提是塑造臺灣這塊土地的中國性格，把中國文化本土化，使之落地生根、開花結果，是漢移民能夠在臺灣安居不歸的條件。詳參陳昭瑛：《臺灣詩選注》（臺北：正中書局，1999 年 8 月），頁 2。

〔註 21〕〔清〕江日昇：《臺灣外記》（南投：臺灣省文獻委員會，1995 年 8 月），頁 236。

〔註 22〕陳昭瑛：《臺灣文學與本土化運動》，頁 45。

為學院，葉亨為國子助教，教之、育之，臺人自是始奮學。」〔註23〕若再算上沈光文在目加溜灣社的設帳教學，臺灣漢學教育的施行可謂頗具規模，亦為日後清代臺灣儒學的發展奠下基礎。然而儒學在臺灣復振的意義，更在於對異族的文化抵抗。潘朝陽即認為，陳永華此言不僅勸立聖廟，亦在提醒鄭經明鄭確有其歷史文化的嚴肅使命，並對鄭經有能如成湯、文王等聖王之推展仁政王道以抗夷狄、恢復天下之期。〔註24〕

霍爾在〈文化認同與族裔離散〉一文中指出，如果站在將「文化認同」定義成一種共有共享的文化、一種「唯一真我」的集合體的立場的話，那麼：

> 文化認同反映了你我共同的歷史經驗，以及共享的文化符碼
> （code），而這些經驗和符碼，也為身為「同一民族」的我們提供了
> 實存歷史的無常變化中，以及變化莫測、分合興衰的時局影響下，
> 某些穩定的、不變的，以及連續的參考框架與意義框架。〔註25〕

就此立場而言，民族中的眾人皆由於共享了一種歷史和血統而也共享了這種「自我」，儘管這種「自我」亦有可能是人為所強加的，卻因為其穩定不變的特質而提供了眾人某種關於「一致性」的想像。但正因為此一自我提供了固定的框架，因而異族的強勢入主勢必攪亂一池春水，造成某種文化秩序的破壞或紊亂。如果說，亡明之際士大夫面對滿人建立新朝氣象，漢人政統、道統衰亡，其中攸關士大夫群體教化、安身立命的道德倫理與文化根本，最令他們感覺焦慮不安。〔註26〕那麼臺灣的孤懸海外，則不僅為遺民提供了一個實質拒絕滿清異族文化生活方式的避難之處，更以帝國邊緣之姿準備了一個既可重建故明禮制，又時時準備重返中心的復興基地。正如卡爾拉（Virinder S. Kalra）等在〈離散的文化組構〉一文中所言：離散主體是某種意識的乘載者，此意識提供了差異性的警覺。這個認知對離散主體而言是一種自我認同的基本面向。〔註27〕明鄭儒學的傳衍與維護，不僅是出於離散者對故國母土

〔註23〕連橫：《臺灣通史》（臺北：眾文圖書公司，2014年6月），頁268～269。
〔註24〕潘朝陽：《明清臺灣儒學論》（臺北：學生書局，2001年10月），頁182。
〔註25〕斯圖亞特・霍爾〈文化認同與族裔離散〉，收錄於 Kathryn Woodward 編，林文琪譯：《認同與差異》，頁84。
〔註26〕高嘉謙：《遺民、疆界與現代性：漢詩的南方離散與抒情（1895～1945）》（臺北：聯經出版社，2016年9月），頁93。
〔註27〕Virinder S. Kalra, Raminder Kaur, John Hutnyk 著，陳以新譯：《離散與混雜》（臺北縣：韋伯文化國際出版有限公司，2008年1月），頁51。

的慕戀，也指向了一種文化身分的甄別與確認。透過儒學教育的奠基，明鄭得以在臺灣重塑漢人本位的國體，並且從文化身分以及族群記憶中搜尋自己的立命之所，如此方有穩固自我定位之可能。

　　另一方面，陳永華調度兩聖王典故，除了將鄭經與聖王相比擬外，亦在透過話語再次呼應明鄭一脈相傳的儒家道統。事實上，明鄭的遺民性與儒家的教養可謂密不可分，陳昭瑛在談論明鄭遺民文學時曾經指出：遺民政府、遺民文學必是以民族性為最大特徵，而明鄭的臺灣是南明的延續，南明的時代精神自然而然地隨政府、遺民文學而移植臺灣，成為臺灣文化史上最早階段的特徵。〔註28〕潘朝陽則據此更進一步申述，認為鄭成功懷抱著東林黨人的「抗拒型儒家精神」來臺，在臺灣建立了嚴華夷之別的民族性政教以及文學。在他看來，陳昭瑛所說的「南明遺民性」，其實就是由東林、復社、浙東到鄭延平一脈相傳的抗拒型之儒學性，這樣的儒學隨明鄭在臺的復振而成為臺灣最純正的儒學和儒教，因為它最合於孔孟春秋教的精神。〔註29〕但若我們追本溯源，卻很難不令人聯想到安德森所謂的「官方民族主義」（official nationalism）。在安德森看來，官方民族主義「通常是受到威脅的王朝和貴族集團──上層階級──對於群眾性方言民族所產生的反應。」〔註30〕而這種主義的性格則是：

> 當一個民族的想像共同體正在浮現中時，面臨到將要從這個共同體之中被邊緣化或被排除在外威脅的支配集團所採取的一種防範性的先期策略（anticipatory strategy）。〔註31〕

落實為政策手段，則是：國家控制下的初級義務教育、國家組織的宣傳活動、官方的歷史重寫、軍國主義以及沒完沒了地再三確認王朝和民族本為一體。〔註32〕而在中國歷史中，由官方推行的儒學作為一種普遍性的教育，正好抹去了各地方言不一的現實情況，將國土內的所有人通通收納到此一

〔註28〕陳昭瑛：《臺灣文學與本土化運動》，頁44。
〔註29〕潘朝陽：《明清臺灣儒學論》，頁168～169。
〔註30〕班納迪克・安德森（Benedict Anderson）著，吳叡人譯：《想像的共同體──民族主義的起源與散布》，頁211～212。
〔註31〕班納迪克・安德森（Benedict Anderson）著，吳叡人譯：《想像的共同體──民族主義的起源與散布》，頁150。
〔註32〕班納迪克・安德森（Benedict Anderson）著，吳叡人譯：《想像的共同體──民族主義的起源與散布》，頁150。

被崇隆為「道統」的意識形態當中而達成其同一性，久而久之更被習以為常而視為本就具有的民族性。綜觀鄭氏兩代，鄭成功七歲時自日本返回中國，其父鄭芝龍便為其延師以教，而他十五歲補南安縣博士弟子員、二十歲入南京太學，受教於當時名儒錢謙益門下〔註 33〕，其精神與思維確實深受儒學影響。〔註 34〕至於他日後「攜所著儒巾、藍衫，赴文廟哭焚之」之舉，實是鄭氏從儒生到武將身分轉換的一種象徵性表現，並非與儒家學說決裂。而到了鄭經一代，儘管他因與親弟乳母有染而存在著儒家倫常的道德瑕疵，但他少時便師從海外幾社的領袖人物徐孚遠，爾後建廟興學的儒教脈絡更是時時浮現。

　　從對故朝的盡忠到對外族的華夷之辨，儒學的教化對明鄭的影響無比深遠也無比重要。如果說鄭成功這一代確實「無教忠教孝的家世背景」〔註 35〕，那麼在他的有意栽培下，鄭經則從幼年起就承接了來自父輩的遺民意識。舉例而言，甲申之變時鄭經年方兩歲，本該無效忠明廷之心，而若以清人「遺民不世襲」的論點而言，鄭經更無須將自己擺放在遺民的歷史身分上，〔註 36〕但我們在〈秋夕書懷〉中還是可以讀到鄭經對興復故國的無時或忘：

> 浩然景高秋，悠悠泛清覽。遠懷動涼宵，臨風忽有感。渡海今十載，
> 未能大披膽。歲月轉相催，憂心自慘慘。夜青天更高，河流水澹澹。
> 排解憂鬱情，煙月籠菡萏。〔註 37〕

此詩觸景興感，寫作者秋夜有思卻不得排解，惟將一腔愁緒寄予煙月菡萏之

〔註33〕黃典權：《鄭延平開府臺灣人物志》，頁 56。

〔註34〕關於鄭成功的儒學教養，潘朝陽有過相當詳細的敘述，他指出：「鄭成功為臺灣創建的春秋孟子之義理傳統，正是顧黃王三大儒的儒教傳統，這個傳統也真正是孔孟儒門傳之久遠的慧命常道；當明季華夏之人慘遭亡國亡天下之痛之際，成功以孤臣孽子之心開啟臺灣的文化意義，即在於為華夏之人保存不絕如縷一絲血脈的慧命常道，臺灣作為華夏之人安身立命之臺灣的文化意義實在於斯。」詳參潘朝陽：〈論臺灣儒家政教傳統的創建──鄭成功的抗清與治臺〉，收錄於氏著：《明清臺灣儒學論》，頁 73～107。

〔註35〕王德威：《後遺民寫作》（臺北：麥田出版社，2007 年 10 月），頁 28。

〔註36〕趙園便認為明清之際的遺民在時間的有限性中明確地感知到了遺民現象的「大限」，因而此一身分的「世襲」就成了明亡之際最普遍的遺民期待，只是遺民的道德律令雖然能透過父對子的權威向下支配，卻也終究敵不過時間及現實政治的力量而消減。詳參趙園：《明清之際士大夫研究》，頁 382～383。

〔註37〕施懿琳等編：《全臺詩》第一冊，頁 77。

間。擺在鄭經眼前的，是時間的焦慮，詩中自言「渡海今十載」，應是自永曆十八年（1664 年）鄭經不敵清、荷聯軍攻打金、廈而退守臺灣當年起算〔註38〕，然則據夏琳《閩海紀要》記載，永曆二十七年（1673 年）冬十月鄭經已應靖南王耿精忠之邀率舟師次澎湖，永曆二十八年（1674 年）夏五月，鄭經已至思明州，傳檄四方宣告西征〔註39〕，與詩中所表達之情志不甚相符，因而此詩的「十載」或許應作「近十載」來解釋，最晚不會超過 1673 年秋天。鄭經此詩自言退守東寧近十年，卻苦無時機盡忠報國，眼見歲月不斷流逝，不免心底生憂。但實際上，鄭經與明廷之間的情感連結本該薄弱。他的王位僅僅是來自於父親的「遺傳」而非帝王敕封，何況素未謀面的永曆皇帝早已賓天多年，世間亦再無明帝可以效忠，是在這樣的歷史場景裡，鄭經卻必須接受召喚（interpellation）〔註40〕，一肩負起「不合時宜」的遺民意識。如果遺民的內在意識真如王德威所描述般始終不忘與君父本體（ontology）的亡靈共舞〔註41〕，那麼與鄭經共舞的，或許並非那面目模糊的君父亡靈，而是當年幾社徐孚遠及其父鄭成功所給予他教忠教孝甚至是移孝作忠的儒家意識。〔註42〕

〔註38〕鄭經崇禎十五年（1642 年）生於福建泉州安平，幼奉母以居，至鄭成功倡義於海上，經以十歲之齡監守中左，十七歲隨父北征，成功兵敗後鄭經便留守廈門直至永曆十八年（1664 年）退守臺灣，一直到永曆二十八年（1674 年）渡海西征。因此就其生平而言，較符合「渡海」舉動以及「十載」兩個敘述條件的，僅可能是這段時間。詳參黃典權：《鄭延平開府臺灣人物志》，頁 76～77。

〔註39〕〔清〕夏琳：《閩海紀要》（臺北：臺灣銀行經濟研究室，1958 年 4 月），頁 40～42。

〔註40〕「召喚」這個術語是阿圖塞（Louis Althusser）用來解釋主體經由認識他們自己而被徵募某個主體位置上的過程。這個過程在無意識層面上發生，這是一種描述個體如何採取某個特定主體位置的方式。詳參 Kathryn Woodward 編，林文琪譯：《認同與差異》，頁 69～70。

〔註41〕王德威：《後遺民寫作》（臺北：麥田出版社，2007 年 10 月），頁 9。

〔註42〕林津羽即認為鄭經以「西方美人之思」定調其在西征之際於泉州刊刻的《東壁樓集》，目的在於自陳寫作的正當性與忠孝之思：「其時反對鄭氏攻臺的說詞中，或以其有自立之心，或因臺灣蕞爾小島、地處偏遠，無助反清。這些反對與質疑，幾為《東壁樓集》刊刻時的潛在語境，是鄭經力突破除、平反的對象。故此役若能成功，除可重振其父威名，回應率軍來臺時，所面對的諸多責難（盡孝），更可佐證鄭經歷經十年光陰仍未改變的赤誠（盡忠）。」詳參林津羽：〈離散、帝國與嗣王：論鄭經《東壁樓集》的文化意蘊〉，《淡江中文學報》第三十七期（2017 年 12 月），325～326。

第三節　民族主義式的抗爭話語

　　陳昭瑛在評論鄭成功詩時提到:「反民族壓迫、反異族宰制、恢復漢族的主體性等等主題形成了鄭成功的抗爭型民族主義。這種思想貫穿於日後鄭成功所寫的一切詩文」。〔註43〕事實上,上述主題鄭經不僅多有繼承,甚至更加發揮。例如〈獨不見〉:

　　　　腥羶滿中原,林木巢胡燕。天子蒙塵出,皆緣諸臣譴。壯士懷激烈,
　　　　忠心在一片。義旗照天地,驛絡蔽日晛。徒苦諸群黎,作計良不善。
　　　　胡騎一朝至,人人自為變。我今興王師,討罪民是啥。組練熊羆卒,
　　　　遵養在東洵。企望青鸞至,年年獨不見。〔註44〕

此詩以滿清竊據中原起筆,否定其政統的正當性,接著又譴責中原諸臣辦事不力,致使永曆帝出奔中原流亡緬甸,這是鄭經對歷史的反省,亦是一種民族主義的表態。此外,無論前後有多少義旗前仆後繼,卻始終都沒有成功;而自己枕戈待旦、組練雄兵,鹿死誰手則由未可知。詩中的英雄壯士早已準備妥當,卻遲遲等不到來自對岸的好消息。類似的心境也出現在另一首五言古詩〈不寐〉之中:

　　　　寂寞常不寐,中夜獨長吁。腥氣滿天地,中原盡狼胡。政令出群小,
　　　　誅戮皆無辜。萬姓遭狼毒,誰能振臂呼。聞風常起舞,對月問鋃鐺。
　　　　聽潮思擊楫,夜雪憶平吳。遵養待時動,組練十萬夫。〔註45〕

如果說上一首詩的前半較發散於南明以降的各種歷史現場,此詩則相對側重描寫詩人對中原黔首的關懷。在他的想像或聽聞裡,異族統治倒行逆施,諸多百姓身陷苦海,都在昂首等待能人登高一呼。至於詩的後半,則一方面摩拳擦掌展示自己進取的決心,一方面又自言時機未至。

　　至於在〈悲中原未復〉一詩中,他亦如斯寫道:

　　　　胡虜腥塵遍九州,忠臣義士懷悲愁。既無博浪子房擊,須效中流祖
　　　　逖舟。故國山河盡變色,舊京宮闕化成丘。復仇雪恥知何日,不斬
　　　　樓蘭誓不休。〔註46〕

悲痛、憤恨、懊悔以及遭受胡人入侵的恥辱感,一直是晚明以降的遺民詩作

〔註43〕陳昭瑛:《臺灣文學與本土化運動》,頁25~26。
〔註44〕施懿琳等編:《全臺詩》第一冊,頁74。
〔註45〕施懿琳等編:《全臺詩》第一冊,頁85。
〔註46〕施懿琳等編:《全臺詩》第一冊,頁130。

中頻繁出現的主題，而眼見清廷統治的日趨穩固，更是讓有志復明的義士徒添愁緒。鄭經在這裡調度歷史典故，感嘆若要重演當年張良謀畫刺秦故事，對現實情況來說已然太不可能，但至少還能期許自己像擊楫中流的祖逖，只要秣馬厲兵，終有恢復河山的一天。他隔海遙想當年那些象徵統治中心的故國宮闕，如今在清人的統治之下勢必更加破敗頹圮，因此復仇行動的時間性確實迫不容緩。然而，矛盾的是身為統治者的自己竟無力掌握復國的時間點，僅能困守在海東一隅。

　　若以後續發展來看，鄭經所謂的等待時機之言確實並非托詞。永曆二十八年（1674 年）三藩之亂爆發，鄭經亦親率勁旅西征，此時民族主義再度成為其行為正當性的話語，他在〈討滿虜偽清告天下檄〉一文中宣告：

　　中國之視夷狄，猶峨冠之視殘履，故資冠於履，則莫不惋忿；淪夏
　　於狄，則孰不感愧？凡在血氣之倫，寧無羞惡之心？但運數使然，
　　莫可奈何。是以犬羊餘孽輒干閏位，遂使我明三百年之天下，一旦
　　淪為夷狄，豈盡無忠義之士哉？〔註47〕

鄭經將這番民族本位強烈的言論置為首段，以極為不堪的詞語來展開對清人異族身分的批判，似乎正意味著無論滿清的治理是好是壞，光是其非我族類的民族身分，就足以構成被推翻的理由。此一具有強烈漢族沙文色彩的言論依據，來自於中國對自身文明的自信以及對外族文明的輕蔑，無論是面對臺灣的南島語族，抑或是滿清政府皆是如此。這種漢人優越論的思維在當時並不罕見，例如明清之際的大儒王夫之也不免認為：

　　人與人相於，信義而已矣；信義之施，人與人之相於而已矣；未聞
　　以信義施之虎狼與蠆蠆也……夷狄者，殲之不為不仁，奪之不為不
　　義，誘之不為不信。何也？信義者，人與人相於之道，非以施之非
　　人者也。〔註48〕

正因為仁義為華夏所有而非夷狄之所具，因此在他看來，夷狄基本上不能算是「人」〔註49〕，更可以不用以仁義道德來相待。儘管從中國歷史發展來看，歷朝異族的進入中原最終多不免收到被漢人強勢文化同化、吸納的結果，而

〔註47〕龔顯宗編：《鄭經集》（臺南：臺灣文學館，2013 年 11 月），頁 299。
〔註48〕〔明〕王夫之：〈漢昭帝〉，《讀通鑑論（宋論合刊）》（臺北：里仁書局，1985
　　　　年 2 月），頁 87～88。
〔註49〕這裡的「人」與「非人」的區別，應當較雷同於上述陳光興研究中所指出的
　　　　漢人面對他者的階序判別策略。

安德森亦認為如教會拉丁文的真理語言（truth-language）、《可蘭經》的阿拉伯文或科舉的中文等，內部皆帶有一種對民族主義而言相當陌生的衝動，也就是「改宗」（conversion）的衝動，此一衝動可以如鍊金術般吸納融合，將蠻夷化為「中國」、使滿州人得以成為天子。〔註50〕但該吸納融合的進程並不是一蹴可至，而必須透過長時性的逐漸轉化方可達成，相反的，正是因為漢人潛意識裡存在著對其民族主義「神聖性」的認知，因而在滿清入主中原之際所帶來的華夷主從異位，更令他們難以忍受。

鄭經雖與耿藩互有齟齬，鼎盛時期卻也能佔據金、廈兩島，又收復漳州、泉州、興化、邵武、汀州、潮州、惠州七郡〔註51〕，一時震動東南。然1676年（永曆三十年、康熙十五年）耿精忠勢困降清，鄭經面對清軍亦獨力難支，烏龍江之役明鄭大敗，諸軍銳氣已喪，鄭經倉皇登舟，本遁入廈門欲歸東寧，然因廈門百姓遮留乃罷。〔註52〕經此一役，清康親王傑書趁機修書勸降鄭經，鄭經雖仍堅守民族主義立場，卻也難免英雄氣短：

> 夫萬古正綱常之倫，而春秋嚴華夷之辨，此固忠義之士所朝夕凜遵，
> 而不敢頃刻而忘也。我家世受國恩，每思克復舊業，以報高深，故
> 枕戈待旦，以至今日，幸遇諸藩舉義，誠欲向中原而共逐鹿，倘天
> 意厭亂，人心思漢，則此一旅亦可挽回，何必裂冠毀冕，然後為識
> 時務之俊傑也哉？〔註53〕

此刻鄭經不再使用極為貶抑的詞彙來形容對方，反倒訴諸春秋華夷之辨的傳統，試圖以理說服。華夷之辨起自孔子，林鎮國認為先秦時代華夷之間的交通雖然密切，但只有原始義、自然義的分別，尚無任何歷史文化意識的萌芽，直至孔子之時，抉發了道德理性之自覺，點醒了強烈的歷史文化意識，始提出「華夷之辨」此一為萬世立法的歷史文化之指導原則。〔註54〕但這正好為我們前面曾經提及的霍爾所謂的「文化共享的、被強加的自我框架，以及被這個框架所排除出去的他者」做出例證。華夷之辨作為一種民族歷史意識，

〔註50〕班納迪克・安德森（Benedict Anderson）著，吳叡人譯：《想像的共同體——民族主義的起源與散布》，頁52。

〔註51〕楊雲萍：〈鄭經進征大陸的始末〉，《臺灣省博物館科學年刊》第四期（1961年12月），頁5。

〔註52〕〔清〕夏琳：《閩海紀要》，頁52。

〔註53〕〔明〕鄭經：〈復康親王書〉，收錄於龔顯宗編：《鄭經集》，頁304。

〔註54〕林鎮國：〈華夷之辨〉，《鵝湖月刊》第九期（1976年3月），頁35。

它根深蒂固地流傳在民族的記憶裡，在秦漢以後，但凡遇到民族交會融合之際，皆不免被重新回憶。鄭經在此援用古例，試圖表達的則是：既然這是一個民族傳統，那麼身處於傳統中的個體便有義務去達成。此外，鄭家三代皆為明臣，自有必須為故國盡忠的理由。這封書信所展現的，或許正是鄭經發自內心最真誠的想法，也就是將他半生的抗清事業通通歸結於宿命：這是既來自於歷史的文化傳統，也是來自於他的英雄父親所留給他的，一個不得不然的宿命。

　　儒家意識與父親的亡靈始終緊緊纏繞，正因為鄭經將民族大義視為己任，因此當他面臨難以挽救的失敗時亦更加無所適從。三藩之亂的契機稍縱即逝，此後再無恢復明室的可能，於忠於孝，鄭經皆已不能回應所有人的期望。鄭經回絕康親王三個月後，劉國軒亦棄惠州入廈門，至此七郡俱喪，而鄭經「經既崩剝，不知所為；國事盡委國軒。」〔註55〕此後從 1677 年（永曆三十一年、康熙十六年）到 1680 年（永曆三十四年、康熙十九年）之間，劉國軒雖仍與清軍周旋於漳、泉之間，終究再難取得成果。隨後清將姚啟聖進擊廈門，鄭經棄守回臺，面對其母責之曰：「七府連敗，兩島亦喪，皆由汝無權略果斷，不能任人，至左右竊權，各樹其黨耳！」〔註56〕亦只能無言以對。當年那位「餘閒便舞雙飛劍，無事常彎兩石弓」〔註57〕時時不忘自我惕勵以待時機的青年志士，此刻卻已將政事盡付其子克𡒊且自我放逐，「放縱於花酒，不預政事，而竟卜晝卜夜之歡。」〔註58〕最終竟以四十歲之年病故東寧。

第四節　《東壁樓集》中的書寫借鑑與文化追索

　　由於離散者是受迫性的離開家園，因此他們往往在異地裡不斷擁抱著故國歷史與時空記憶，並且永遠難以割捨，例如魯賓・柯恩（Robin Cohen）歸納離散者的共同特徵，他便認為離散者「對原鄉的歷史、鄉土、偉績，有著集體的記憶與迷思……常相保持強烈的族群意識，並基於獨特的鄉土情，維持

〔註55〕〔清〕黃宗羲：〈隆武紀年（行朝錄之一）〉，收錄於氏著《賜姓始末》（南投：臺灣省文獻委員會，1995 年 8 月），頁 40。

〔註56〕〔清〕江日昇：《臺灣外記》，頁 371。

〔註57〕〔明〕鄭經：〈自嘆〉，收錄於施懿琳等編《全臺詩》第一冊，頁 130。

〔註58〕〔清〕江日昇：《臺灣外記》，頁 377。

共同的歷史感以及命運共同體的信仰。」〔註59〕而對明鄭時期的臺灣遺民來說，保留故明衣冠固然重要，但漢詩的寫作亦是聯繫故國歷史記憶的重要一環。以鄭經為例，近人彭國棟評云：「語有思致，非僅存六朝形骸者。聞其嗣位後，頗事吟詠，而集中所收僅如此，知其遺落尚多也。」〔註60〕鄭經一生勤於作詩，其《東壁樓集》載詩近五百首，皆是他於 1664 年到 1674 年間所寫，而順西征之便於泉州刊刻。漢詩作為文化產物的一種，海外遺民的書寫本身就有其追索原鄉的意義，更何況「詩」在中國古代知識階層的社會活動場域中無所不在，知識分子普遍將地將它當作特殊的語言形式，用於各種社會的互動行為〔註61〕，因而鄭經透過有意識的反覆操作此一社會行為，實是有其繫漢文於不墜的念想。〔註62〕

然則鄭經對故國文化的追索，不僅是表現在持續維持的書寫活動而已，更在於對古典作品的襲用與借鑑。依據王偉勇的統計，鄭經對古典漢詩的借鑑為數眾多，並可分成三種借鑑型態：

（一）詩題之借鑑：鄭經 480 首詩中，「自擬」詩題者，僅 142 首；見於唐以前，且未見於唐人詩題者，僅六首；見於唐以後者，亦僅 16 首；借鑑唐詩者，則高達 316 首。

（二）詩句之借鑑：鄭經詩歌中的字句，亦常見借鑑唐人詩句之現象，且共有「截取」、「鎔鑄」、「增損」、「化用」、「襲用」五種型態。

（三）內容之借鑑：對於唐詩之內容，鄭經詩歌亦不乏借鑑之痕跡；

〔註59〕轉引自林鎮山：《離散‧家國‧敘述：當代臺灣小說論述》（臺北：前衛，2006 年 7 月），頁 110。

〔註60〕轉引自施懿琳等編《全臺詩》第一冊，頁 71。

〔註61〕關於這點，顏崑陽已有相當詳細的研究。他認為：「詩」作為一種「言語行為」（speech act）的方式，其「溫柔敦厚」的特性最能實現「美善合一」的價值。這樣的文化為儒家所紹述，並形塑了知識階層普遍的倫理意識；漢代獨尊儒術之後，漸成傳統。而詩做為中國古代最主要的文學母體，也幾乎滲透到知識階層的各種文化場域中，成為日用間慣常操作的語言形式。在這些因素條件之下，知識分子以熟悉的「詩」作為語言工具進行社會互動，正好又可以實踐含著美善價值的倫理關係。因此，這種社會文化行為，其特質不僅是表象的工具性「形式」而已；「形式」的深層，乃是一個民族文化在社會倫理上所共持的價值意識形態。詳參顏崑陽：〈用詩，是一種社會文化行為模式——建構「中國詩用學」初論〉，收錄於氏著《反思批判與轉向——中國古典文學研究之路》（臺北：允晨文化出版社，2016 年 4 月），頁 247～271。

〔註62〕這也可以解釋何以《東壁樓集》收錄諸多鄭經與諸臣、遺民等的往來、應酬與唱和之作。

　　或部分，或全部融入作品中。〔註63〕

如果說，《東壁樓集》是一部鄭經刻意留存的文本，是他以「儒家意識」作為書寫策略，是通過傳統多義、歧異的詮釋法則自我指涉，且涉及複雜的寫作策略（writing strategies）與自我形象（self image），並充滿主動建構的詮釋空間的一部詩集，〔註64〕那麼《東壁樓集》中如此龐大而明顯的向古典詩歌借鑑的痕跡，自然也不會只是作者無意間的偶然而已。

　　若以師承觀之，鄭經之師徐孚遠及其所屬幾社，本就有類似的創作觀念取向，如朱水涌、周英雄就曾經指出：「幾社諸子的詩文曾受前後七子影響，傾向復古，多模擬古人之風，但在內容上具有鮮明的時代特色。」〔註65〕前後七子倡議「文必秦漢，詩必盛唐」，是明中葉兩波復古運動的代表人物。然在前後七子的語境裡，「詩必盛唐」是一種典範的提出以及創作上的習仿，未必有呼應國家興衰的成分；但到了明清易代之際，遭逢時代裂變的文人藉由復古回望時局與生命情境，則又有了更深一層的體會。在詩歌上，徐孚遠等雲間派詩人的復古試圖回應時代，強調透過標舉唐人慷慨悲壯的風格以表達故國之思與復明之志〔註66〕，而鄭經不僅在詩題、詩意、詩句上借鑑唐人，且其最常借鑑之唐代詩人依序為杜甫、李白、王維，亦合於前後七子「詩必盛唐」的創作理念。因此，儘管作者並未自陳其文學理念，但我們仍可以看出鄭經試圖承繼明代前後七子到幾社徐孚遠的復古脈絡，將盛唐詩作為自己寫作的借鑑典範，並以此開展他的創作歷程。

　　其次，如果我們將鄭經此一創作行為放回中國文學史的發展脈絡，便會發現在中國文學的傳統之中，借鑑他人從不罕見：例如從漢代東方朔、揚雄等人的「擬騷」、班固等人擬司馬相如賦，再到宋代黃庭堅所謂「奪胎換骨」之法，以及明代前後七子的「學古」，都是仿擬前人作品的顯例。事實上，歷來中國古典詩歌的作者們，之所以從事這類轉相模習的類型化書寫行為，

〔註63〕鄭經借鑑唐詩之事例頗多，王偉勇〈鄭經《東壁樓集》借鑑唐詩析論〉一文從詩題、詩句、詩意等進行分析，已有相當詳盡之比對，此處不再贅引。詳參王偉勇：〈鄭經《東壁樓集》借鑑唐詩析論〉，收錄於氏著《詩詞越界研究》（臺北：里仁書局，2009年9月），頁141～195。

〔註64〕林津羽：〈離散、帝國與嗣王：論鄭經《東壁樓集》的文化意蘊〉，325。

〔註65〕朱水涌、周英雄編：《閩南文學》（福州：福建人民出版社，2008年8月），頁229。

〔註66〕廖淑慧：《清初唐宋詩之爭研究》（嘉義：國立中正大學中文所博士論文，2003年6月），頁170～189。

並非出於惰性的因襲，而是有其實際需求：以創作論而言，他們試圖藉由「典範模習」的工夫，一方面揣摩前行佳篇的妙法，另一方面也在尋求「再創」的新意以及語言藝術之美的可能。〔註67〕若從文學史的建構來看，「典範模習」之所以形成一種「傳統」的文學行為模式，其深層所因依的正是古代文人重視「傳統」的歷史文化意識。在他們的意識中，生命作為「文化價值」的存在，是「集體」的存在，而非「個體」的存在。而這視諸多個體為一個不可分割的「價值整體」而存在的意識，非只表現在對並時性「普遍價值」的共同企求；更表現在對歷時性「普遍價值」的共同傳承。〔註68〕因此，鄭毓瑜便指出：

> 如果選取明清之際辭、賦文學表現為例，似乎可以從系列擬作與套用典事上，發現作者重建「自我認同」的迂曲心路。因為文學現象中常見的仿擬與用典，正是透過對於過往經驗的借代與解釋所起的一種情感上的認同作用……「不論擬古或用事，在在顯示出古典作家試圖把時間上的過去拉向現在，使得過去與作家當下的現在具有一種同時代性，並以此喚起、造就一種文化上的集體意識」。〔註69〕

在明清易代之際，這種文化意識的傳遞顯得至關重要。究其原由，正是因為海外遺民處在家國淪落的絕境，既在時間的維度裡看不見出路，在空間的維度裡亦尋不見身分認同的定位座標，唯有訴諸集體意識，透過仿擬等文學手段，方有在這個歷史文化的流轉中安放自己，並使之維繫不斷的可能。因此，這對海外遺民而言，既是心靈的救贖，也是歷史的責任。

　　經歷過亡國之痛、流亡之哀的晚明遺民是如此，到了遺民二代的鄭經身上情況更是如此。鄭經長於廈門、立於臺灣，「中原」一詞對他而言並不是一個真正切身經驗過的地方，所有對中原的認知大多來自於父輩的教誨與描述，是一個僅存在於想像的「原鄉」。鄭經雖未在中原生活過，卻藉上一代的遺老之力在臺灣營建故土，將故土的歷史記憶移植臺灣；他未曾蒙受故明國恩，

〔註67〕顏崑陽：〈論「典範模習」在文學史建構上的「連游效用」與「鍊接效用」〉，收錄於輔大中文系編《建構與反思──中國文學史的探索學術研討會論文集（下）》（臺北：學生書局，2002年7月），頁826～827。

〔註68〕顏崑陽：〈論「典範模習」在文學史建構上的「連游效用」與「鍊接效用」〉，頁816。

〔註69〕鄭毓瑜：《文本風景：自我與空間的相互定義》（臺北：麥田，2014年12月），頁19。

卻也內化了父輩對故國的情感。鄭經身處的認同位置，令人想起霍爾所謂由
「相似性和連續性的向量」以及「差異和斷裂的向量」這兩個同時發生作用
的軸線所架構而成的認同感〔註70〕：前者指向了鄭經從先代遺民身上接收的
歷史意識，後者則指向了鄭經因缺乏中原經驗而與實際的故國產生斷裂。儘
管鄭經的離散意識不時提醒自己〈江山非故園〉：「故園深趣猶堪賞，舊國中
宵還入夢。」〔註71〕然而在政治現實上，歸返故國已不可能，唯有透過舊詩
的借鑑與參酌，才有機會將自己回繫到遺民群體所背負的中原意識之中。正
如鄭毓瑜所言：

> 書寫無法自外於傳統典籍所建構的支持體系，閱讀、詮釋也同樣共
> 存於這個歷代累積的提供翻查、比對的領域，作者與讀者可以說都
> 是藉助它從而具體地理解彼此，並在其上從事歷代相感相續的意義
> 建構（寫／讀）行動。〔註72〕

鄭經唯有透過書寫實際參與這個連綿相續的歷史活動，才能真正帶著他的遺
民意識繼續前進。是在這樣的離散情境裡，鄭經「原本『疆域—認同』的紐
帶，此時轉為『典律—認同』所取代」〔註73〕，因而在《東壁樓集》裡的借
鑑與仿擬，最終都成為了他自我建構的一部分。

〔註70〕斯圖亞特·霍爾〈文化認同與族裔離散〉，收錄於 Kathryn Woodward 編，林
　　　文琪譯：《認同與差異》，頁 84。
〔註71〕施懿琳等編《全臺詩》第一冊，頁 136。
〔註72〕鄭毓瑜：《文本風景：自我與空間的相互定義》，頁 19。
〔註73〕鄭毓瑜：《文本風景：自我與空間的相互定義》，頁 19。

第六章　黑齒草塗成──
在地風土的交涉

第一節　斯土與斯民

　　離散，固然是一種不得已，然而涉足他方，卻也需要勇氣。1661 年（永曆十五年），儘管鄭成功平定臺灣，試圖將臺島打造成復興基地，但卻不是所有人都願意投身到這個海外的陌生小島。阮旻錫《海上見聞錄》便載：

> 壬寅，康熙元年，海上稱永曆十六年。
>
> 正月，賜姓嚴諭搬眷。鄭泰、洪旭、黃廷等皆不欲行，於是不發一
> 船至臺灣。〔註1〕

鄭成功執法素來嚴峻。其親信馬信曾勸諫：「立國之初，宜用寬典。」，但鄭成功則認為：「立國之初，法貴於嚴，庶不至流弊，俾後之守者，自易治耳。故子產治鄭，孔明治蜀，皆以嚴從事。」〔註2〕因而承天府尹楊朝棟僅因以小斗散糧，便遭鄭成功殺其一家，其果於誅殺的態度，亦曾一度造成人心惶懼，諸將解體。〔註3〕但面對這樣的上司所下達的遷眷令，鄭泰等將領仍然選擇違逆，可見諸將對渡臺的抗拒更大於鄭成功的威信。面對這樣的情形，我們並不難以理解，畢竟臺灣氣候風土皆與中原相異，這其中就有很難跨越的不適

〔註 1〕〔清〕阮旻錫：《海上見聞錄》（臺北：臺灣銀行經濟研究室，1958 年 8 月），頁 40。

〔註 2〕黃典權《鄭延平開府臺灣人物志》（臺南：海東山房，1958 年 2 月），頁 74。

〔註 3〕〔清〕阮旻錫：《海上見聞錄》，頁 40。

應，《海上見聞錄》便提到鄭氏來臺之初「水土不服，疫癘大作，病者十之七八，死者甚多。」〔註4〕而就算有幸可以存活下來，環境亦比不上中原舒適。渡海來臺的文人諸葛晃便曾在一封書信中向友人訴苦：

> 所居之地，荒沙一帶，前後皆海，數椽竹屋，與營卒漁家相錯處。樹木臃腫，皆非中國所植。夏秋之交，潮一盛至，則几席之下，皆為巨浸，坡公詩所謂「小屋如漁舟，茫茫水雲裏」者。旅斯三載，不特美景良辰，歡情永絕，舉凡世間奇籍異書，名花時鳥，都無到目，勿問消受矣。〔註5〕

諸葛晃居住在近海之處，鄰近的草木昔日在中原皆未曾見過，但最讓其難以忍受的，是夏秋之交的大潮經常導致住家淹水。這種種的生活經驗，都讓久居中原的諸葛晃難以調適，竟有生無可戀之感。

不過比起臺灣與中原的風土差異，對明鄭政權而言，更重要的課題或許是：他們除了必須面對來自滿清的挑戰之外，對內，也必須建立和原本便世居於臺灣的原民族群之間的關係。臺灣的原民族群雖同屬南島語系，不過其中族裔甚多，而在十七世紀中葉的明鄭時期，與漢人往來接觸最頻密的則屬平埔族群。〔註6〕若從平埔族對外交流史觀之，早在十六世紀中葉，臺灣西部沿海地帶便經常成為中國及日本海盜的臨時巢穴，只是昔時海盜僅將臺灣作為海上劫掠的臨時據點，並未長久經營，即使是萬曆年間沈有容為驅逐倭寇而在臺駐軍，停留時間也不滿一個月。因此，雙方互動往來稀疏，對彼此的認識也未必深刻。倒是1624年8月荷蘭人自臺窩灣登陸據臺之後，平埔族群的社會與文化開始產生了轉變。〔註7〕

〔註4〕〔清〕阮旻錫：《海上見聞錄》，頁39。

〔註5〕〔明〕諸葛晃：〈臺灣答友人書〉，收入清陳國仕輯錄：《豐州集稿》上冊（南安：南安縣志編纂委員會，1992年10月），頁221。

〔註6〕本文所使用之「平埔族群」一詞，指涉的是過去遍布於自屏東平原以迄蘭陽平原之平原、臺地的南島語族，依其群居地區由南往北依序約略可分為：西拉雅族（Siraya）、洪雅族（Hoanya）、巴步薩族（Babuza）、拍宰海族（Pazeh）、道卡斯族（Taokas）、凱達格蘭族（Ketangalan）、噶瑪蘭族（Kavalan）等。但其實追根究底，「平埔族」（以及相對的高山族）這個名詞既非南島語族自身的劃分，也不是人類學上的專有名詞，它的定名主要取決於地緣位置以及「漢化」程度深淺問題。而由於平埔族群漢化較深，因此在清代以來大致上被稱為「熟番」，相對的漢化程度較低的高山族群則被稱為「生番」。詳參潘英：《臺灣平埔族史》（臺北：南天書局，1996年6月），頁15～46。

〔註7〕潘英：《臺灣平埔族史》，頁77。

　　自印尼雅加達北上來臺的荷蘭東印度公司（Vereenigde Oostindische Compagnie，簡稱 VOC），以及隨後短暫佔據臺灣北隅的西班牙，都是十五世紀以降歐洲重商主義盛行加上航海技術成熟等因素，得以躋身全球性貿易、探險與殖民活動此一歷史浪潮的海上勢力。1624 年荷蘭人在臺設立商館，主要重心多在於如何完成建立公司與中國沿海的貿易，起初僅有宣教師干治士（George Candidius）較積極與新港社人接觸並試圖影響其社會文化。但到了 1634 年起，由於荷蘭與中國的貿易關係趨於穩定，東印度公司始藉由結盟與武力征討等方式以擴張其影響力，而當東印度公司重新審視了臺灣本土鹿產交易的可能利潤之後，更是加深了與臺灣南島語族的互動。〔註 8〕

　　1636 年，荷蘭東印度公司成功促使嘉南平原，以及今日的高屏地區村社前來歸順。公司各別授予了每一位村社代表布袍、親王旗以及代表公司權威的藤杖，然而相對的，東印度公司採取土地國有制，部分村社如目加溜灣、阿猴、放索等社土地主權皆轉移給了公司。〔註 9〕荷人此舉，雖然直接導致了平埔族群土地所有權的喪失，然而由於荷人並未任意宰割這些土地，因此平埔族人此際仍未意識到剝奪之痛。〔註 10〕潘英認為，在荷蘭人對平埔族群溫和統治的催化下，這三十八年的統治大致稱得上是和平相處，某些時候平埔族群甚至願意成為其統治臺灣的工具，唯獨在宗教問題方面，雙方仍有需要磨合的空間。荷人以教育與傳教合一的方式在臺推行基督教，有其統治、同化上的意義與需求，然而「教化」的推行，卻也存在著城鄉差距。在所有的南島語族當中，除了鄰近臺南的新港、大目降、目加溜灣、麻豆、蕭壠等社成效較高之外，其餘地區績效皆不甚理想。到了荷人治臺末期，傳教工作轉趨壓迫，徹底強迫平埔族群放棄偶像，凡仍留有偶像者，更會在公眾面前遭到毆打，並被處以驅逐之刑。〔註 11〕

　　因此，儘管這些村社的頭人大多曾對荷人宣示效忠，然而當鄭成功與荷蘭人展開衝突之際，平埔族群對鄭氏政權的態度卻反倒相當友善。自 1649 年

〔註 8〕康培德：《殖民想像與地方流變：荷蘭東印度公司與臺灣原住民》（臺北：聯經出版公司，2016 年 9 月），頁 15～16。

〔註 9〕康培德：《殖民想像與地方流變：荷蘭東印度公司與臺灣原住民》，頁 15～16。

〔註 10〕潘英：《臺灣平埔族史》，頁 78。

〔註 11〕潘英：《臺灣平埔族史》，頁 80～85。

（永曆三年）起便在鄭成功帳下的戶部主事楊英〔註12〕，就曾經在其《從征實錄》一書中提及：

> 各近社土番頭目，俱來迎附，如新善、開感等里，藩令厚宴，並賜
> 正副土官袍帽靴帶。繇（由）是南北路土社聞風歸附者接踵而至，
> 各照例宴賜之。土社悉平，懷服。〔註13〕

鄭成功的到來，令倍受宗教壓制的平埔族群找到了解放的出口；而初來乍到的鄭氏政權，對於當地「土番」不期而至的望風歸順，自然也表示歡迎。是以，雙方的初次交會，便是在這互有期待的情境當中達成。當年遺民群體所聽聞的那些關於南島語族的恐怖想像：「林箐深密處，土夷更猙獰。射人每命中，竹箭鐵鏢並。」〔註14〕在他們主動來歸的舉動裡似乎瞬間煙消雲散，而平埔族群的倒戈，更是加速了荷人的潰敗，情勢看似一片大好。然而，雙方的蜜月期卻也沒能維持太長的時間。

平埔、明鄭雙方的衝突，起自於鄭氏政權對平埔族群的苛待。早在永曆十五年（1661年）鄭成功圍困熱蘭遮城未下之際，鄭軍便曾因「凌削土番」之舉而引起平埔族人叛變。江日昇《臺灣外記》載：

> 張志、黃明縱管事楊高凌削土番，大肚番阿德狗讓殺高反。成功令
> 楊祖征之。祖與讓戰，中標鎗死。其鋒甚熾，欲出援荷蘭。功復令
> 黃安、陳瑞二鎮往征。安設伏誘戰，遂斬阿德狗讓。撫綏餘黨，班
> 師。〔註15〕

〔註12〕楊英，籍貫未詳，但知其於永曆三年九月獻策始見鄭成功，隨委職戶科。其
自 1649 迄 1662 年，凡大小征戰幾乎無役不從，實為成功帳下經理糧餉之要
人。鄭經嗣位後，楊英真除戶官，又兼理禮官，亦曾擔任外交使節。1680 年
左右疫癘流行，老宿多罹疾，楊英與陳永華、柯平等老臣相繼因病淪亡。楊
英所著《從征實錄》，記永曆三年九月陳策從王，至永曆十六年五月成功賓天，
凡所隨從戰征事實，挨年逐月，採備造報。由於內容皆得於從征目睹，因此
可信度極高，又因楊英經理糧餉，故其財政之記載尤為詳盡。朱遷亦曾指出
此書為了記載完備，楊英甚至不顧事端之是非，將鄭氏搜刮民間之米糧與其
取償損失之劫奪此類鄭氏以為諱者，皆於紀錄中盡量披露，可見此一史料之
存真。詳參黃典權《鄭延平開府臺灣人物志》，頁 91～92、〔明〕楊英：《從征
實錄》（臺北：臺灣銀行經濟研究室，1958 年 11 月）。
〔註13〕〔明〕楊英：《從征實錄》，頁 187。
〔註14〕詳參明盧若騰：〈東都行〉，收錄於施懿琳等編《全臺詩》第一冊，頁 33～34。
〔註15〕〔清〕江日昇：《臺灣外記》（南投：臺灣省文獻委員會，1995 年 8 月），頁
204。

大肚番首領阿德狗讓不堪鄭軍壓迫，試圖倒戈支援荷蘭，卻遭鄭軍用計斬殺。到了永曆二十四年（1670 年），沙轆番爆發叛亂。當時左武衛劉國軒駐半線，遂率兵討之，不僅燬壞其社，也將「番眾」殺戮幾盡，原有數百人的村社最終只餘六人潛匿海口。此事讓鄰近的大肚番驚恐不已，遂將全族遷至埔里社。〔註16〕及至鄭氏治臺末年，都還有出現平埔族群叛亂遭到鎮壓的衝突事件，永曆三十六年（1682 年）在北臺灣也爆發了一場原民反抗事件：

> 雞籠山因有重兵鎮守，故起沿途土番搬送糧食。土番素不能挑，悉是背負頭頂。軍需繁雜，不論男女老幼，咸出供役，以致失時。況土番計口耕種，家無餘蓄，而枵腹趨公，情已不堪；又遭督運鞭撻，遂相率殺各社通事，搶奪糧餉。竹塹、新港等社皆應之。〔註17〕

這一次的叛變，是鄭氏治臺期間最大規模的反抗事件。〔註18〕儘管明鄭官員如吏官洪磊亦有同情之鳴：「土番之變，情出無奈。苟專用威，則深山藏匿，難搗其巢穴。當柔以惠，則懷德遠來，善撫而駕馭之……。」但飽受欺壓已久的原民族群，最終仍不願相信鄭氏的招撫懷柔之言，因而遭到鄭氏以優勢武力圍困斷糧的方式逼迫投降。〔註19〕

　　綜觀明鄭時期的原住民統治，是藏在海外孤忠與民族大義背後的一段族群壓迫史，外來的統治者挾帶著強大的軍事武力，強硬地與在地建立起了一段不平等的*互動關係*。郁永河謂：「鄭氏繼至，立法猶嚴，誅夷不遺赤子，併田疇廬舍廢之……故今大肚、牛罵、大甲、竹塹諸社，林莽荒穢，不見一人，諸番視此為戒。」〔註20〕是這樣殘酷高壓的手段，穩定了鄭氏數十年來的政局，然而值得我們留意的是，這些血腥鎮壓的事件，在明鄭臺灣遺民群體中竟無人提起。身為最高決策者的嗣王鄭經固然絕口不提；而與鄭經意見不合、且曾經在番社教授番童以為生，照理來說應該與南島語族族群關係更加緊密的沈光文竟也未曾表示意見，這或許也說明了這些反叛，在身為支配階級的遺民群體眼前，可能都僅是些不值一提的偶發事件。

〔註16〕潘英：《臺灣平埔族史》，頁 97。
〔註17〕〔清〕江日昇：《臺灣外記》，頁 398。
〔註18〕潘英：《臺灣平埔族史》，頁 98。
〔註19〕〔清〕江日昇：《臺灣外記》，頁 398。
〔註20〕〔清〕郁永河：《裨海紀遊》，頁 36。

第二節　離散的殖民者

正如李有成所言：「對許多歷史上的離散種族而言，離散是不得以的選擇
——有時候是被迫接受的命運，甚至談不上選擇。」〔註21〕明鄭的跨國東渡，
也是歷史形勢的不得不然。然而比起早期猶太人的流離遷徙，以及過去非洲
黑人落入歐洲、美洲淪為奴隸的悲慘命運，鄭氏政權則在臺灣搶佔主流，從
流亡者一躍而成了統治者。從荷蘭到明鄭，臺島上的外來統治者可謂紛至沓
來。不過荷、鄭雖然皆是從海上而來的外來統治者，在墾殖的方針卻大有不
同。荷蘭統治重點在於強調取得貿易利益，因此大量種植貿易作物，而明鄭
大軍屯紮在此，則必須把重點放在解決養活這一大群來臺軍事人口的壓力上。
明鄭的糧食問題，可以從楊英《從征實錄》中載錄永曆十五年（1661 年）七
到八月間的缺糧事件看出一些跡象：

> 七月，藩駕駐承天府。戶官運糧船不至，官兵乏糧，每鄉斗價至四、
> 五錢不等。令民間輸納雜子蕃薯，發給兵糧。……
>
> 八月，藩駕駐承天府。戶官運糧船猶不至，官兵至食木子充飢，日
> 憂脫巾之變。藩心含之，大書於座前云：「戶失先定罪」。遣楊府尹
> 同戶都楊英往鹿耳門守候糧船，並官私船有東來者盡行買糴給
> 兵。……
>
> 二十二日，遣戶都事楊英押米船往二林、南社，接給兵糧，並同李
> 胤查訪兵心何如，回報。時糧米不接，官兵日只二餐，多有病沒，
> 兵心嗷嗷。
>
> 二十八日，藩令戶都事楊英持金十錠，同楊戎政馳往四社買糴禾粟，
> 接給兵糧，計可給十日兵食，回報。〔註22〕

儘管軍糧接濟不及未必是戶官的疏失〔註23〕，但是軍隊的斷糧導致軍心浮動，
仍讓鄭成功感到無比焦慮。而為了解決糧食問題，明鄭政權不僅改變了荷蘭

〔註21〕 李有成：《離散》（臺北：允晨文化出社，2013 年 8 月），頁 28。

〔註22〕 〔明〕楊英：《從征實錄》，頁 191～192。

〔註23〕 關於軍糧何以遲遲不至的問題，當時人在浯洲嶼的盧若騰正巧記錄了另一頭
所遭遇的困境。他在〈石尤風〉一詩中寫道：「石尤風，吹捲海雲如轉蓬。連
艘載米一萬石，巨浪打頭不得東。東征將士饑欲死，西望糧船來不馳。再遭
石尤阻幾程，索我枯魚之肆矣。噫吁嚱，人生慘毒莫如饑。沿海生靈慘毒遍，
今日也教將士知。」石尤風指當頭逆風或者颶風，因為風向不對，故戶官無
法如期將軍糧運往臺灣。詳參施懿琳等編《全臺詩》第一冊，頁 31。

時期原有的重商經營策略，不再強烈要求商品作物的栽培，轉而強調農業在滿足日常生活需求上的重要性〔註 24〕，另一方面，也必須積極在臺展開其拓墾事業。〔註 25〕楊英《從征實錄》載鄭成功取得臺灣之後改赤崁地方為東都明京，設一府二縣，又下達令諭：

> 東都明京，開國立家，可為萬世不拔基業。本藩已手闢草昧，與爾
> 文武各官及各鎮大小將領官兵家眷□來胥宇，總必創建田宅等項，
> 以遺子孫。計但一勞永逸，當以己力京（經）營，不准混侵土民及
> 百姓現耕物業。〔註 26〕

該令諭強調開荒墾地，鼓勵文武官員圈地經營，當然還是在提高糧食生產量。

〔註 24〕 曾品滄：〈物競與人擇──荷治與明鄭時期臺灣農業的發展與環境改造〉，《國史館學術集刊》第十四期，2007 年 12 月，頁 9～11。

〔註 25〕 《臺灣外記》載鄭成功云：「大凡治家治國，以食為先。苟家無食，雖親如父子夫婦，亦難以和其家；苟國無食，雖有忠君愛國之士，亦難以治其國。今上託皇天垂庇，下賴諸君之力，得有此土。然計食之者眾、作之者寡，倘餉一告匱，而師不宿飽，其欲興邦固國，恐亦難矣。故昨日躬身踏勘，揆審情形，細觀土地，甚是膏腴。當傚寓兵於農之法，庶可餉無匱，兵多糧足。然後靜觀釁隙而進取。」，詳參〔清〕江日昇：《臺灣外記》，頁 206。

〔註 26〕 該令諭一共開列八項條款，分別是：
一、承天府安平鎮，本藩暫建都於此，文武各官及總鎮大小將領家眷暫住於此。隨人多少圈地，永為世業，以佃以漁及京（經）商取一時之利；但不許混圈土民及百姓現耕田地。
二、各處地方，或田或地，文武各官隨意選擇創置莊屋，盡其力量，永為世業；但不許紛爭及混圈土民及百姓現耕田地。
三、本藩閱覽形勝，建都之處，文武各官及總鎮大小將領，設立衙門，亦准圈地創置莊屋，永為世業；但不許混圈土民及百姓現耕田地。
四、文武各官圈地之處，所有山林及陂地，具圖來獻，本藩薄定賦稅，便屬其人掌管；需自照管愛惜，不可斧斤不時，竭澤而漁，庶後來永享無疆之利。
五、各鎮及大小將領官兵派撥汛地，准就彼處擇地起蓋房屋，開闢田地，盡其力量，永為世業，以佃以漁及京（經）商；但不許混圈土民及百姓現耕田地。
六、各鎮及大小將領派撥汛地，其處有山林陂池，具啟報聞，本藩即行給賞；需自照管愛惜，不可斧斤不時，竭澤而漁，使後來永享無疆之利。
七、沿海各澳，除現在有網位、罟位、本藩委官徵稅外，其餘分與文武各官及總鎮大小將領前去照管，不許混取，候定賦稅。
八、文武各官開墾田地，必先赴本藩報明畝數而後開墾。至於百姓必開畝數報明承天府，方准開墾。如有先墾而後報，及少報而墾多者，察出定將田地沒官，仍行從重究處。
本引文□處為原典缺字，括號內文字為原引書籍所附。詳參〔明〕楊英：《從征實錄》，頁 189～190。

至於對土地的墾殖，該令諭則提出三項分配原則：一是將原有荷蘭的「王田」改為「官田」，原來的佃農皆成為官佃；二是鄭氏宗黨及文武官員與士庶之有力者，招佃開墾，自收其租而納課於官，此為文武官田；三是鎮營之兵，就所駐之地，自耕自給，名曰營盤。在上述原則之下，自耕自給的佃農與屯田的兵丁成了這塊土地上的實際勞動者，而明鄭集團本身、鄭氏宗族及文武官員則坐收資金，並未實際參與經營工作。〔註27〕

值得留意的是，雖然該令諭一再強調「不准混侵土民及百姓現耕物業」，但潘英則認為荷人實施土地國有制在先，而鄭氏取得統治權時亦順理成章接管國有耕地，因此鄭氏一再曉諭不可混圈的現耕田地，實際上仍為官有土地，現耕之人仍為官佃，是以鄭氏嚴禁混圈現耕田地，並非為了保障現耕人的既有權益，而是為了方便繼承荷人的利益，未必稱得上是「德政」。〔註28〕另一方面，阮旻錫《海上見聞錄》則指出：

> 十二月，守臺灣城夷長揆一等乞以城歸國姓……賜姓遂有臺灣，改名東寧。時以各社土田，分給與水陸諸提鎮，而令各搬其家眷至東寧居住；令兵丁俱各屯墾。〔註29〕

認為當時軍隊屯墾的耕地，不少就是從平埔族群原有的土田中分撥給軍隊使用的，因此實際上明鄭還是大量侵佔了平埔族的土地。至於張溪南則認為鄭軍初到臺灣，儘管嚴令不得混圈土民及百姓現耕田地，但是對所謂「現耕」土地的界定，卻未必有實際丈量及規範，諸將領對於所分得的土地之使用，在戰亂之際，鄭成功的此道令諭能否貫徹亦是一個問題。〔註30〕總之，無論是把平埔族人現有之耕地收編為官方所有的「官田」，還是將其固有的土田分撥給軍隊作為「營盤田」等等，都不免為平埔族群帶來壓迫，並限縮了他們原有傳統的生存空間。

除了土地的佔有之外，鄭氏政權施加於平埔族群的稅賦也相當嚴苛。康熙三十六年（1697年）來臺的郁永河在《裨海紀遊》中便曾經提到：「曩鄭氏於諸番徭賦頗重，我朝因之。」〔註31〕的問題，但其實早在康熙三十三年（1694

〔註27〕曾品滄：〈物競與人擇——荷治與明鄭時期臺灣農業的發展與環境改造〉，頁21。

〔註28〕潘英：《臺灣平埔族史》，頁95。

〔註29〕〔清〕阮旻錫：《海上見聞錄》，頁39。

〔註30〕張溪南：《明鄭王朝在臺南》，頁221。

〔註31〕〔清〕郁永河：《裨海紀遊》，頁36。

年）分巡臺廈兵備道高拱乾纂修刊行之《臺灣府志》，便已經向朝廷點出原民的徭役過重，並建議減輕平埔族群的稅賦：

> 如諸羅三十四社土番捕鹿為生、鳳山八社土番種地餬口，偽鄭令捕鹿各社以有力者經營，名曰贌社；社商將日用所需之物赴社易鹿作脯，代輸社餉。國朝討平臺灣，部堂更定餉額；比之偽時雖已稍減，而現在番黎按丁輸納，尚有一、二兩至一、二十兩者。⋯⋯至種地諸番，偽鄭不分男婦，概徵丁米：識番字者，呼為教冊番，每丁歲徵一石；壯番，一石七斗；少壯番，一石三斗；番婦，亦每口一石。
> 納土以來，仍循舊例。〔註32〕

如果說這麼吃重的稅賦尚且「比之偽時雖已稍減」，那麼在鄭氏政權時期，平埔族人所需負擔的稅賦之高昂也就可想而知。而文中提及的贌社制度始於荷治，終於乾隆二年，制度始末相沿百年之久〔註33〕，其運作模式大抵是贌社社商先應承與政府約定之贌社餉額後，開始對原住民進行劃定區域的商業交易。贌社商人必須考量風險、應承之稅額，並透過與原住民交易以取得利益並繳付稅額。然而贌商為追求商業利益，經常是賤買其物產，而又將己物高價抵償，這與過往荷治時代社商受到公司約束的情形大不相同。過去荷治時代不僅明訂交易價格，並有執行抑制商人的措施，盡可能保護原住民不受社商剝削；但到了明鄭時期，社商的約束不再，原住民族群也在長期的不平等交易中日漸窮困。除此之外，對於以務農為生的鳳山八社，明鄭政權也開徵了以米代錢的丁口稅，這是荷治時代所沒有的，因此原本不用負擔任何稅賦的鳳山八社原住民，到了明鄭時期反而必須繳納高過荷蘭村社貿易稅五倍之多的丁米。〔註34〕綜上所述，明鄭政權對臺的統治模式，於平埔族群而言可謂近乎是「墾殖殖民主義」（settler colonialism）的一種展現。

　　然而這種迥異於其他離散族群處境的特殊案例，也經常會讓人忽略了臺灣遺民群體的離散本質。所謂的「墾殖殖民主義」，指的是歐洲人群體藉由航

〔註32〕〔清〕高拱乾：《臺灣府志》（南投：國史館臺灣文獻館，2002 年 11 月），頁161。

〔註33〕邵玉明：《臺灣「贌社」制度下原住民的社會研究》（臺中：逢甲大學中國文學所碩士學位論文，2010 年），頁 3。

〔註34〕根據邵玉明的推估，鳳山八社壯番繳納之丁米價值約 2.21 兩，番婦所繳納之丁米價值約 1.69 兩，但當時對漢人所課徵之丁稅均值卻僅約在八錢六分，原漢之間有二至三倍的落差。詳參邵玉明：《臺灣「贌社」制度下原住民的社會研究》，頁 62～68。

海之便，永久定居於世界的「遙遠角落」（far-flung corners）如北美或澳洲等地。在絕大多數墾殖殖民主義的例子裡，墾殖殖民者大規模地屠殺或壓迫「本土」人士，也就是消滅他們，因而使殖民者們經歷「在地化」後變成正當的「當地人」，他們擁有土地，儘管取得土地的手段通常相當可議。〔註35〕正因為墾殖殖民者屬於相對具有特權之人，因此歷來離散論述的倡議者，對於是否將他們的遷徙移動納入離散的指涉範圍，始終存在著討論空間。不過，就如同李有成所提醒的：「離散經驗各有差異，總體化或同質化不同地區或現實的離散經驗是很危險的事。」〔註36〕對於千差萬別的離散經驗，我們應該考慮的或許是回到此一詞彙的「定義」本身而非「結果」。例如柯恩（Robin Cohen）即認為，離散應該不單是「歸返迷思」，除了貿易、勞動和帝國離散族群之外，它也應該包含人們對創傷事件的記憶及家園的創造。〔註37〕如果我們從柯恩所提出的角度來理解「離散」的話，臺灣的遺民群體確實也是離散的一種類型。只是明鄭政權及隨之而來的遺民等外來者，既在身分階級上高出本地人一等，而本地人亦缺乏足以制衡的反抗力道，因此這兩個文化體系的碰撞，終究免不了形成排擠效應。

例如 1661 年（永曆十五年），鄭成功縱揆一等人歸國後三日，旋即遍巡統治所及範圍。《臺灣外記》載鄭成功：

> 自領何斌、馬信、楊群、蕭拱宸等，帶銃手三百、牌手三百、弓箭手三百、大刀手三百，備具口糧十日，從新港、目加溜灣巡視。見其土地平坦膏沃，土番各社俱羅列恭迎（土番俗無跪，蹲下合掌，即跪之禮也）。成功錫以煙布，慰以好言，各跳躍歡舞。……由蕭壟、麻豆、大目降、大武壠、他里霧、半線各處踏勘而回。〔註38〕

值得注意的是，雖然鄭成功沿路踏查不少南島語族聚落，也和不少族人有過互動，然而鄭成功回府隔日「大會諸提鎮、參軍議事」〔註39〕，卻僅和諸將商討今後屯墾之策、寓兵於農之法，並未討論到南島語族的應對與治理問題。

〔註35〕Virinder S. Kalra, Raminder Kaur, John Hutnyk 著，陳以新譯：《離散與混雜》，頁 202。

〔註36〕李有成：《離散》，頁 35～36。

〔註37〕Virinder S. Kalra, Raminder Kaur, John Hutnyk 著，陳以新譯：《離散與混雜》，頁 202。

〔註38〕清江日昇：《臺灣外記》，頁 205。

〔註39〕〔清〕江日昇：《臺灣外記》，頁 205。

由此可見，鄭氏此行的主要目的僅在於調查可耕、可墾之土地範圍，並不關心在地的風土及民情。〔註40〕同樣的情況，也可以從前述之「阿德狗讓事件」中看到一些端倪。楊英《從征實錄》便記載：

> 援勦後鎮、後衝鎮官兵激變大肚土番叛，衝殺左先鋒鎮營，楊祖與戰，被傷敗回，至省病，死之。圍援勦後鎮張志營，右虎衛、英兵鎮、智武鎮□□，差兵都事李胤監制各□，不准攪擾土社，吊（調）後衝鎮等移札南社。〔註41〕

在阿德狗讓事件結束後，官方的處置僅是約束軍隊「不准攪擾土社」，並將闖出大禍的軍團調離該處，可見明鄭初期對南島語族的敷衍態度。一直到鄭經嗣王，由盧若騰主筆的〈代延平嗣子告諭將士〉一文中，雖有提到未來將有「招徠土番」之舉，但也只不過是為了讓他們「咸受戎索」〔註42〕而已，並不是要深化彼此的文化交流。到了 1665 年（永曆十九年），諮議參軍陳永華請申屯田之制以拓番地，導致平埔族人「番不能抗，漸竄入山」，明鄭政權更是順勢「築土牛以界之」〔註43〕，以實際的分隔標的取代地方感知的心靈界線，將番人阻擋在活動範圍之外。

第三節　夷夏之別

另一方面，雖然臺灣本地的南島語族，與跨海來臺的離散群體同樣生活在臺灣島上，但若從如今留存的詩作及文獻紀錄來看，明鄭時期描寫臺灣風

〔註40〕該年唯一詳細觀察原住民的政府官員是戶都事楊英。他在 1662 年向鄭成功啟陳：「英去年四月間，隨駕蚊港，路京（經）四社，頗知土民風俗。至八月，奉旨南社，適登秋收之期，目覩禾稻遍畝，土民逐穗採拔，不識鉤鐮割穫之便。一甲之稻，云採數十日方完。訪其開墾，不知犂耙鋤□之快，只用手□□鑿，一甲之園，必一月……至近水濕田，置之無用。如此，雖有廣土眾民，竟亦人事不齊……以英愚昧，謂宜於歸順各社，每社發農□一名，鐵犂耙鋤各一副，熟牛一頭，使教□牛犂耙之法，□種五穀割穫之方，聚教群習。」，可見不論怎麼觀察，明鄭政權最終都還是在糧食生產的問題上打轉。本引文□處為原典缺字，括號內文字為原引書籍所附。〔明〕楊英：《從征實錄》，頁193～194。
〔註41〕本引文□處為原典缺字，括號內文字為原引書籍所附。〔明〕楊英：《從征實錄》，頁191。
〔註42〕收錄於〔明〕盧若騰：《島噫詩》（南投：臺灣省文獻委員會，1994 年 5 月），頁75。
〔註43〕連橫：《臺灣通史》（臺北：眾文圖書公司，2014 年 6 月），頁416。

土與在地「土番」的詩作則顯得寥寥可數，其中多數也都集中在曾與平埔族群有過較深入交流的沈光文手中。對臺島平埔族群的觀看並留下記錄，早在十七世紀初就已經發生，例如本文在第三章便曾述及，萬曆三十一年（1603年）陳第近距離觀察與紀錄十七世紀初西拉雅族人的生活習慣、族群特性以及文化程度並寫成了〈東番記〉一文，這是中國史上第一篇平埔族的近距離觀察記錄。然而陳第作為一個中原文人，〈東番記〉也不免展現了一個漢人對西拉雅族人的他者（other）再現。透過筆下西拉雅族人各種與漢人大異其趣的生活形態展演，陳第意圖呈現的並不全然是客觀觀察，其中更有著向其他中原讀者表現他們所難以企及的，某種域外場景的搜奇載異，以及作者個人對於社會道德上的寄託。〔註44〕然而到了明鄭時期，對於南島語族的觀看視野，卻沒有隨著中原文人在此落地生根而擴大陳第原有的書寫範疇。

　　究其原因，首先是明鄭時期臺灣的漢詩作品大多出自王忠孝、徐孚遠、沈光文與鄭經手中。然徐孚遠僅在臺灣短暫停留一年，王忠孝來臺四年後便病逝臺灣，居住時間都不算長，恐怕也沒有太多機會與南島語族接觸，至於鄭經雖在臺生活近二十年，但他長年處於統治中心，也不可能貼近南島語族進行觀察，唯有沈光文在臺時間既長，又長期居於民間，故有較多與其接觸的機會。正是因為如此，當我們翻閱明鄭諸遺民的詩作，會發現描寫臺灣風土的詩作極為稀少，而以南島語族為書寫主題的，更僅僅只有沈光文的〈番婦〉一首：

　　　　社裡朝朝出，同群擔負行。野花頭插滿，黑齒草塗成。賽勝纏紅錦，

　　　　新粧掛白珩。鹿脂搽抹慣，欲與麝蘭爭。〔註45〕

沈光文因得罪鄭經而避罪逃禪，他的放逐卻意外開啟了臺島異文化間的文化交流。清康熙年間，蔣毓英編《臺灣府志》謂沈氏「於目加溜灣番社傍教授生徒」〔註46〕，這是最早勾勒他避禍居處的文獻紀錄。目加溜灣即今臺南善化，

〔註44〕例如鄧津華（Emma Jinhua Teng）即指出：正如大部分的旅遊文學，陳第的〈東番記〉成為讓作者用以反省自身社會的工具。如此說來，旅者對於臺灣原住民的再現，與其說是他對於原住民社會的實際觀感，其實可能更關乎他對於中國社會的不滿。陳第將原始人浪漫化的作法，表達他擔憂物質的進步可能會弔詭地帶來道德的衰頹。詳參鄧津華著，楊雅婷譯：《臺灣的想像地理：中國殖民旅遊書寫與圖像（1683～1895）》（臺北：國立臺灣大學出版中心，2018年1月），頁81。

〔註45〕施懿琳等編《全臺詩》第一冊，頁49。

〔註46〕〔清〕蔣毓英〈沈光文列傳〉，收錄於龔顯宗編：《沈光文全集及其研究資料彙編》，頁35。

在當時是番漢雜居的居住社群〔註47〕，因而斯庵得以長時段、近距離地觀看、介入以及比對這些與漢人大異其趣的文化與生活。他往來山中教學行醫，發現原住民種類不同，來源也各有差異：

> 土番種類各異，有土產者，有自海舶飄來及宋時零丁洋之敗遁亡至
> 此者；聚眾以居，男女分配，故番語處處不同。〔註48〕

這應該是最早試圖為原住民進行分類的漢人文獻。在這首詩中，沈光文以人物速寫的方式，勾勒出臺灣平埔族婦女的日常生活樣態。平埔族群為母系社會，婦女必須出外工作，並無類似漢人閨閣禮教等的限制，如高拱乾《臺灣府志》亦載有「土番風俗」云：「凡耕作，皆婦人；夫反在家待哺。」〔註49〕等與其人迥異的文化現象。而首句的「朝朝」，不僅表明了這是平埔族婦女的生活常態，其實也暗示著這是作者長時間觀察的結果。然而，在沈光文的長期觀察下，他看見的卻僅僅是她們頭上插滿了野花、牙齒則以草汁染黑、身上配戴著纏著紅布裝飾的髮飾〔註50〕以及白色的玉石配件，而她們日常慣於塗抹的鹿油，則發散著芬芳的味道。綜觀全詩，不難發現沈氏幾乎都只著墨在描繪「番婦」與漢人相異的生活習慣及穿著打扮上。

確實，從文獻上來看，平埔族人是很樂於裝扮自己的族群。例如清代高拱乾所編著的《臺灣府志》，就曾詳細記錄平埔族人的日常裝扮：

> 男女皆跣足裸體，上衣短衫，以幅布圍其下體；番婦則用青布裹脛，
> 頭上多帶花草。男女約十四、五歲時，編藤圍腰，束之使小……髮
> 稍長，即斷去其半，以草縛之。齒用生芻塗黑。各穿耳孔，其大可
> 容象子，以木環貫其中。身上多刺記，或臂、或背；好事者，竟至
> 遍體皆文。其所刺，則紅毛字也。手帶鐲，或銅、或鐵所鑄，多者

〔註47〕翁佳音亦在文中指出全祖望載光文「結茅羅漢門山中以居……山旁有目加溜灣者，番社也。」之謬。羅漢門在高雄內門、旗山一帶，與善化相隔甚遠，翁氏認為這是乾嘉年間清人對臺灣的刻板印象，以為番人必然與羅漢門山一帶關係匪淺。詳參翁佳音：〈史實與詩：明末清初流寓文人沈光文的虛與實〉，頁21、31。

〔註48〕龔顯宗認為斯庵往來各地山間，深入採訪、諮詢調查，所言相當可靠，唯第三類恐怕不確。龔顯宗編、明沈光文著：《沈光文集》（臺南：臺文館，2012年12月），頁269～270。

〔註49〕〔清〕高拱乾：《臺灣府志》，頁188。

〔註50〕賽勝，龔顯宗注為「祭拜時所戴髮飾。」詳參龔顯宗編：《沈光文集》，頁110。

至數十雙；且有以鳥翅垂於肩、以貝懸於項而相誇為美觀者。〔註51〕

這些描述，都可以讓我們看見當年平埔族人妝點自我的熱衷，以及和中原漢人的大不相同，這也是何以當年臺灣被稱為「雕題黑齒之種，斷髮文身之鄉」〔註52〕的緣由。詩中平埔族女子雖是出門工作，卻也打扮得光鮮亮麗，而身上擦著鹿油的體味，甚至可以和麝香、蘭花爭香，在沈光文的筆下，這些女子確實顯得清新可愛、無憂無慮。然而，我們卻也同樣發現，沈光文的描述較之當年陳第所描繪的原住民圖像：「飽食嬉遊，于于衎衎，又惡用達人為？其無懷、葛天之民乎？」〔註53〕天真可愛的形象並沒有差距太遠。陳第作為將領僚屬，在臺停留又十分短暫，自然不可能全面調查平埔族群的文化與社會生活；但是沈光文與平埔族人交流如此密切，不僅只有這一首詩是以其作為主題，詩中也未對族人生活做出更加深刻的描寫。在沈氏的旅臺時光裡，臺灣南島語族的生活並不總是樂天知命，舉例而言，在前面兩節中，我們就已經提到平埔族群在明鄭政權的統治下，不僅必須負擔高額稅金，也要面對不肖社商的剝削，日子過得並不輕鬆。可是，這些困境在沈光文的筆下卻未曾被提及過。

其實，沈光文並非沒有書寫社會底層之作，例如同樣是書寫臺灣風物的〈椰子〉一詩，就曾提到漢人貧窮百姓的生活景況：

殼內凝肪徑寸浮，番人有法製為油。窮民買向燈檠用，祇為芝麻歲不收。〔註54〕

椰子是臺灣土生土長的植物之一，因此平埔族群發展出了一套能將椰殼內附著的脂肪層製成椰子油的技術。在目前可見有限的文獻中，我們很難推估當時該款椰油的經濟價值，不過若從沈光文此詩的語脈推測，這種椰子油的價格應該不高、品質或許也差強人意，故而窮民也只有在芝麻歉收之際才會考慮向平埔族人購買椰油點燈。然而沈光文看見了窮民因芝麻歉收而不得不選購椰油的無奈，卻看不見平埔族群生活在明鄭政權嚴法重稅的痛苦，可知沈氏雖曾「居羅漢門，亦以漢文教授番黎」〔註55〕，卻也未必貼近南島語族的日常生活。

〔註51〕〔清〕高拱乾：《臺灣府志》，頁187。
〔註52〕〔清〕高拱乾：《臺灣府志》，頁187。
〔註53〕〔明〕陳第〈東番記〉，收錄於〔明〕沈有容：《閩海贈言》（臺北：臺灣銀行經濟研究室，1959年10月），頁27。
〔註54〕施懿琳等編《全臺詩》第一冊，頁42。
〔註55〕連橫：《臺灣通史》，頁269。

第四節　差異與匱缺

　　另一方面，沈光文的書寫差異，也在利於建構自我認同。離散主體是某種意識的承載者，此意識提供了離散主體懷抱著某種差異性的警覺。而這樣的認知對離散主體來說，則是一種自我認同的基本面向。〔註56〕此外，認同的形成也與他者的確認有關，而所謂的「他者」指的也就是「局外人」、就是「我們所不是」的那些人。在認同的建構中，像這樣的二元對立就是最常見的形式，至於分判「我們」與「他者」的分類系統，則經常是透過「文化」來完成。〔註57〕藉由此一分類系統，人們得以在「什麼被納進來」與「什麼被排除出去」之間設定象徵性邊界（symbolicboundary），因而建立了文化上為人們所認可的習俗與常規。〔註58〕

　　舉例來說，李維史陀（Claude Lévi-Strauss）即指出，就像沒有任何人類社會會缺少語言一般，沒有任何人類社會會缺少該民族所專屬的烹飪方式。因此，人們根據文化來判定我們吃些什麼、不吃什麼，而這個分類系統也將食物分成可以吃的與不能吃的。透過這樣的分類過程，其他差異就被標示出來，而社會秩序也因此產生與獲得維持。〔註59〕在晚明漢人與臺灣南島語族交會之初，飲食也曾經是一個文化差異的參照點，陳第〈東番記〉便曾提及：

> （東番）習篤嗜鹿，剖其腸中新咽草將糞未糞者，名百草膏，旨食
> 之不饜；華人見，輒嘔。食豕不食雞，蓄雞任自生長，惟拔其尾飾
> 旗。射雉亦只拔其尾。見華人食雞雉輒嘔，夫孰知正味乎？又惡在
> 口有同嗜也？〔註60〕

在陳第的這條記錄中，東番與漢人互為他者，在雙方見之輒嘔的飲食習慣中，

〔註56〕Virinder S. Kalra, Raminder Kaur, John Hutnyk 著，陳以新譯：《離散與混雜》，頁 51。

〔註57〕此處所謂的文化，指的是某個社群公開的、標準化的價值觀，它被個體的經驗所中介出來。文化預先提供了若干基本類別，這些類別就像實際的模式一般，思想觀念與價值觀在其中被有條不紊地組織起來。特別重要的是，因為每一個人對文化的贊同，都是從其他人的同意而來的，因此文化有其權威性。詳參 Kathryn Woodward 編，林文琪譯：《認同與差異》，頁 51。

〔註58〕Kathryn Woodward 編，林文琪譯：《認同與差異》，頁 51。

〔註59〕Kathryn Woodward 編，林文琪譯：《認同與差異》，頁 54～55。

〔註60〕〔明〕陳第〈東番記〉，收錄於〔明〕沈有容：《閩海贈言》，頁 26，括號內文字為筆者所加。

標示了彼此文化認同的界線，而語末「孰知正味」的叩問，更是把雙方放在正與不正此二元對立的兩端來進行較量。

差異的書寫也是持續在進行的。從陳第到沈光文、從晚明到明鄭，對他者的指認彷彿成為書寫原民的基調，甚至一路延伸至清治時期，例如郁永河〈土番竹枝詞〉二十四首作品〔註61〕當中，無一不在揭露來臺沿途所見之奇。從飲食：「誰道番姬巧解釀？自將生米嚼成漿；竹筒為甕牀頭掛，客至開筒勸客嘗。」到身體：「文身舊俗是雕青，背上盤旋鳥翼形；一變又為文豹鞟，蛇神牛鬼共猙獰。」〔註62〕、「胸背斕斑直到腰，爭誇錯錦勝鮫綃；冰肌玉腕都文遍，只有雙蛾不解描。」〔註63〕、「番兒大耳是奇觀，少小都將兩耳鑽；截竹塞輪輪漸大，如錢如椀復如盤。」〔註64〕；從衣著：「鑢貝雕螺各盡功，陸離斑駁碧兼紅；番兒項下重重遶，客至疑過繡領宮。」、「銅箍鐵鐲儼刑人，鬥怪爭奇事事新；多少丹青摹變相，畫圖那得似生成？」到婚配：「男兒待字早離娘，有子成童任遠颺；不重生男重生女，家園原不與兒郎。」〔註65〕、「女兒纏道破瓜時，阿母忙為構室居；吹得鼻簫能合調，任教自擇可人兒。」〔註66〕等等，都一再地透過書寫土番之「奇」，標示了自我與他者之間的差異。

值得注意的是，緊隨著自我認同與他者差異的分類而來的，往往是價值性的分判。郁永河在其臺灣之行的尾聲，不由得感嘆：

> 余向慕海外遊，謂若水可掬、三山可即，今既目極蒼茫，足窮幽險，
> 而所謂神仙者，不過裸體文身之類而已！縱有閬苑蓬瀛，不若吾鄉
> 潋灩空濛處簫鼓畫船、雨奇晴好，足繫吾思也。〔註67〕

海外仙山的想像幻滅，到頭來最令作者思念的仍是故鄉的風景。然而在此段敘述中，郁永河不僅展開了他的價值判斷，將臺灣與故鄉做出了高下對比，又不無失望地表示所謂神仙，也不過是裸體文身的土番之輩爾爾。但其實說穿了，「閬苑蓬瀛」本來就是中國強加給臺灣的偏見，臺灣並未以此自塑；而

〔註61〕以下引文皆引自〔清〕郁永河：《裨海紀遊》，頁42～45。
〔註62〕詩後有注：半線以北，胸背皆作豹文，如半臂之在體。
〔註63〕詩後有注：番婦臂股，文繡都遍，獨頭面蓬垢，不知修飾；以無鏡可照，終身不能一覘其貌也。
〔註64〕詩後有注：番兒大耳如盤，立則垂肩，行則撞胸。同類競以耳大為豪，故不辭痛楚為之。
〔註65〕詩後有注：番俗以壻紹瓜瓞，有子不得承父業，故不知有姓氏。
〔註66〕詩後有注：番女與鄰兒私通，得以自擇所愛。
〔註67〕〔清〕郁永河：《裨海紀遊》，頁42。

透過海外「仙鄉」的取消，中原士人更得以確認自身所處之中國的優位性，從而確保了傳統「華夷之辨」此一以中國為中心的「中國中心主義」（sinocentrism）與中國優越論，穩固了將四方視為蠻夷戎狄的世界觀。

鄧津華（Emma Jinhua Teng）曾經指出，漢人旅遊作家的原住民書寫，經常以上古之民這類的歷史隱喻出發，這樣的作法，不僅是為了貶損「番人」，也是要將他們理想化。此一歷史隱喻被用作兩種互相矛盾的修辭，亦即：「匱乏性修辭」（rhetoric of privation）與「原始性修辭」（rhetoric of primitivism）。前者將原住民建構成落伍與文化低劣的；後者則又將原住民浪漫化為古代道義（已不復存於現代人當中）的保存者，亦即類似所謂「高尚的野蠻人」（Noble Savage）。〔註 68〕但原始的「番人」不可能開展出現代社會，因此漢人作家筆下的「匱乏性修辭」、眼中的原始景觀並非單指他們眼中所見之南島語族，而是全面性的，是包含番人及其活動、生活空間的所有指涉。

另一方面，沈光文家學淵源，可上溯南宋象山門下淳熙四子之一的沈煥〔註 69〕，他自己也曾受教於張廷賓、劉宗周、黃道周、倪元璐等名儒門下〔註 70〕，長年積累的學養提供了他一套儒式教化的行為準則，卻也為他準備了一個特定的觀看視野。在二十餘年的旅臺時光裡，臺島的橫儓不文始終是沈氏最難堪的寂寞，他在晚年與清人共組東吟詩社，亦不由得感嘆自己過去所耽誤的那些時光：

> 雖流覽怡情，咏歌寄意，而同志乏儔，才人罕遇，徒寂處于荒埜窮鄉之中，混跡于雕題黑齒之社。〔註 71〕

〔註 68〕詳參鄧津華著，楊雅婷譯：《臺灣的想像地理：中國殖民旅遊書寫與圖像（1683～1895）》，頁 81。

〔註 69〕盛成曾對斯庵家學進行考據，他指出沈氏家學，上溯自周敦頤程灝之深純，與頻子（疑為顏子之誤）為近，程頤焦瑗之篤實，與曾子子思為近，傳於沈銖、沈鏜、沈銘，濂洛三子之學，傳於浙東；躬行實踐，不輕著書，雖見妻子，必敬不息，接物必中禮，望之儼然，即之溫然；此沈氏家學之根基。而其幹，則為呂氏兄弟，祖謙與祖儉之史學系統，通經史以致用，不規規於性命之說，東萊史學之影響於沈煥、沈炳，遂開浙東學派之先河，此沈氏家學之本幹也。詳參盛成〈沈光文之家學與師傳〉，收錄於龔顯宗編：《沈光文全集及其研究資料彙編》，頁 277。

〔註 70〕龔顯宗〈臺灣文化的播種者沈光文〉，收錄於龔顯宗編：《沈光文全集及其研究資料彙編》，頁 570。

〔註 71〕〔明〕沈光文〈東吟社序〉，收錄於龔顯宗編：《沈光文全集及其研究資料彙編》，頁 25。

思鄉的愁緒、乏儔的落寞混雜交錯於詩人的地方感知，將對臺島「匱缺性」的不滿與故國山河宏大善美的差異並置，遂成為沈光文詠臺灣風物詩的一大特色。例如〈番橘〉寫：

> 枝頭儼若掛繁星，此地何堪比洞庭。除是土番尋得到，滿筐攜出小金鈴。〔註72〕

洞庭湖自古盛產柑橘，《吳郡志》載：「真柑，出洞庭東西山。柑雖橘類，而其品特高，芳香超勝，為天下第一。浙東、江西及蜀果州皆有柑，香氣標格，悉出洞庭下，土人亦甚珍貴之。」〔註73〕可見洞庭柑橘確屬佳品。至於臺產柑橘，依朱景英《海東札記》：「番柑、番橘，皮苦肉酸，皆不足啗。」〔註74〕，亦可知臺產柑橘並不符合當時漢人胃口。不過，沈光文此詩並不討論口感，而在於寄景抒情。他將兩地的橘林景致分別高下，未必真是作者實地踏查之後的審美評價〔註75〕，但洞庭橘景作為一種中原景觀的象徵，牽引的是沈氏對臺灣這個異域的匱缺性眼光。只有土番方能尋到番橘，說明了這類橘子若非藏在榛莽未闢的雜林中必須費心尋找，就是生長在崇山峻嶺中不易摘取，這與集中遍生的洞庭橘景〔註76〕自然不能比較。然而沈光文長年漂流海外，若非透過時時提醒自己異域的缺陷與故國家園的美好，恐怕難以在差異中投射自我，重新標定自己的離散位置。

至於同被朱景英認為不足啗的「番柑」，沈光文亦有詩詠之：

> 種出蠻方味作酸，熟來黃玉影欒欒。假如移向中原去，壓雪庭前亦可看。〔註77〕

〔註72〕施懿琳等編《全臺詩》第一冊，頁42。

〔註73〕〔宋〕范成大：《吳郡志》第四冊（臺北：藝文印書館，1970年），頁3～4。

〔註74〕〔清〕朱景英：《海東札記》（臺北：臺灣銀行經濟研究室，1958年5月），頁36。

〔註75〕杜正勝〈沈光文的歷史鑑鏡〉，收錄於龔顯宗編：《沈光文全集及其研究資料彙編》，頁592。

〔註76〕例如沈從文《長河》便曾提到：「記稱『洞庭多橘柚』，橘柚生產地方，實在洞庭湖西南，沅水流域上游各支流，尤以辰河中部最多最好。樹不甚高，終年綠葉濃翠。仲夏開花，花白而小，香馥醉人。九月霜降後，綴繫在枝頭間果實，被嚴霜侵染，丹朱明黃，耀人眼目，遠望但見一片光明。」詳參沈從文著《長河》，收錄於：《沈從文文集（海外版）》第七卷（香港：三聯書店香港分店，1983年9月），頁9。

〔註77〕施懿琳等編《全臺詩》第一冊，頁42。

「番柑」，即今之檸檬。〔註78〕番橘和番柑雖同有「番」字，但實際上番柑為荷蘭傳入，並非臺灣本地原生種，故沈氏曰「種出蠻方」。范咸《臺灣府志》中錄有此詩，詩前云：「番柑種自荷蘭，大於番橘，肉酸皮苦，荷蘭人夏月飲水，必取此和鹽搗作酸漿。」〔註79〕即令將番柑引入臺灣的荷人也不是直接食用，可見朱景英所謂的「不足啗」，實是誤解了番柑的食用方法。在寫作策略中，與〈番橘〉相同的是，沈光文始終在借用異鄉產物以興發他魂牽夢縈的故國掛念。透過標記中原景象，他也同樣在試圖表明自己的離散身分。然而與〈番橘〉不同的是，在此處，沈光文的缺憾從「外在」轉向了「內在」，他假如了一個不可能成真的「假如」，而「移向中原去」作為一個無法達成的前提，聯繫的正是他自己的生命情境。儘管沈氏此詩輕描淡寫，但正是在那壓雪庭前黃玉影的美景想像中，反而最映襯了他不得歸鄉的悵惘。

　　至於沈光文的〈釋迦果〉，則又透露了詩人的另一種心境：

　　稱名頗似足誇人，不是中原大谷珍。端為上林栽未得，只應海島做安身。〔註80〕

釋迦又名佛頭果，亦是荷蘭人引入臺灣，《海東札記》云：「釋迦果似波羅蜜而小，色碧，種自荷蘭，味甘而膩，微酸，熟於夏秋間。」。〔註81〕沈光文戲稱釋迦之名似是足可誇人，但實際上若與中原物產相比，卻稱不上是珍品。所謂「大谷」，語出潘岳〈閒居賦〉：「張公大谷之梨」，唐代李賢注引《廣志》曰：「洛陽北芒山有張公夏梨，甚甘，海內唯有一樹。」，正說明了此梨確屬中原極品。〔註82〕以中原極品來衡量臺灣的釋迦果，認為釋迦果不足以登大雅之堂，只宜留在海島安身。再一次，沈光文的離散者身分，又透過對異鄉風物進行價值分判的方式標定出來，所有對異地的拒絕，都是一種回望故鄉的姿態。是因為思歸之情太甚，因而臺灣的風物看在沈光文的眼裡，便都成了一種缺憾。沈光文身居鄉野，比其他遺民更能觀察到臺島物產，例如番柑、番橘、番蘭、菻荼（林投）、檨（芒果）等，都有他所留下的文獻紀錄。但如

〔註78〕曾品滄：〈物競與人擇——荷治與明鄭時期臺灣農業的發展與環境改造〉，頁22。
〔註79〕詳參龔顯宗編：《沈光文全集及其研究資料彙編》，頁114。
〔註80〕施懿琳等編《全臺詩》第一冊，頁42。
〔註81〕〔清〕朱景英：《海東札記》，頁36。
〔註82〕〔梁〕蕭統編、〔唐〕李善注：《文選》（臺北：藝文印書館，2003年3月），頁231。

果說斯庵飲食經驗的改變，是他權把他鄉作此鄉的起點，〔註83〕那麼他的異地認同能走得了多遠呢？他以文字描摹異域花果，卻不忘以中原比附，例如〈番橘〉：「有番橘出半線諸山，樹與中原橘異。」〔註84〕、〈素馨〉：「藤蔓竹木，花細白如雪，二、三月間開，香氣清幽飛遠，色不變黃，四月而歇，不似廣、閩家所植，每月常開也。」〔註85〕、〈天仙花〉：「內地稱龍船花，以其初開正在競渡之候也。又呼百日紅，臺灣則終歲皆紅。」〔註86〕沈光文始終預設了一個懂得中原的讀者，來和他分享這些海島見聞。只有在這種看似最具在地感的時刻，方能讀懂他身為離散者的混雜與疏離。然而另一方面，沈光文的缺憾也是自己。身為海外遺民，此刻早已沒有了歸返中原的可能，唯有居於海島之上，猶有機會保全舊時衣冠。或許在這一刻，作為一個離散主體，他也隱然地意識到自己的退無可退，僅僅剩下臺灣這塊土地可作安身之所了。

〔註83〕 王德威：《後遺民寫作》（臺北：麥田，2007 年 10 月），頁 30。
〔註84〕 龔顯宗編、明沈光文著：《沈光文集》，頁 274。
〔註85〕 龔顯宗編：《沈光文集》，頁 279。
〔註86〕 龔顯宗編：《沈光文集》，頁 281。

第七章　望月家千里——
根歸何處的游移

第一節　邊界之外的家園

　　家園，是每一個行為個體生命意義之起點，然而其價值卻往往在成為「故鄉」之後才真正被看見。劉若愚在《中國詩學》中曾經提及：「中國詩人似乎永遠悲嘆流浪和希望還鄉。」〔註1〕這固然與中國的幅原廣大以及安土重遷的民族性格有關，因此，「鄉愁之成為中國詩中一個常有的因而是因襲的主題，並不足奇。」〔註2〕不過，若因戰亂或飢荒而導致大規模的遷徙，那麼思鄉便可能成為整個時代的集體記憶。歷史上人民的失散流離早已有之，但晚明遺民得益於當代長足發展的航海技術，因而能走得更遠：無論是無意間漂流至此的沈光文，還是有心經營的鄭氏政權，他們都走出了過往遺民先輩們的經驗邊界。正如清人李瑤所言：「閩自無餘造國，臺海素外版圖，洎鄭氏開疆，群賢輳集，而閭公、斯菴，藉作寓公以隱，副其志之不食周粟以死，是又古來殉難之一大變局也。」〔註3〕這一場殉難之所以稱得上是「大變局」，無非是取決於離散者跨足的文化距離以及地理位置的距離。而距離之所以被視為苦難，則是來自於「存在空間」的變異。「存在空間」（existential space）是由「存

〔註1〕劉若愚著、杜國清譯：《中國詩學》（臺北：幼獅文化，1979年1月），頁89。
〔註2〕劉若愚著、杜國清譯：《中國詩學》，頁89。
〔註3〕〔清〕李瑤：〈沈光文傳〉，收錄於龔顯宗編：《沈光文全集及其研究資料彙編》（臺南縣：臺南縣文化局，1998年12月），頁40。

在現象學地理學」（existentialphenomenological geography）所強調之「主體性空間」（subjective space）建構而成，意指人含容、參與並且直接關懷而不斷生發「意義」的空間。在此空間中，人與人、人與世界具有一個聯結關懷的共同意向所形成的意義性網絡。人的空間感由主體為中心點往外擴展，並不斷投射賦予層層空間以意義和價值。換句話說，存在空間由人之內在主體性來貞定、是由「主體人」的意義活動和創造而型塑建構。〔註4〕是以，在主體生命的情境感知中，空間並非均質，而是區分著有「親近感」、「歸屬感」、有「意義」產生的「內部」，以及「未知」的、不存在「意義」甚至令人感到不安的「外部」，而從來「素外版圖」的臺灣，正是令人感到疏離的「外部空間」。

根據鄧津華（Emma Jinhua Teng）的研究，自古以來，諸多中國思想家皆認為中國疆域是由山川、沙漠與海洋等地理特徵所界定，而到了明清兩代，這種觀念則更顯根深蒂固於中國士人文化之中。以明代所繪製的地圖來說，中國領土的意象一向以中原為核心，而以天然的地理特徵為周界，如《大明一統志》便將大明領土再現為東、南以海為邊界，西、北以山為邊界，西北方則以沙漠為邊界。這樣繪製地圖的再現方式，發揮了將「一個在疆域上具有邊界的中國」之空間意象予以自然化的作用。正因如此，臺灣的「海外」位置，使它處於確然無疑的中土自然疆界之外，而晚明與清初對臺島的描述，也強化了臺灣與中國大陸隔離的想法。〔註5〕是以，臺灣對跨海來臺的遺民而言，不僅是「經驗以外的經驗，更是空間之外的空間」。以此看來，對來臺的遺民群體而言，跨海離亂的意義便不僅只是對過往習以為常的存在空間的告別，更是一場鼓起勇氣踏向未知的艱困旅程。舊的空間已然遠去，新的空間卻猶待建立，在這個人與土地尚未寫定關係的青黃不接期裡，遺民群體對故土的所思所念，便不得不盡付於詩作中。

第二節　鄉關之念

細數明鄭時期的遺民文人，沈光文或許是最顛沛流離者。他因遭颶風而輾轉來臺，又因不見容於當朝而四處逃禪避禍，因而在他四處漂流的日子裡，

〔註4〕潘朝陽：《心靈·空間·環境：人文主義的地理思想》（臺北：五南，2005年6月），頁69～70。

〔註5〕鄧津華著，楊雅婷譯：《臺灣的想像地理：中國殖民旅遊書寫與圖像（1683～1895）》（臺北：國立臺灣大學出版中心，2018年1月），頁46～47。

家鄉就成了他唯一的精神座標。例如他的〈懷鄉〉：

> 萬里程何遠，縈迴思不窮。安平江上水，洶湧海潮通。〔註6〕

此詩篇幅雖短，幽思卻長。斯庵前半以「程何遠」與「思不窮」開篇，前者指向了人與家鄉的空間距離，而後者則說明了心與故鄉的思念長度，都有遠企而不可及的意象存在。至於後半，斯庵看似不談心事，將詩的畫面轉向了安平江上的洶湧河水，去想像水流奔馳向海的情景，實則他看得更遠，江水「通」的並不只是大海，更是在大海彼端的故里。正如柯慶明所言：

> 「觀望」亦可以意在「看過」，也就是「穿越」，而非「注視」眼前
> 的景物或對象。……追尋的「焦點」其實都在「不見」的事物上，
> 而所「見」的一切則僅成為其各項「指標」，一種要「看過」的「支
> 援」性質的事物。〔註7〕

從眼前的可見物穿透到記憶裡所追尋的事物，是主體個人情意的「觀望」，而眼前的景物雖非觀看者所真正「注視」的重點，卻也引領觀望者一路朝向內心真正的欲望而去，是如此綿延的景深，讓空間與心靈的距離更加清晰可見。

值得一提的是，此詩言稱安平，可知寫作時間必不早於鄭氏來臺，然而在奉明正朔的臺灣，仍不能讓詩人稍減思鄉之情。沈光文在〈至灣匝月矣〉便提到：

> 閉門只是愛深山，夢裡家鄉夜夜還。士學西山羞不死，民非洛邑敢
> 居頑。羈栖塵市依人老，檢點詩書匝月閒。究竟此身無處著，每因
> 散步到禪關。〔註8〕

此詩寫在沈光文落居目加溜灣滿一個月之際，為贈徐孚遠之作。〔註9〕早在月前起程前往目加溜灣時，他便在贈別徐孚遠、寧靖王的〈移居目加溜灣留別〉一詩中提到：「欲聆佳信頻西望，卻訝離群又北飛。」〔註10〕不時西望等待歸鄉的機會，結果等到的卻是自己必須向北而去的消息，此間悵惘，不言可喻。而沈氏得罪鄭經幾經流離，最終得以在此安頓，再加上開始設帳教學，平時雖須檢點詩書，但心境上亦隨之放鬆不少。然而在這深山隱居的清幽時光，

〔註6〕施懿琳等編《全臺詩》第一冊（臺南市：臺灣文學館，2004年2月），頁40。
〔註7〕柯慶明：〈從「亭」、「臺」、「樓」、「閣」說起——論一種另類的遊觀美學與生命省察〉，《臺大中文學報》第11期（1995年5月），頁143～145。
〔註8〕施懿琳等編《全臺詩》第一冊，頁64～65。
〔註9〕劉昭仁：《海東文獻初祖沈光文》（臺北：秀威資訊，2006年5月），頁91。
〔註10〕施懿琳等編《全臺詩》第一冊，頁64。

仍不敵原鄉在記憶中的聲聲召喚，究其原由，或許正來自於沈光文並未將此地視作歸處，他不時提及的「無處著」之感，正是來自於無法在精神上落地生根的心靈漂浮。至於在〈感憶〉一詩當中，沈氏亦如此自傷：

> 暫將一葦向南溟，來往隨波總未寧。忽見游雲歸別塢，又看飛雁落前汀。夢中尚有嬌兒女，燈下惟餘瘦影形。苦趣不堪重記憶，臨晨獨眺遠山青。〔註11〕

「一葦」語出《詩經》，《詩經·衛風·河廣》云：「誰謂河廣，一葦杭之。」〔註12〕以葦渡江，其箋云：「誰謂河水廣與，一葦加之，則可以渡之，喻狹也。」〔註13〕但無論是河還是南溟，以小渡大，不免漂浮靡定。在這首詩中，葦的意象不僅連結到沈光文命繫危舟漂流來臺，亦恰似其後半生隨波逐流的栖栖皇皇。舉頭但見游雲飛雁，皆是可以跨越地域限制而到達彼方者，然自己所能穿越現實限制者卻唯有夢而已。夢是欲想的媒介，鏈接了未臻達成的理想之境，儘管那未必真實，一旦醒來，仍須面對稀薄的現實與消瘦的身影，兩相對比，更令人無言以對。然而夢對離散者而言雖然殘忍，卻也誘人。在傳統文學當中，「夢」往往被視為文人歸鄉、尋鄉的秘徑，其原因在於夢能超越現實存在的空間。正如顏崑陽所言：人的存在，必然要受到空間的範定，而從具體之身抽化而出的魂魄，卻可以不受空間的拘限。〔註14〕這對窮困潦倒的沈光文如此，對貴為郡王的鄭經亦是如此。他的〈雲山〉如斯寫道：

> 飄落雲山別乾坤，遊客他鄉斷夢魂。夜闌不寐常獨坐，秋雁嘹嚦月臨軒。庭前花竹漸疏秀，徑邊松菊猶茂存。中宵碧漢清無際，頻聽江頭海濤喧。愁思不已姑飲酒，傾盡床頭五石樽。〔註15〕

從欲想歸於現實，最是令人悵然。鄭經本欲借酒澆愁，卻如何也不能將息。「五石樽」之語來自《莊子·逍遙遊》：「今子有五石之瓠，何不慮以為大樽而浮乎江湖，而憂其瓠落無所容？」〔註16〕歷來用此典多承莊子原意，即作「腰

〔註11〕施懿琳等編《全臺詩》第一冊，頁56～57。

〔註12〕國立編譯館主編：《十三經注疏·毛詩正義》上冊（臺北：新文豐出版公司，2001年），頁388。

〔註13〕國立編譯館主編：《十三經注疏·毛詩正義》上冊，頁388。

〔註14〕顏崑陽：〈中國古典詩中的鄉愁〉，收錄於氏著《古典詩文論叢》（臺北：漢光文化事業公司，1983年10月），頁70。

〔註15〕施懿琳等編《全臺詩第一冊》，頁93～94。

〔註16〕〔晉〕郭象撰：《南華真經注》，收錄於嚴靈峯編輯：《無求備齋莊子集成初編》（一）（臺北：藝文印書館，1972年5月），頁28。

舟」漂浮者用，如蘇軾〈復次前韻謝趙景貺陳履常見和兼簡歐陽叔弼兄弟〉：
「逝將江湖去，浮我五石樽。」〔註17〕而鄭經此詩只取「大」、「多」之意，
則不免點金成鐵。但此詩以景襯情，亦甚可觀。好夢忽醒，是欲想的斷裂，而
遊子歸思之濃，斷夢卻如斷魂。正因為好夢常斷，鄭經亦自曉得借景排遣，
然軒外花竹仍秀、松菊猶存，而天月如此清朗，對比鄭經思鄉夢醒的無奈與
悵然，格外衝突。是在這樣一片富貴昇平的良辰美景氣象當中，反更顯作者
內心思歸的無盡荒涼。然而，就如同高嘉謙所言：離散視域並不當然指向懷
鄉意識，也不只有文化憂患。在遠離中原之外，不斷辯證的中原與南方絕域
的地理距離，其實已漸進改變漢詩的感性結構。詩人每一回抒發對中原的鄉
愁，又再一次標示自我跟中原時空的遠離。〔註18〕當遺民反覆傾訴此身對故
國家園的無限追憶時，他們終將察覺到「存在空間」正一點一滴的隨著時間
而轉化：原本畏懼的「外部空間」正在逐漸內化成「內部空間」；而從前所熟
悉的「內部空間」卻逐漸因陌生退縮成「外部空間」。當離散者存在空間的內
外開始產生置換，一種新的認同便可能由此產生。

第三節　離散與生根

　　對離散的飄零人而言，故土家園如母子連臍般難以割捨，而永恆的原鄉
記憶亦在腦海中不時閃現，但另一方面，離散者也必須擁抱他地的歷史與時
空，且歸屬於原鄉與異鄉之間。〔註19〕這種擺盪於雙鄉之間的兩難心境，是
讓離散者的認同更顯複雜的要素之一。王德威在《後遺民寫作》中曾經提到：
臺灣在歷史的轉折點上，同時接納了移民與遺民。如果前者體驗了空間的轉
換，後者則更見證時間的裂變。舊的山河猶待重返，新的土地也有待開墾。
回歸與不歸之間，一向存有微妙的緊張性。〔註20〕不過，在臺灣遺民群體的
案例裡，其認同又與典型的離散經驗有所不同。典型的離散者歸屬於此、彼
兩地，背負著遠離原鄉與社會的痛苦，遂成為異地的局外人，且淹沒於無法

〔註17〕〔宋〕蘇軾撰，張志烈等校注：《蘇軾全集校注》（石家莊：河北人民出版社，
　　　　2010 年 6 月），第六冊頁 3742。

〔註18〕高嘉謙：《遺民、疆界與現代性：漢詩的南方離散與抒情（1895～1945）》（臺
　　　　北：聯經，2016 年 9 月），頁 67～68。

〔註19〕林鎮山：《離散‧家國‧敘述：當代臺灣小說論述》（臺北：前衛，2006 年 7
　　　　月），頁 114。

〔註20〕王德威：《後遺民寫作》（臺北：麥田出版社，2007 年 10 月），頁 27。

克服的記憶裡，苦嚐失去與別離。〔註21〕然而隨著明鄭政權來臺定居的遺民卻非如此。他們挾著強大的軍事武力君臨臺島，雖然胸中仍不免存在著受迫離開原鄉的傷痛，但他們回過頭來也在臺灣搶佔主流，擴張自身的文化疆域，原本在地的東道主卻反而更像是被排擠在外的「局外人」。

因此，儘管明鄭政權某種程度確實如江寶釵所言：明鄭時代儘管事實上建立臺灣成為「移民國」（settler state），卻從夷狄之辨的取徑以臺灣代表中國，他們只有「暫留」意識，臺灣不過是復國的根據地〔註22〕，但鄭經在此開物成務、經營拓殖，也不是沒有長久經營的打算。關於離散歸返之必須，鄭經在詩中不時提到「待機」此一思維，這是他作為一名統治者，面對敵強我弱的客觀情勢所不得不然的戰略考量。但假如這個「時機」遲遲未至，那麼落地生根是否也可以成為一種選項？

以歷史發展的軸線而言，鄭經嗣王之後，永曆帝已經殉難，而滿清政權雖仍有三藩隱憂，但整體政局也逐漸站穩腳步。動亂的時局已然過去，其父的強人特質也再難複製。面對漸入穩定的兩岸局勢，鄭氏政權的執政方針也必然要隨之改變。徐宗懋即指出，從鄭成功到鄭經之間，其政治奮鬥目標其實經歷了一連串的演變：首先，從恢復中土轉為確保本身的根據地，不僅如此，更要求根據地的主權地位為對方所承認，而如果形式主權不保，則至少力爭實質主權。最後，如果就連實質主權也受到威脅，則至少盡全力保留典章禮儀以維護原始的奮鬥精神。簡而言之，即是擱置恢復大中原的願景，轉而落實建設小中原的施政調整。〔註23〕這樣的演變實際上就是一種對現實的妥協，是底線的節節敗退，而正是在這種調整下，當初離散的意義也在不經意間被置換了。於是，「『復國』的意思逐漸由恢復國土變成在臺灣重現故國家園的理想。」〔註24〕。

這種置換之所以可能，得自於遺民群體的優勢地位。廖咸浩即指出：如果離散族群在「寓居社會」（host society）屬於少數，他們多半會選擇依附在其社會的政治型態下維持一定的傳統意識，反之，如果離散者變成當地的統治階層，亦即從寓居社會變成了「殖居社會」（settler society）之後，經常會

〔註21〕林鎮山：《離散·家國·敘述：當代臺灣小說論述》（臺北：前衛出版社，2006年7月），頁114。

〔註22〕江寶釵：《臺灣古典詩面面觀》（臺北：巨流圖書公司，2002年3月），頁32。

〔註23〕徐宗懋：《臺灣人論》（臺北：時報文化，1993年2月），頁26。

〔註24〕徐宗懋：《臺灣人論》，頁26。

產生極大的質變。在民族國家體制的影響下，原先的「向中心」拉力會加速
消退而「離中心」的力量會等比例升高，甚至產生與原鄉分庭抗禮的欲望。
〔註25〕例如永曆21年（1667年），清使孔元章攜鄭經之舅董班舍書信來臺招
撫，鄭經覆以：

> 自昔先王以及於甥，清朝來議者不啻再三，曩者各島全盛之時，猶
> 以剃髮不肯。今日東寧，版圖之外，另闢乾坤，幅員數千里，糧食
> 數十年，四夷效順，百貨流通，生聚教訓，足以自強。又何慕于藩
> 豐，何羨於中土哉。〔註26〕

儘管這裡頭或許有些誇大的外交性語言，但仍說明了經歷幾年開荒經營，此
刻臺灣已能豐衣足食，與中原無異，早已沒有回歸中原的必要。更不用說在
明鄭的案例當中，造就其離散最根本的推力便是來自於不承認原鄉的異族統
治者，因此事到如今更無歸返的可能。滿清作為一個異族政權，看在明清之
際的遺民眼中，存在著非我族類的排斥與抗拒，因而當清人突破了「夷夏之
防」的界線，進而入侵中原、搶奪政權，明遺民雖然不得不體認亡國的事實，
然而他們對延續故國文化的使命感卻沒有被抹除。〔註27〕而明鄭政權孤懸
海外，其不受滿清治理的邊緣性格，反倒為位處中原中心的南明遺民燃起希
望：假如故明衣冠無法重返中原，至少也要讓尚未被胡虜沾染的漢族文化得
以留存。〔註28〕

　　遠絕海外，離散者則必須有歸鄉無望且埋骨異鄉的打算，這也是因「待時」
所帶來的，從「落葉歸根」到「落地生根」的心態轉變。正如王德威所言：

〔註25〕廖咸浩〈華人海洋與臺灣：海盜、另類現代性、「後中國」動能〉，收錄於陳
　　　　瑞麟等著：《知識臺灣：臺灣理論的可能性》（臺北：麥田，2016年6月），
　　　　頁309。

〔註26〕臺灣史料集成編輯委員會編：《臺灣史料集成──明清臺灣檔案彙編》（臺北：
　　　　遠流出版社，2004年3月），第壹輯第七冊頁58。

〔註27〕蘇奕瑋：《明鄭時期臺灣遺民詩研究》（雲林：國立雲林科技大學漢學資料整
　　　　理研究碩士班學位論文，2011年6月），頁27。

〔註28〕例如黃宗羲便正面肯定了鄭氏政權存續道／政統的努力。：「史臣曰：鄭氏不
　　　　出臺灣，徒經營自為立國之計，張司馬作詩誚之；即有賢鄭氏者，亦不過躋
　　　　之田橫、徐市之間。某以為不然！自緬甸蒙塵以後，中原之統絕矣；而鄭氏
　　　　以一旅存故國衣冠於海島，稱其正朔。在昔有之：周厲王失國，宣王未立，
　　　　召公、周公二相行政，號曰「共和」；共和十四年，上不係於厲王，下不係於
　　　　宣王，後之君子未嘗謂周之統絕也。」詳參清黃宗羲：《賜姓始末》（南投：
　　　　臺灣省文獻委員會，1995年8月），頁7～8。

遺民也有朱舜水、沈光文等投奔海外者。他們的初衷也許只是暫居
異鄉，徐圖大舉。但既然遠離中原，他們終將發現歸鄉之路何其迢
迢。久而久之，他們落地生根，成為不由自主的移民。〔註29〕

1659年東渡日本「暫借一枝」的朱舜水，到了1670年不免自做棺木，萌生了
埋骨東洋的念頭；而鄭經退守臺灣，也仰賴陳永華之力，試圖打造舒適的遺
民生活空間。然而，如果說朱舜水是因為在日本得以實踐「襄贊教化」的理
想，而終能從流亡者的身分中轉身向故國告別〔註30〕，那麼明鄭時期的臺灣
遺民群體，則各自有不同的認同心路。例如沈光文雖極度困頓，卻在顛沛流
離間將他的目光投向了周遭事物。家居日常的一草一木成為了詩人紀錄的對
象，不僅流露出他「遠離中土後的地方性眼光」〔註31〕，也「有了權把他鄉
做此鄉的心思」〔註32〕。而曾任鄭成功參軍的李茂春，則在永曆十八年（1664
年）渡海來臺後，治園於州治之東。高拱乾《臺灣府志》載：

> 李茂春，字正青；漳之龍溪人也，登明隆武丙戌鄉榜。避跡至臺，
> 好吟咏，喜著述；仙風道骨，性生然也。日放浪山水間，跣足岸幘，
> 旁若無人。搆一禪亭，名曰「夢蝶處」；與住僧誦經自娛，人號李菩
> 薩。尋卒，因葬於臺。〔註33〕

李茂春受佛、道兩家影響，並非純粹的在家居士。楊惠南認為：明鄭時期由
李茂春、沈光文等反清流亡名士為中心而建立起來的「名士佛教」，是一種介
於出家僧侶和在家貴族之間的佛教。這種佛教對佛教的哲理、組織、生態並
沒有深刻的認識，但卻具有強烈的逃禪、避世心態。〔註34〕李茂春留下的相
關資料極少，因此他屢次謝絕鄭經敦請的原因至今仍無定論，有一說是二十
餘年的復國運動已將他的精力消磨殆盡〔註35〕；亦有一說他對主政者充滿失

〔註29〕 王德威：《後遺民寫作》，頁27。

〔註30〕 鄭毓瑜：〈流亡的風景──〈遊後樂園賦〉與朱舜水的遺民書寫〉，《文本風景：
自我與空間的相互定義》（臺北：麥田，2014年12月），頁201。

〔註31〕 高嘉謙：《遺民、疆界與現代性：漢詩的南方離散與抒情（1895～1945）》（臺
北：聯經，2016年9月），頁143。

〔註32〕 王德威：《後遺民寫作》，頁31。

〔註33〕 〔清〕高拱乾：《臺灣府志》（南投：國史館臺灣文獻館，2002年11月），頁
212。

〔註34〕 楊惠南：〈明鄭時期台灣「名士佛教」的特質分析〉，《臺灣文獻》第五十三卷
第3期（2002年9月），頁20～21。

〔註35〕 黃典權：〈夢蝶園主李茂春〉，《臺南文化》第二卷第1期（1952年1月），頁
53～57。

望與無奈，深知鄭經並非值得輔佐之主〔註36〕。但無論如何，李茂春「晚年能自解脫，擇地於州治之東，伐茅闢圃；臨流而坐，日與二三小童，植蔬種竹，滋藥弄卉，卜處其中」〔註37〕，亦展現了告別遺民悲情，轉身擁抱異地水土山林的瀟灑身姿。

　　至於鄭經本人，我們更可以透過他與滿清往復的幾封文書中，一窺他對旅居異鄉的接納態度。永曆十六年（1662 年）清靖南王耿繼茂以成功死，遣人致書招諭鄭經，鄭經復書言：

> 日在鷺、銅，多荷指教。今承惠書，益賜諭誨，所言尚是遊說之後談也。思東寧偏隅，與夷落為伍，僻在海外，與版圖渺不相關，何必足問……閣下倘以延攬英豪、休兵息民為念，即共飭部曲，互安邊陲；羊、陸故事，敢不勉承。若夫疆場之事，一彼一此，勝敗之數，自有天在；得失難易，閣下自知；何煩予言。〔註38〕

鄭經此信提及臺灣的地理位置與族群雜居，是明代以來中國對於世界地理組構的傳統設想，以及海洋島嶼的概泛意象所構成的兩大臺灣論述：它是位於「海外」的，以及它屬於一個被稱為「荒服」的界域。〔註39〕但鄭經將這個原是從大中國意識出發的話語中對反過來，反而將自己置放在「海外」之中、「中國」之外，以期從兩岸的正統／政統之爭當中解放出來，並謀取自身的生存空間。〔註40〕在鄭經看來，臺灣是中國歷代不曾納入版圖的化外之地，因此在此地成立之國家，清廷便不能以本土視之。然而這樣的操作，就有別於上一代海外遺民「只說暫來耳，淹留可奈何」〔註41〕的暫居心態，而有了

〔註36〕唐立宗：〈渡海東來忽幾秋：明清之際渡臺文士的見聞與際遇〉，《臺灣文獻》第六十五卷第 2 期（2014 年 6 月），頁 143～144。

〔註37〕〔明〕陳永華：〈夢蝶園記〉，收錄於〔清〕王必昌：《重修臺灣縣志》（臺北：臺灣銀行經濟研究室，1961 年 11 月），頁 541。

〔註38〕〔明〕鄭經：〈復耿繼茂書〉，收錄於川口長孺：《臺灣鄭氏紀事》（南投：臺灣省文獻委員會，1995 年 8 月），頁 52。

〔註39〕鄧津華著，楊雅婷譯：《臺灣的想像地理：中國殖民旅遊書寫與圖像（1683～1895）》，頁 45。

〔註40〕當然從歷史上的結果來看，清人攻臺的終極目的仍然是以正統／政統的統一為要，並非為了擴張領地。故滿清平臺後，廷議莫不認為臺灣「此一塊荒壤，無用之地耳，去之可也。」僅有施琅倡議保臺。詳參〔清〕施琅：〈恭陳臺灣棄留疏〉，收錄於氏著：《靖海紀事》（南投：臺灣省文獻委員會，1995 年 8 月），頁 62。

〔註41〕〔明〕沈光文：〈山間其五〉，收錄於施懿琳等編《全臺詩》第一冊，頁 48。

以海外為家的打算。在另外一封寫給耿繼茂的書信裡，鄭經又再度強調了上述的看法：

> 東寧偏隅，遠在海外，與版圖渺不相涉，雖居落部曲，日與為鄰，正
> 如張仲堅遠絕扶餘，以中土讓太原公子，執事亦曾知其意乎？〔註42〕

他不僅向清人重申了自絕於海外的念頭，更以唐傳奇中的人物虯髯客自喻，故事中虯髯客看出青年李世民有真命天子之象，遂渡海遠避扶餘不與之爭，如今鄭經援引此例，不僅是對清廷表示屈服，另一方面也以扶餘喻臺灣，以表明自己自外於中原的邊緣性。但此處最令人大感詫異的地方，應該是他在這裡直接清楚地以李世民比喻清帝，這已不僅是強調自己在地域上「禮讓以避」的「遠絕」之心，更在某種程度上暗示了對清朝統治正當性的承認。

1669 年（永曆二十三年），清人納蘭明珠奉康熙之命再度招撫鄭經，鄭經致書回覆：

> 頃自遷界以來，四省流離，萬里丘墟，是以不穀不憚遠隱，建國東
> 寧；庶幾寢兵息民，相安無事。而貴朝尚未忘情於我，以致海濱之
> 民流亡失所，心竊憾之……不穀恭承先訓，恪守丕基，必不棄先人
> 之業，以圖一時之利。唯是生民塗炭，惻焉在念；倘貴朝果以愛民
> 為心，不穀不難降心相從，遵事大之禮。〔註43〕

該年康熙成功翦除了鰲拜勢力正式親政，遂又將目光投注到了海外的明鄭政權。這次的和談是雙方互動相當頻繁的一次，但雙方就「剃髮」一事未能產生共識，於是最終和談宣告破裂。但在這次和談中，其實雙方亦各自皆有其讓步，例如清廷同意讓鄭氏世守臺灣〔註44〕，而鄭經亦表態願以「事大之禮」，亦即比照韓國，將清朝視為宗主國。儘管鄭經此一讓步的主要目的仍在於「全髮」，但正如其談判代理人柯平所堅持：「朝鮮事例，不肯薙髮。世守臺灣，稱臣納貢而已。」〔註45〕，鄭經已不再以歸返故土為要務，而有了在臺灣落地生根的打算。

鄭經一方面自稱東寧是版圖之外、另闢乾坤，儼然有自外於中國的意味，一方面又不斷追慕故國，以衣冠海外留為職志，這不能不說是離散主體所遭

〔註42〕龔顯宗編：《鄭經集》，頁 290。

〔註43〕〔明〕鄭經：〈復明珠書〉，收錄於川口長孺：《臺灣鄭氏紀事》，頁 55。

〔註44〕蔡明叡：〈從和談看鄭經時期與清政府的互動〉，《新北大史學》第 5 期（2007 年 10 月），頁 201～207。

〔註45〕清江日昇：《臺灣外記》（南投：臺灣省文獻委員會，1995 年 8 月），頁 255。

遇的困局。但這也令人想起，吉爾羅伊所謂的在「居住的地方」（the place of
residence）和「從屬的地方」（that of belonging）之間打開的，那道歷史和經
驗意義上的裂縫。〔註46〕正如王愛華（Aihwa Ong）所言：離散華人的身分是
靈活、有韌性和情境式的，這身分會依特定情況和人際關係的配置來構成離
散個體的生活經驗。〔註47〕而鄭經看似矛盾且游移在兩岸之間的歸屬擺盪，
恰巧展現了離散者自我認同轉換的動態歷程與多樣性。

第四節　新家園的指認

正因為認同並非來自於某些固定本源〔註48〕，因此不能斷然以單一向度
的認同感來看待離散者的心理活動，明鄭遺民尤是。陳昭瑛曾經指出，明鄭
文人在雙鄉的去留之間其實存在著雙重性：一方面還活在亡國的夢魘中，一
方面又忍不住對臺灣的新奇發出詩的讚嘆〔註49〕，這是對明鄭遺民雙鄉認同
的一種觀察。然而事實上他們就算對臺灣接納，卻也未必出於欣然。例如徐
孚遠即在〈東寧詠〉一詩中如此感嘆：

> 自從漂泊臻茲島，歷數飛蓬十八年。函谷誰占藏史氣，漢家空歎子
> 卿賢。土民衣服真如古，荒嶼星河又一天。荷鋤帶笠安愚分，草木
> 餘生任所便。〔註50〕

徐孚遠細數自身從弘光年間以來的十八年漂泊不定，最終卻仍須落腳海外。
他以老子、蘇武自比，正對應自己老死域外以及恪守忠節的生命歷程。回首
自己臨老離國，恰如當年的老子西出函谷關。然而，老子得遇關令尹喜就教
於他，《列仙傳·關令尹》載：「老子西遊，喜先見其氣，知有真人當過，物色
而遮之，果得老子。老子亦知其奇，為著書授之。」〔註51〕反觀自己離散海

〔註46〕Kathryn Woodward 編，林文琪譯：《認同與差異》，頁 597。
〔註47〕詳參陳榮強：〈華語語系研究：海外華人與離散華人研究之反思〉《中國現代
　　　　文學》第 22 期（2012 年 12 月），頁 83。
〔註48〕Paul Gilroy：〈離散與認同的迂迴路〉，收錄於 Kathryn Woodward 編，林文琪
　　　　譯：《認同與差異》（臺北縣：韋伯文化國際出版公司，2006 年 10 月），頁 89。
〔註49〕陳昭瑛：《臺灣文學與本土化運動》（臺北：國立臺灣大學出版中心，2011 年
　　　　10 月），頁 47。
〔註50〕施懿琳等編《全臺詩》第一冊，頁 25。
〔註51〕〔漢〕劉向：《列仙傳》（臺北：國立臺灣師範大學出版中心，2012 年 9 月），
　　　　頁 3。

外，又有誰能占得他的滿腹才學？而蘇武羈留匈奴十九年，歸國後卻未受重用，亦如自己漂泊流離十八年，最終落得「無復有望，浮沈島上，與葉后詔、鄭郊輩結為方外七友」〔註52〕的懷才不遇。正是在這樣百無聊賴的晚年生涯，徐孚遠自我放逐於田園之中，將僅存的生命都付於臺灣，一任造化所便。

與徐孚遠同感困頓的，還有早年來臺的沈光文。沈光文在臺多所遊歷，見過不少民情風土，而他的〈釋迦果〉不僅紀錄臺灣殊物，亦是以此自狀：「端為上林栽未得，只應海島做安身。」〔註53〕恰如自己沒有回歸中土的福份，只應留在海外孤島安身立命。這種自我放逐的心境，與徐孚遠相當接近。不過旅居臺灣，倒也不是沒有樂事。他在〈感懷八首〉其三中提到：

> 不改棲遲趣，偏因詩酒降。晨風搖遠樹，夜月照寒缸。地靜長留古，
> 心幽豈逐尨。興來懷友處，結韻老梅椿。〔註54〕

沈光文〈感懷八首〉多記流離之痛以及受政治所迫之苦，例如〈其一〉寫「身閒因性懶，我拙任人工。島上風威厲，衾寒夢未終。」〔註55〕、〈其六〉寫「往事平生恨，株牽且俟河。觸藩誰遣觸，磨蝎命先磨。」〔註56〕皆是顯例。但此詩沈光文跳脫傷感，反倒寫自己遊息山林與獨居之樂：當海島的風月、原始沈靜的山間帶來了清幽的趣味，作者也同樣意識到了外在的紛亂其實都可以不必再去想。正是在習慣了漫遊於美好山水的尋常日子裡，詩人進一步接受了臺灣作為一個家的現實，並且有了指認自身歸處：「敝廬依大武，遙接數峰青。」〔註57〕的可能。

至於王忠孝〈渡海漫吟旋而厭之賦此自嘲〉一詩，則寫出了遺民在故國與新地之間的徘徊心境：

> 奔忙歲月亦云深，鬢裡繁霜肅氣侵。既少隆中豫定略，如何梁甫作
> 幽吟。殊方林壑驚嶡屼，故國黍苗嘆鬱森。年老羈棲知曷極，好堅
> 末節不移心。〔註58〕

〔註52〕〔清〕徐鼒撰、〔清〕徐承禮補遺：《小腆紀傳》（北京：中華書局，2018 年 9 月），頁 436。

〔註53〕施懿琳等編《全臺詩》第一冊，頁 42。

〔註54〕施懿琳等編《全臺詩》第一冊，頁 46。

〔註55〕施懿琳等編《全臺詩》第一冊，頁 46。

〔註56〕施懿琳等編《全臺詩》第一冊，頁 47。

〔註57〕〔明〕沈光文：〈感懷八首·其八〉施懿琳等編《全臺詩》第一冊，頁 47。

〔註58〕〔明〕王忠孝：《惠安王忠孝公全集》，頁 249～250。

王忠孝半生流離，此刻也已垂垂老矣。他一方面看見臺灣山林澗谷的高峻巉峭，這些令人原始的地貌令人驚奇，另一方面也想起故國的黍苗再怎麼向榮，其實早已與己無關。對於王忠孝來說，他並不是忘記了歸返的目標，但羈棲海外，卻也成全了他保有晚節的期待。事實上，在旅居的日子裡，所謂的「殊方」早已隨著居住時間的拉長而逐漸熟悉，而「故國」卻是隨著告別而逐漸陌生。在這一來與一往之間，離散者打開了心房，而有了接納他方的可能。

在渡海來臺的遺民寓賢當中，王忠孝深受鄭成功與鄭經父子禮遇。鄭成功對他「禮而優贍之，尊為前輩，軍國重事輒咨問焉」，而鄭經雖未向他諮詢國事，但對他十分厚待。〔註 59〕反之，王忠孝不僅與鄭成功有密切的書信往返，來臺後對鄭經施行的臺灣開發也始終保持樂觀、熱情的態度，少有悲觀怨嗟之言。〔註 60〕王忠孝在〈東方首春有懷〉這一首詩中，即展現了他對異地的期許：

> 問余何事渡橫流，為篋綱常割不休。歲曆忽頒懷舊闕，春英乍放警新籌。江山別剏雄風壯，書劍猶存灝氣留。佇見陽和迴北谷，何愁吾道付滄洲。〔註 61〕

1663 年（永曆十七年），當時清軍攻下金、廈兩島，王忠孝「知事不可為」，遂遣兒孫及老妻入山歸鄉，自己則於隔年追隨鄭經：「時世藩將往東寧，泊舟料羅，招余及在公（辜朝薦）同行，而余年家子陳復甫（永華）、姻友洪忠振（旭），俱贊余決，遂與俱東。」〔註 62〕王忠孝以七十餘歲的高齡離妻別子，毅然決然投入陌生的海外異域，確實是為了恪守君臣綱常而不得不然的決定。雖然遺民對海外的「荒服」想像阻礙了他們對臺灣的接納，但實際上臺灣的位置的隔絕及國族認同上的空白，也為遺民及明鄭帶來無限的可能性。正因為王忠孝著眼於此，因此他更能以積極的態度發現臺灣的「價值」，畢竟別創的江山正慢慢的朝著好的方向前進，而興復故國的理想也可能在海外完成，在一片春英綻放的陽春好景之中，王忠孝看見的是臺灣所帶給他的美好與希望。

〔註 59〕黃典權：《鄭延平開府臺灣人物志》（臺南：海東山房，1958 年 2 月），頁 99～100。

〔註 60〕郭秋顯：〈王忠孝生平及作品〉，收錄於郭秋顯選注：《徐孚遠・王忠孝集》（臺南：臺灣文學館，2012 年 12 月），頁 152。

〔註 61〕〔明〕王忠孝：《惠安王忠孝公全集》（南投：臺灣省文獻委員會，1993 年 12 月），頁 248～249。

〔註 62〕〔明〕王忠孝：〈自狀〉，收錄於氏著：《惠安王忠孝公全集》，頁 39。括號內文字為筆者所加。

　　值得注意的是，儘管明鄭遺民對臺灣投以接納與期許，但這並不能讓我們斷然地認為這就是一種臺灣的認同與歸屬。我們不能忽略的是，遺民以及海外孤臣終歸是懷抱著復國之大志、忠君之苦節在此立足，因此所有的美好某種程度上都可能只是遺民欲求的投射。例如王忠孝的〈東寧中秋有感〉便提到：

> 今夜東州月，初升色皎皎。晴空杳無雲，碧曜當天炤。四顧望霽輝，
> 萬戶爭歡叫。爝火難為光，餘氛莫敢攪。天公似有意，明興為之兆。
> 〔註63〕

此詩刻畫東寧國泰民安、天清月明，在遺民寓賢的詩作中殊為少見。王忠孝筆下的中秋月夜熱鬧非凡，不僅天空明月皎皎，地上的萬戶人家亦都齊聲歡叫，上下一片安和樂利，這是對明鄭治臺成績的歌頌。此外，他避開遺民慣常用之描述臺灣的海外、榛莽等常見的符碼調度，模糊了中土與海外的描繪界線，轉而將目光移向清空明月，這也是對臺灣風光的一種讚揚。然而這種種的美好最終仍是要帶出反清復明的想望，並提供詩人賴以為繼的信心。

　　相較於這些遺民在定居臺島之後還多少有些悽悽惶惶，統治者鄭經之詩則展現了東寧美好而向榮的太平景象。他在〈潛苑三洲〉中如斯寫道：

> 一苑皆春色，三洲帶晚風。青山接碧漢，翠澗落晴空。漁艇出叢綠，
> 岸花到處紅。遠峰橫落日，長渚掛殘虹。流水搖溪月，輕煙籠岸楓。
> 江波逐反棹，霞影送歸鴻。疏竹開幽徑，芳林隱澤宮。清幽無限景，
> 何必羨瀛蓬。〔註64〕

潛苑今已不存，亦少有史料提及，但以鄭經自號潛苑主人，又曾著〈和柯儀賓侍遊潛苑詠〉來看，潛苑應為鄭經築以公暇休息遊樂之處所。鄭經此詩大量寫景，描繪他登樓四望所見的東寧風光，而這又與其他遺民所感知到的景象大有不同。在這幅美不勝收的水鄉圖畫裡，鄭經看見的是一個如同仙境的宜居之地，而他動用「瀛洲」、「蓬萊」等海外仙山等典故與臺灣對比，更是對臺灣「非中國之土」的一種坦然。

　　然而土雖非中國之土，人卻仍是中國之人。他筆下的佳節〈端午〉：

> 士女滿沙洲，鼓聲出素流。風吹彩旆動，日映畫橈浮。爭勝喧江岸，
> 奪標鬧浦舟。歸來天薄暮，齊唱過南樓。〔註65〕

〔註63〕〔明〕王忠孝：《惠安王忠孝公全集》，頁247。
〔註64〕施懿琳等編《全臺詩》第一冊，頁151。
〔註65〕施懿琳等編《全臺詩》第一冊，頁122。

此詩描寫東寧端午龍舟競賽的熱鬧場面，不似兩岸軍事對峙的戰雲密佈，反倒呈顯一片安和樂利的盛世景觀，在這裡，沒有離鄉背井的傷痛哀愁，只有歡樂，只有百姓的齊聲歡唱。事實上，東寧的高度漢化，已儼然成為一個海外的「小中國」，而過往所感受到的陌生與不適，此刻也已逐漸消除。正因如此，儘管他在詩作中不乏表達被迫去國離鄉的無奈，但他數年苦心經營臺島有成，也讓他有了落地生根的心意。他在〈題東寧勝境〉中寫道：

> 定鼎東寧大海東，千山百壑遠橫空。芳林迴出清雲外，綠水長流碧澗中。兩岸人煙迎曉日，滿江漁棹乘朝風。曾聞先聖難為語，漢國衣冠萬古同。〔註66〕

這是他治下的太平景象。在鄭經的眼中，東寧已非昔日那個蠻荒瘴癘的凶險之地，而是一幅青山綠水的悠然勝境。河岸的人煙、滿江的漁船說明了東寧的人口繁盛，在這樣欣欣向榮的環境裡，鄭經不禁懷疑孟子〈盡心篇〉所謂的：「孔子登東山而小魯，登大山而小天下。故觀於海者難為水，游於聖人之門者難為言。」〔註67〕之言是否有商榷的空間。他在這裡以海、水暗喻中原與東寧之別，雖然也同樣存在著價值高低的分判，但他卻轉化了此句原意，反倒認為只要能永世流傳故明衣冠，那麼無論身處何處，也就沒有什麼差別。正如廖咸浩所言：即使懷鄉的因素存在，「原鄉」都未必是一個地方；其回返的動力未必須與「發源地」（place of origin）有關，而更屬文化的牽連。對「原鄉」的纏念也可能只是針對一個傳統，甚至一本書。〔註68〕或許對鄭經來說，這個披掛著漢國衣冠的海外之地，不僅是父輩復明悲願的基地，更是自己一手打造的新故鄉。

第五節　避秦之喻

最後，如果說明鄭遺民遊蕩在故國與新朝之間，在「回歸與不歸之間，一向存有微妙的緊張性」，那麼他們最終又是如何在兩者之間找到一個新的身分平衡點，好將他們自己從認同的張力之中解套？在明鄭遺民的詩作中，「桃花源」這一典故頻繁的被調度以描繪臺灣山水，例如徐孚遠的〈桃花〉：

〔註66〕施懿琳等編《全臺詩》第一冊，頁127。
〔註67〕〔清〕阮元：《十三經注疏》第八冊（臺北：新文豐出版公司，1988年7月），頁238。
〔註68〕廖咸浩〈華人海洋與臺灣：海盜、另類現代性、「後中國」動能〉，收錄於陳瑞麟等著：《知識臺灣：臺灣理論的可能性》（臺北：麥田，2016年6月），頁304。

> 海山春色等閒來，朵朵還如人面開。千載避秦真此地，問君何必武
> 陵回。〔註69〕

陶淵明〈桃花源詩並記〉提到武陵漁人「緣溪行，忘路之遠近，忽逢桃花林，夾岸數百步，中無雜樹，芳草鮮美，落英繽紛。」〔註70〕這是陶淵明所塑造的樂園前景，用以作為通向世外仙境的曲徑。而徐孚遠以桃源喻臺灣，除了是由眼前景物所產生之聯想，也是藉此展現接納的態度，以及遺民羈留不歸的打算。然而，最早以桃花源此一意象指涉臺灣的，倒還不是來臺定居的遺民群體，而是與鄭成功協力抗清的張煌言。當鄭成功定鼎東都的時候，張煌言就曾經作詩言道：「寄語避秦島上客，衣冠黃綺總堪疑！」〔註71〕但在張煌言的語境裡，桃源之喻並不是對臺灣風土的一種肯定，反倒是唯恐鄭成功耽溺於肥遯之鄉的警惕之辭。〔註72〕只不過鄭成功來臺經年而逝，張煌言也在不久後被捕就義，整個南明的抗清活動至此暫且告一段落。對外的戰事初歇，遺民群體便有餘裕回過頭來審視自己的立足之地，也就有了「積極『問津』，尋訪眼前的『桃花源』」〔註73〕的心思。

然而，更值得我們注意的是，桃花源作為一種隱喻，並非僅止於異地的探索而已。如果我們回到陶淵明的原詩來看，美麗的桃林其實並不是桃花源的盡頭而只是入口，必須通過這裡才能抵達桃花源的真正核心，也就是陶淵明所虛構的香格里拉：「土地平曠，屋舍儼然，有良田美池桑竹之屬。阡陌交通，雞犬相聞。其中往來種作，男女衣著，悉如外人。黃髮垂髫，並怡然自樂。」〔註74〕這種看似平凡素樸的樂園描述，反映陶淵明了心中何謂真實淨土的觀點，以及時於詩文中出現的恬淡適性人生觀、田園農村生活感、無為安命的生死觀等等。〔註75〕但同時這種想像也是逃避，是一種對現實社會的

〔註69〕 施懿琳等編《全臺詩》第一冊，頁 25。

〔註70〕 〔晉〕陶潛撰，〔清〕陶澍注：《陶靖節全集注十卷》（臺北：世界書局，1956年），頁 81。

〔註71〕 〔明〕張煌言：〈得故人書至臺灣二首〉其二，《張蒼水先生全集》（南投：臺灣省文獻委員會，1994 年 5 月），頁 183。

〔註72〕 洪靜芳：〈明鄭時期臺灣遺民詩中的陶淵明隱逸文化——以沈光文、徐孚遠、鄭經為例〉，《弘光人文社會學報》第 18 期（2015 年 7 月），頁 76。

〔註73〕 洪靜芳：〈明鄭時期臺灣遺民詩中的陶淵明隱逸文化——以沈光文、徐孚遠、鄭經為例〉，頁 76。

〔註74〕 〔晉〕陶潛撰，〔清〕陶澍注：《陶靖節全集注十卷》，頁 81～82。

〔註75〕 賴錫三：〈〈桃花源記並詩〉的神話、心理學詮釋——陶淵明的道家式「樂園」新探〉，《中國文哲研究期刊》第 32 期（2008 年 3 月），頁 17～18。

厭棄，一如陶淵明所提到桃花源的居民，也是「自云先世避秦時亂，率妻子邑人來此絕境，不復出焉，遂與外人間隔。」〔註76〕因此，桃花源居民實際上就是陶淵明所嚮往的逃離現實成功者，至於文末的「尋向所誌，遂迷不復得路。」〔註77〕更是保障了這種理想生活的不被干擾。

如此看來，我們不難發現桃花源與臺灣確實存在著某些相似性。首先，桃花源隔絕於中原之外，正如同臺灣與中國有一海之隔，都是外人以及惡世所難以進入之處，是能將主體不願意接受而又無法拒絕的事物抵擋在外的寶地。但另一方面村中人是為了避秦而來，正如同明鄭遺民也是為了逃清而入臺，兩方之間都同樣帶著離散傷痕。至於桃花源內「其中往來種作，男女衣著，悉如外人。」也正如臺灣在明鄭政權的銳意經營下也有顯著的漢化，而遺民群體同樣可以在此保留原有的生活方式。綜上所述，臺灣的桃花源之喻，其實是指向了它所帶來的功能：提供了逃避者一個隔絕所拒絕之物，又能保留想保留之物的庇護空間。正是在這樣的環境裡，徐孚遠才可能有羈留不歸的打算。而除了徐孚遠之外，沈光文隱居山林，也同樣有寄身桃源之感。他在〈仲春日友人招飲不赴〉如此描寫自己隱居場景：

> 並無一事慰相知，占住桃源亦頗宜。詩債屢稽明月夜，酒緣偏誤好
> 花時。頻收靜致留春雨，忽發新思寄柳枝。卻訝漁人焉得到，遂令
> 雞犬也生疑。〔註78〕

他以桃花源村中人自比，說自己貪愛美景且屢欠詩債不便應邀，但實際上他在人煙罕至之處自有其清幽靜致，所有的外務反倒是一種干擾。其實追根究底，沈光文遠離塵世，本來就是為了躲避世俗紛擾，而今他占住桃源自得其樂，卻被外人發現了自己避藏的居所，自然也有些驚訝之情。

如果說徐孚遠、沈光文等遺民的的桃花源是一種境隨心轉的調適轉換，那麼鄭經的桃花源則反而是不斷地向外索求。他在〈詠桃〉一詩中如此感嘆：

> 武陵溪口水光寒，滿樹含嬌飛半山。漁父問津歸故道，惟餘春色到
> 人間。〔註79〕

鄭經一生未至武陵，因此此詩之桃應是臺灣之桃。在這首詩中，漁父已然遠

〔註76〕〔晉〕陶潛撰，〔清〕陶澍注：《陶靖節全集注十卷》，頁82。
〔註77〕〔晉〕陶潛撰，〔清〕陶澍注：《陶靖節全集注十卷》，頁82。
〔註78〕施懿琳等編《全臺詩》第一冊，頁58。
〔註79〕施懿琳等編《全臺詩》第一冊，頁165。

去，通往桃花源的線索也隨之斷絕，滿山的春色對比詩人愁緒似乎更顯其缺憾。事實上，這種缺憾反覆與他的桃花源意象相連結。他閒暇之餘尋幽訪勝，在東寧周圍的河山之間漫遊，並寫下〈深谷有人家〉：「沿溪深入忘遠近，疑是昔日桃源家。」〔註80〕、〈花下問漁舟〉：「武陵舊徑難重覓，頻問舟人道亦忘。」〔註81〕等詩句。鄭經看似不斷地與「桃花源」錯過：若非尋到的已是「昔日桃源家」，就是舟人早已忘了當初的道路。但實際上正是這種「尋不見」帶給了鄭經安定身心的力量。正如洪靜芳所言，桃源之於軍國大政終日煩心的鄭經，是一種心所繫念的理想世界的強烈呼喚，是他在千鈞萬荷下安頓身心的方法。〔註82〕因此，或與唯有順應這種呼喚，鄭經方能將自己從歸與不歸的壓力中，暫時解套出來。

〔註80〕施懿琳等編《全臺詩》第一冊，頁 109。
〔註81〕施懿琳等編《全臺詩》第一冊，頁 144。
〔註82〕洪靜芳：〈明鄭時期臺灣遺民詩中的陶淵明隱逸文化──以沈光文、徐孚遠、鄭經為例〉，頁 83。

第八章　結　論

　　當我們面對作為臺灣華語文學之始的明鄭文學，我們對它的想像是什麼？在歷來對明鄭文學的閱讀中，我們看見 1940 年代以降在國民政府遷臺的時代背景下，研究者從明鄭遺民詩中讀到不少民族氣節的贊頌；也曾經在乙未割臺之際看見臺灣本土詩人從明鄭文學中找尋遺民身分的某種借鏡，更不用說近年來亦陸續有論文從「遺民詩」的詮釋角度切入，試圖追索明鄭文學所反映的遺民心路。然而，上述的研究固然讓我們更加瞭解明鄭時期遺民群體的心理活動，但是卻也同樣忽略了遺民與臺灣本地的互動關係，以及他們如何看待自己立足於他鄉與異鄉之間的雙向關係。其實正如同史書美所提醒，如果僅將離散者與祖國之間視為一種約束性的關係，那麼海外華人的在地化努力很可能被抹消。同樣的，倘若我們始終停留在過去的觀看視野，那麼我們也將很難釐清明鄭遺民如何在臺灣尋求自我認同。而本文得益於離散論述的啟發，並嘗試以此重新閱讀明鄭時期的遺民詩，儘管在過去離散論述大多為現代文學研究所用，但我們仍然相信，該論述的挪用實有助於在上述問題中尋求解決之道。

　　誠然，細數中國文學發展史，不難發現但凡有大規模戰亂，便有「亂離詩」的產生，而亂離詩從先秦《詩經》以降，一路到唐代杜甫開其新局，再持續發展到明清之際，其實一直維繫著此一書寫傳統。而亂離詩作為歷代詩人處在戰亂動盪之際的經驗書寫，也確實深刻展現其漂泊無依的失根傷痕。但是明鄭遺民憑藉著十六世紀以來中國航海技術的長足發展，卻也走到了過往詩人所未能企及的海外異域。存在空間的變異與轉換，不可能不對詩人主體的心境造成影響，因此，如果我們仍舊以傳統亂離詩的定義來看待明鄭遺民

的詩作，將會發現其內涵並不足以涵涉明鄭遺民在臺灣的精神面貌。綜上所述，本文認為明鄭遺民的離散書寫是對中國亂離詩的一種繼承，但也同時是題材方面的擴大。換句話說，他們一方面接受了亂離傳統的書寫準則，一方面又開啟了亂離詩所沒有的異地經驗，故得以拓展離散經驗的自我表述。

話說回頭，臺灣最初以「海上望山」的姿態在明人的航海經驗中現身，並在明末隨陳第〈東番記〉的紀錄而有了更深一層的認識。但綜觀整個明代，對臺灣可謂興趣缺缺，甚至在 1604 到 1622 年間沈有容為驅逐竊佔澎湖的荷蘭，亦允許其轉以臺灣為據點。到了 1661 年，南京兵敗的鄭成功將目光投向了這個曾為他父親所巢居的島嶼，試圖以此作為興復明室的反攻基地。這個大膽的決定引起不少遺民如張煌言等人的反彈，咸認為鄭成功此舉實為肥遯，而跟隨鄭成功來臺的遺民也存在著百般抗拒與不適應。但倘若我們以後設的角度來看，臺灣遠絕海外，其實為遺民爭取不少與故朝溫存的時光，至少在明代最後的傷停時間裡，明鄭遺民終不用如留在中原的晚明遺民般面對故國與新朝之間的拉扯，以及遺民身分難以世襲的難堪窘境。在明鄭遺民群體之中，現今仍有作品傳世者唯有盧若騰、王忠孝、徐孚遠、沈光文及鄭經等人，其中尤以沈光文、鄭經兩人書寫臺灣經驗的傳世作品數量最多。因此，本文亦主要透過上述諸家詩作，來討論明鄭臺灣遺民詩人的離散經驗，並歸結出其離散書寫的四大面向：（一）、流離他方的無奈；（二）、民族與文化的連結與確認；（三）、異地文化的衝擊；（四）鄉關何處的追認等，以下分而述之。

首先，正如前面所述，明鄭政權本以為來臺只為積蓄實力以待反攻，因此並沒有常住久居的打算，也就沒有融入本地的打算。然而鄭成功來臺僅一年便過世，繼位的鄭經轉攻為守，試圖在臺生聚教訓再做打算。時日漸久，對遺民而言這種無止盡的等待也可能化作無奈。事實上，這種無力歸返的經驗正是明鄭遺民離散敘述的一大重點：遺民當年義無反顧投入反清的志業當中，如今卻在海外孤島坐困愁城且遲遲等不到歸信，這其中巨大的心理落差並不容易跨越。在這樣的情況下，遺民的彼此交遊的意義遂更顯重大，過往單純的交際活動在如今有了更深層的意義，那即是透過集體召喚共同或相似的原鄉經驗，以繼續保有對過往原鄉的執念。是在這樣的情境之下，遺民的往來唱和成為彼此抒發心情、相互安慰的溝通管道。例如沈光文流寓鄉間，其詩不僅表達了遠離故鄉之苦，也因受人中傷而有所傷懷；至於徐孚遠志在恢復卻又坐困海島，因此也在詩中寄託老驥伏櫪之嘆。其實，比起有家歸不

得的心理傷痕，現實生計的困窘更是令詩人反覆熬煎。當我們翻開沈光文詩，不難看出沈氏慣以夷齊自喻，事實上夷齊不僅是他持節的典範，也是他的生活寫照。在逃亡的日子裡，沈光文窮途潦倒，故多有窮愁之作，但更重要的是沈光文透過與夷齊相近的生命情境加以比附，得以在他們的身上找到關於自我身影的某種想像，並建構自己的自我表述。

此外，明鄭臺灣遺民群體面對臺灣南島語族與滿清兩個異文化的內外夾擊，其民族性的保留也成為明鄭遺民的一大課題。而為了達到此一目的，明鄭政權不僅透過各種文化政策以期在臺灣再現故明體制，並再度提倡儒學以進行全面化的普遍性教育。若從統治的角度來看，普遍教育不僅方便政權從臺灣本地取仕，也能為在臺漢人建立一個友善空間，可謂是一舉數得的必要之舉；然而若從文化的角度而言，教育也意味著漢化，因此隨著教育的深化，原住民的既有文化也可能被取消，更不用說漢人挾優勢文化資本及權力，往往以高階文化者自居，並以確立自身的殖民正當性，試圖達到「人為中國之人，土為中國之土」的願景。至於在面對滿清的挑戰，明鄭政權也提出「春秋華夷之辨」的觀點，來消解滿清統治的正當性並強化自身的正統地位。自古以來，儒家意識便是漢文化當中相當重要的文化意識，因此明鄭遺民恆常以此作為標準衡量滿清與臺灣原住民等外族。然而儒家意識也象徵著一種文化責任，這種所謂的「民族大義」也始終纏繞著鄭經的心靈，並驅使他為此志業奉獻一生。然而有趣的是，鄭經一生未在中原生活，故難以在地理的追憶中上繫民族母土，因此他轉而透過詩文擬仿的方式，試圖在文學史的一脈相承中找到自身的文化定位，如此才有機會將自己放回遺民所背負的中原意識當中。

話說回頭，離散之所以為離散，不僅只是描述個體或群體的向外移居而已，離散群體與在地居民之間的互動亦是值得留意的一環。在明鄭遺民的案例當中，他們挾帶著強大的武力與文明進駐臺灣，迫使在地居民反倒必須屈從於外來者，這種「墾殖殖民主義」與西方離散的原始樣貌雖有些差異，但倘若我們回到離散的「定義」來看，明鄭臺灣遺民的海外經驗確實也屬於離散的一種。明鄭政權一方面瓜分了南島語族的耕地，一方面又透過教育收編以及隔離的方式將在地居民隔離開來，因此雙方雖然同居斯島，卻很難在漢詩中看到對南島語族的描寫。相較於當年陳第〈東番記〉以深入的生活觀察紀錄平埔族人的風俗民情，如今卻只有居於鄉野的沈光文曾以一首〈番婦〉紀錄南島語族婦女的

日常打扮。不過沈光文對臺灣島上的花草水果倒是多有紀錄，無論是荷人引入的釋迦果、番柑等水果，抑或是臺灣土生土長的番橘等水果，皆有詩吟之。透過書寫差異、強調差異性的警覺，明鄭遺民得以在「我們」與「他者」之間劃下一道邊界，並在其中建構屬於離散者的自我認同。

即使明鄭遺民一再地提醒自己只是暫居之身、一再地強調自我與異鄉之間的差異性，但久居之後也不免有所眷戀。我們應當留意的是，明鄭文人在雙鄉的去留之間其實存在著雙重性，他們一方面眷懷故國、思念家鄉，感受到身在異地漂泊失根的「無著感」；一方面卻也因為臺灣的漢化順利而有了接納異鄉的可能。隨著心態上的轉變，遺民群體開始願意留心臺灣山水花草，也開始在臺灣闢花園、築房室，做出長久定居的打算。另一方面，由於兩岸之間的局勢趨於穩定，鄭經也在數次與清人的交涉中以海外、自古不屬中土等辭令自居，這種將正統拱手讓出的外交語言雖然是對現實的屈服，但也展現了鄭經早已做出在臺灣落地生根的打算。當明鄭遺民將眼光放回臺灣，赫然發現臺灣的一切竟如同當年陶淵明所勾勒的「桃花源」一般，既將惡秦之世阻擋在難以威脅的「境外」，主體又能在「境內」繼續維持往日時光，他們正是典故裡那些避秦隱居的村民，而不是誤入桃花源的武陵漁父。因此，我們認為透過桃花源之喻，明鄭遺民在歸與不歸之間了找到一個認同的平衡點，並得以將主體從中解放出來。

本文以明鄭臺灣漢詩為主要研究對象，並從中討論當時文人的離散經驗，可以發現他們的認同面向極為複雜，並且還可能互相衝突。這種不一致性固然來自於交錯縱橫的歷史、民族、地理因素，但也有主體的心態轉變。從他鄉到故鄉，離散者終將轉過身來投入接納地的懷抱，而這正是海島臺灣的移民／遺民接納史。我們認為，唯有藉由離散論述的視野來討論這些詩作，方能撥開過往「遺民論」的既定印象，還給明鄭遺民更加豐富的形象。

參考文獻

一、古代典籍

1. 〔漢〕許慎撰、〔清〕段玉裁注,《說文解字注》,臺北:黎明文化事業公司,1974 年 9 月初版。

2. 〔漢〕劉安撰、〔漢〕高誘注:《淮南子》,臺北:中國子學名著集成編印基金會,1978 年初版。

3. 〔漢〕鄭玄,《禮記鄭注》,臺北:學海出版社,1981 年 9 月再版。

4. 〔漢〕司馬遷撰、〔宋〕裴駰集解,《史記》,臺北:藝文印書館,2005 年 2 月初版。

5. 〔漢〕劉向,《說苑》,臺北:國立臺灣師範大學出版中心,2012 年。

6. 〔晉〕陶潛撰,〔清〕陶澍注,《陶靖節全集注十卷》,臺北:世界書局,1956 年初版。

7. 〔晉〕葛洪,《神仙傳》,臺北:藝文印書館,1966 年初版。

8. 〔晉〕皇甫謐,《帝王世紀》,臺北:藝文印書館,1966 年初版。

9. 〔晉〕杜預注、〔唐〕孔穎達疏,《左傳正義》臺北:廣文書局,1971 年 10 月初版。

10. 〔晉〕郭象撰,《南華真經注》,收錄於嚴靈峯編輯,《無求備齋莊子集成初編》(一),臺北:藝文印書館,1972 年 5 月。

11. 〔梁〕劉勰撰、〔清〕黃叔琳注,《文心雕龍》,臺北:臺灣商務印書館,1967 年 4 月初版。

12. 〔梁〕蕭統編、〔唐〕李善注，《文選》，臺北：藝文印書館，2003 年 3 月初版。

13. 〔唐〕顏真卿，《顏魯公集》，臺北：中華書局，1965 年初版。

14. 〔唐〕杜甫撰、〔清〕楊倫注，《杜詩鏡銓》，臺北：文津出版社，1970 年 8 月初版。

15. 〔唐〕房喬，《晉書》，臺北：商務印書館，1981 年初版。

16. 〔唐〕李商隱著、〔清〕馮浩箋注，《玉谿生詩集箋注》，臺北：里仁書局，1981 年 8 月。

17. 〔宋〕范成大，《吳郡志》，臺北：藝文印書館，1970 年初版。

18. 〔宋〕蘇軾撰，張志烈等校注，《蘇軾全集校注》，石家莊：河北人民出版社，2010 年 6 月初版。

19. 〔元〕胡一桂：《詩集傳附錄纂疏》，北京：北京師範大學出版社，2013 年 11 月初版。

20. 〔明〕楊英，《從征實錄》，臺北：臺灣銀行經濟研究室，1958 年 11 月初版。

21. 〔明〕沈有容，《閩海贈言》，臺北：臺灣銀行經濟研究室，1959 年 10 月初版。

22. 〔明〕王夫之，《讀通鑑論（宋論合刊）》，臺北：里仁書局，1985 年 2 月初版。

23. 〔明〕胡廣等撰，《論語集註大全》，臺北：中國子學名著集成編印基金會，1978 年初版。

24. 〔明〕朱之瑜，《朱舜水全集》，北京：新華書店，1991 年 8 月初版。

25. 〔明〕王忠孝，《惠安王忠孝公全集》，南投：臺灣省文獻委員會，1993 年 12 月初版。

26. 〔明〕盧若騰，《島噫詩》，南投：臺灣省文獻委員會，1994 年 5 月初版。

27. 〔明〕張煌言，《張蒼水先生全集》，南投：臺灣省文獻委員會，1994 年 5 月初版。

28. 〔明〕董應舉，《崇相集》，收錄於《四庫禁燬書叢刊》集部，102 冊，北京：北京出版社，2000 年。

29. 〔清〕夏琳，《閩海紀要》，臺北：臺灣銀行經濟研究室，1958 年 4 月初版。

30. 〔清〕朱景英,《海東札記》,臺北:臺灣銀行經濟研究室,1958 年 5 月初版。

31. 〔清〕阮旻錫,《海上見聞錄》,臺北:臺灣銀行經濟研究室,1958 年 8 月初版。

32. 〔清〕吳梅村,《吳梅村詩集箋注》,香港:廣智書局,1959 年 3 月初版。

33. 〔清〕查繼佐,《魯春秋》,臺北:臺灣銀行,1961 年 10 月初版。

34. 〔清〕王必昌,《重修臺灣縣志》,臺北:臺灣銀行經濟研究室,1961 年 11 月初版。

35. 〔清〕阮元,《十三經注疏》,臺北:新文豐出版公司,1988 年 7 月初版。

36. 〔清〕張廷玉等編:《明史》,臺北:鼎文書局,1991 年 5 月初版。

37. 〔清〕陳國仕輯錄,《豐州集稿》,南安:南安縣志編纂委員會,1992 年 10 月初版。

38. 〔清〕江日昇:《臺灣外記》,南投:臺灣省文獻委員會,1995 年 8 月初版。

39. 川口長孺,《臺灣鄭氏紀事》,南投:臺灣省文獻委員會,1995 年 8 月初版。

40. 〔清〕黃宗羲,《賜姓始末》,南投:臺灣省文獻委員會,1995 年 8 月初版。

41. 〔清〕施琅,《靖海紀事》,南投:臺灣省文獻委員會,1995 年 8 月初版。

42. 〔清〕趙翼著、李學穎等點校,《甌北集》,上海:上海古籍出版社,1997 年 4 月初版。

43. 〔清〕高拱乾,《臺灣府志》,南投:國史館,2002 年 11 月初版。

44. 〔清〕愛新覺羅・玄燁,《聖祖仁皇帝御制文集》卷二十二,長春:吉林出版集團,2005 年 5 月初版。

45. 〔清〕徐鼒撰、〔清〕徐承禮補遺,《小腆紀傳》,北京:中華書局,2018 年 9 月初版。

二、近人著作（依出版時間排序）

1. 謝國楨,《南明史略》,上海:上海人民出版社,1957 年 12 月初版。

2. 黃典權,《鄭延平開府臺灣人物志》,臺南:海東山房,1958 年 2 月初版。

3. 劉若愚著、杜國清譯，《中國詩學》，臺北：幼獅文化出版社，1979 年 1 月再版。

4. 李正治，《神州血淚行》，臺北：故鄉出版社，1982 年 9 月初版。

5. 顏崑陽，《古典詩文論叢》，臺北：漢光文化事業公司，1983 年 10 月再版。

6. 楊伯峻，《春秋左傳注》，北京：中華書局，1990 年初版。

7. 連橫，《臺灣詩乘》，南投：臺灣省文獻委員會，1992 年 3 月初版。

8. 連橫編，《臺灣詩薈》，南投：臺灣省文獻委員會，1992 年 3 月初版。

9. 徐宗懋，《臺灣人論》，臺北：時報文化，1993 年 2 月初版。

10. 臺灣省文獻委員會編，《閩海贈言、陳第年譜》，南投：臺灣省文獻委員會，1994 年 5 月初版。

11. 臺灣銀行經濟研究室編，《鄭成功傳》，南投：臺灣省文獻委員會，1995 年 8 月初版。

12. 臺灣銀行經濟研究室編，《鄭氏關係文書》，南投：臺灣省文獻委員會，1995 年 8 月初版。

13. 余培林，《詩經正詁》，臺北：三民書局，1995 年 10 月初版。

14. 潘英，《臺灣平埔族史》，臺北：南天書局，1996 年 6 月初版。

15. 王先謙編，《東華錄選輯》，南投：臺灣省文獻委員會，1997 年 6 月初版。

16. 臺灣銀行經濟研究室編，《徐闇公先生年譜》，南投：臺灣省文獻委員會，1997 年 12 月初版。

17. Stuart Hall、陳光興著、唐維敏譯，《文化研究：霍爾訪談錄》，臺北：遠流出版社，1998 年 8 月初版。

18. 龔顯宗編，《沈光文全集及其研究資料彙編》，臺南縣：臺南縣文化局，1998 年 12 月初版。

19. 趙園：《明清之際士大夫研究》，北京：北京大學出版社，1999 年 1 月初版。

20. 陳昭瑛，《臺灣詩選注》，臺北：正中書局，1999 年 8 月初版。

21. 施懿琳，《從沈光文到賴和──臺灣古典文學的發展與特色》，高雄：春暉出版社，2000 年 6 月初版。

22. 羅鋼、劉象愚主編，《文化研究讀本》，北京：中國社會科學出版社，2000 年 9 月初版。

23. 國立編譯館主編,《十三經注疏‧毛詩正義》,臺北:新文豐出版公司, 2001 年初版。

24. 劉獻廷等編,《清代筆記叢刊》,濟南:齊魯書社,2001 年初版。

25. 龔鵬程,《文化符號學》,臺北:臺灣學生書局,2001 年 2 月再版。

26. 胡芝瑩,《霍爾》,臺北:生智文化事業公司,2001 年 8 月初版。

27. 潘朝陽,《明清臺灣儒學論》,臺北:臺灣學生書局,2001 年 10 月初版。

28. 廖美玉,《中古詩人夜未眠》,臺南:宏大出版社,2002 年 1 月初版。

29. 江寶釵,《臺灣古典詩面面觀》,臺北:巨流圖書公司,2002 年 3 月初版。

30. 哈伯瑪斯著、曹衛東譯,《後民族格局:哈伯瑪斯政治論文集》,臺北: 聯經出版社局,2002 年 7 月初版。

31. 詹海雲,《全祖望《鮚埼亭集》校注》,臺北:國立編譯館,2003 年 12 月 初版。

32. 施懿琳等編,《全臺詩》第一冊,臺南市:臺灣文學館,2004 年 2 月初 版。

33. 臺灣史料集成編輯委員會編,《臺灣史料集成──明清臺灣檔案彙編》, 臺北:遠流出版社,2004 年 3 月初版。

34. Bart Moore-Gilbert 著、彭淮棟譯,《後殖民理論》,臺北:聯經出版社, 2004 年 12 月初版。

35. 宇文所安著、鄭學勤譯,《追憶:中國古典文學中的往事再現》,北京: 三聯書店,2004 年 12 月初版。

36. 戴維‧賈里、朱莉婭‧賈里著,周業謙等譯,《社會學辭典》,臺北:貓 頭鷹出版社,2005 年 1 月初版。

37. 潘朝陽,《心靈‧空間‧環境:人文主義的地理思想》,臺北:五南圖書 公司,2005 年 6 月初版。

38. P.L. Berger、T. Luckmann 著、鄒理民譯,《知識社會學:社會實體的建 構》,臺北:巨流圖書公司,2005 年 8 月初版。

39. 顏崑陽,《李商隱詩箋釋方法論──中國古典詮釋學例說》,臺北:里仁 書局,2005 年 11 月初版。

40. 劉昭仁,《海東文獻初祖沈光文》,臺北:秀威資訊科技公司,2006 年 5 月初版。

41. 林鎮山，《離散·家國·敘述：當代臺灣小說論述》，臺北：前衛出版社，
    2006 年 7 月初版。

42. Kathryn Woodward 編、林文琪譯，《認同與差異》，臺北縣：韋伯文化國
    際出版公司，2006 年 10 月初版。

43. 司徒琳著、李榮慶等譯，《南明史：1644～1662》，上海：上海書店，2007
    年 1 月初版。

44. 張暉，《詩史》，臺北：臺灣學生書局，2007 年 3 月初版。

45. 葉石濤，《臺灣文學史綱》，高雄：春暉出版社，2007 年 10 月再版。

46. 王德威，《後遺民寫作》，臺北：麥田出版社，2007 年 10 月初版。

47. Virinder S. Kalra, Raminder Kaur, John Hutnyk 著，陳以新譯，《離散與混
    雜》，臺北縣：韋伯文化國際出版有限公司，2008 年 1 月初版。

48. 余美玲，《日治時期臺灣遺民詩的多重視野》，臺北：文津出版社，2008
    年 2 月初版。

49. 范銘如著，《眾裏尋她——臺灣女性小說縱論》，臺北：麥田出版社，2008
    年 8 月初版。

50. 朱水涌、周英雄編，《閩南文學》，福州：福建人民出版社，2008 年 8 月
    初版。

51. 王偉勇，《詩詞越界研究》，臺北：里仁書局，2009 年 9 月初版。

52. 趙稀方，《後殖民理論》，北京：北京大學，2009 年 10 月初版。

53. 哈金，《在他鄉寫作》，臺北：聯經出版社，2010 年 1 月初版。

54. 班納迪克·安德森著，吳叡人譯，《想像的共同體——民族主義的起源與
    散布》，臺北：時報文化出版公司，2010 年 5 月二版。

55. 丁世傑等，《雙國族·想像·離散·認同：從電影文本再現移民社會》，
    臺北：巨流圖書公司，2010 年 10 月初版。

56. Chris Barker 著，羅世宏主譯，《文化研究：理論與實踐》，臺北：五南圖
    書公司，2010 年 12 月二版。

57. 葛兆光，《宅茲中國：重建有關「中國」的歷史論述》，臺北：聯經出版
    社，2011 年 3 月初版。

58. 陳昭瑛，《臺灣文學與本土化運動》，臺北：臺大出版中心，2011 年 10 月
    初版。

59. 李有成,《他者》,臺北:允晨文化公司,2012 年 5 月初版。

60. 郭秋顯選注,《徐孚遠‧王忠孝集》,臺南:臺灣文學館,2012 年 12 月初版。

61. 吳毓琪,《離散與落地生根——明鄭時期臺灣漢文學的發展面貌》,臺南:臺灣文學館,2012 年 11 月初版。

62. 沈光文著、龔顯宗選注,《沈光文集》,臺南:臺灣文學館,2012 年 12 月初版。

63. 張溪南,《明鄭王朝在臺南》,臺南:臺南市文化局,2013 年 3 月初版。

64. 李有成,《離散》,臺北:允晨文化出版社,2013 年 8 月初版。

65. 顧敏耀,《海國詩志:清領時期古典詩中的社會與文化》,臺南:臺灣文學館,2013 年 8 月初版。

66. 龔顯宗選注,《鄭經集》,臺南:臺灣文學館,2013 年 11 月初版。

67. Terry Eagleton 著,黃煜文譯,《如何閱讀文學》,臺北:商周出版社,2014 年 1 月初版。

68. 連橫,《臺灣通史》,臺北:眾文圖書公司,2014 年 6 月初版。

69. 陳光興,《去帝國:亞洲作為方法》,臺北:行人文化實驗室,2014 年 7 月二版。

70. 鄭毓瑜,《文本風景:自我與空間的相互定義》,臺北:麥田出版社,2014 年 12 月二版。

71. 侯如綺,《雙鄉之間:臺灣外省小說家的離散與敘事(1950～1987)》,臺北:聯經出版社,2014 年 6 月初版。

72. 李漁叔,《三臺詩傳》,高雄:學海出版社,2015 年 10 月初版。

73. 顏崑陽,《反思批判與轉向——中國古典文學研究之路》,臺北:允晨文化出版社,2016 年 4 月初版。

74. 柯慶明,《柯慶明論文學》,臺北:麥田出版社,2016 年 7 月初版。

75. 高嘉謙,《遺民、疆界與現代性:漢詩的南方離散與抒情(1895～1945)》,臺北:聯經出版社,2016 年 9 月初版。

76. 康培德,《殖民想像與地方流變:荷蘭東印度公司與臺灣原住民》,臺北:聯經出版公司,2016 年 9 月初版。

77. 史書美,《反離散:華語語系研究論》,臺北:聯經出版社,2017 年 6 月初版。

78. 鄧津華著，楊雅婷譯，《臺灣的想像地理：中國殖民旅遊書寫與圖像（1683～1895）》，臺北：國立臺灣大學出版中心，2018 年 1 月初版。

79. 李有成，《和解：文學研究的省思》，臺北：書林出版社，2018 年 4 月初版。

80. 史書美等編，《臺灣理論關鍵詞》，臺北：聯經出版社，2019 年 3 月初版。

二、期刊論文

1. 黃典權，〈夢蝶園主李茂春〉，《臺南文化》第二卷第 1 期，1952 年 1 月。

2. 楊雲萍，〈鄭經進征大陸的始末〉，《臺灣省博物館科學年刊》第 4 期，1961 年 12 月。

3. 楊雲萍，〈鄭經入臺灣嗣位始末考〉，《臺灣風物》第十五卷第 3 期，1965 年 8 月。

4. 金成前，〈鄭經與明鄭〉，《臺灣文獻》二十三卷第 3 期，1972 年 9 月。

5. 林鎮國，〈華夷之辨〉，《鵝湖月刊》第 9 期，1976 年 3 月。

6. 柯慶明，〈從「亭」、「臺」、「樓」、「閣」說起──論一種另類的遊觀美學與生命省察〉，《臺大中文學報》第 11 期，1995 年 5 月。

7. 紀大偉，〈帶餓思潑辣──《荒人手記》的酷兒閱讀〉，《中外文學》第 279 期，1995 年 8 月。

8. 李有成，〈理論旅行與文學史〉，《中外文學》第二十五卷第 3 期，1996 年 8 月。

9. 龔顯宗，〈從《臺灣外記》看三鄭的海國英雄形象〉，《歷史月刊》第 135 期，1999 年 4 月。

10. 葉高樹，〈三藩之亂期間鄭經在東南沿海的軍事活動〉，《國立臺灣師範大學歷史學報》第 27 期，1999 年 6 月。

11. 顏崑陽，〈論唐代「集體意識詩用」的社會文化行為現象──建構「中國詩用學」初論〉，《東華人文學報》第 1 期，1999 年 7 月。

12. 李祖基，〈陳第、沈有容與〈東番記〉〉，《歷史月刊》第 162 期，2001 年 7 月。

13. 龔顯宗，〈從《東壁樓集》看鄭經與臺灣〉，《歷史月刊》第 173 期，2002 年 6 月。

14. 楊惠南，〈明鄭時期台灣「名士佛教」的特質分析〉，《臺灣文獻》第五十三卷第 3 期，2002 年 9 月。

15. 林俊宏，〈南明盧若騰詩歌風格研析〉，《臺灣文獻》第五十四卷第 3 期，2003 年 9 月。

16. 李瑄，〈清初五十年間明遺民群體之嬗變〉，《漢學研究》第二十三卷第 1 期，2005 年 6 月。

17. 袁美麗，〈論清初遺民詞創作的主題傾向〉，《徐州教育學院學報》第二十一卷第 2 期，2006 年 6 月。

18. 陳國球，〈評鄭毓瑜著《文本風景：自我與空間的相互定義》〉，《中國文哲研究期刊》第 31 期，2007 年 9 月。

19. 蔡明叡，〈從和談看鄭經時期與清政府的互動〉，《新北大史學》第 5 期，2007 年 10 月。

20. 周婉窈，〈山在瑤波碧浪中──總論明人的臺灣認識〉，《臺大歷史學報》第 40 期，2007 年 12 月。

21. 曾品滄：〈物競與人擇──荷治與明鄭時期臺灣農業的發展與環境改造〉，《國史館學術集刊》第 14 期，2007 年 12 月。

22. 王玉輝：〈沈光文寓臺詩歌風格的轉變〉，《屏中學報》第 15 期，2007 年 12 月。

23. 賴錫三，〈〈桃花源記並詩〉的神話、心理學詮釋──陶淵明的道家式「樂園」新探〉，《中國文哲研究期刊》第 32 期，2008 年 3 月。

24. 曾玉惠，〈鄭經詩歌作品中女性形象分析〉，《崑山科技大學學報》第 5 期，2008 年 3 月。

25. 陳芷凡，〈從東番到 Formosa──試探〈東番記〉、〈福爾摩沙報告〉中的性別書寫〉，《臺灣文學研究學報》第 6 期，2008 年 4 月。

26. 張鴻愷，〈從《東壁樓集》及《延平二王遺集》看鄭經其人及明鄭王朝〉，《慈濟大學人文社會科學學刊》第 7 期，2008 年 6 月。

27. 蔡明叡，〈三藩之亂前的和談──以鄭經時期清方的思考為中心〉，《新北大史學》第 6 期，2008 年 10 月。

28. 王璦玲，〈亂離與歸屬──清初文人劇作家之意識變遷與跨界想像〉，《文與哲》第 14 期，2009 年 6 月。

29. 蔡佳琳,〈朱舜水（1600～1682）的抉擇與遺民心境的轉變〉,《史耘》第 13 期,2009 年 6 月。

30. 李文才,〈亂世流離——兩晉南北朝的時代特色〉,《歷史月刊》第 260 期,2009 年 9 月。

31. 阮筱琪,〈論鄭經《東壁樓集》的孤獨感〉,《有鳳初鳴年刊》第 5 期,2009 年 10 月。

32. 沈惠如,〈試論明傳奇《千鍾祿》的離散書寫〉,《戲曲學報》第 7 期,2010 年 6 月。

33. 黃美玲,〈誰才是臺灣「文學」初祖——沈光文 V.S.盧若騰之詩〉,《聯大學報》第七卷第 2 期,2010 年 12 月。

34. 顏崑陽,〈中國古代原生性「源流文學史觀」詮釋模型之重構初論〉,《政大中文學報》第 15 期,2011 年 6 月。

35. 王淑蕙,〈從《蓉洲詩文稿選輯·東寧政事集》論季麒光宦臺始末及與沈光文之交遊〉,《臺灣古典文學研究集刊》第 5 號,2011 年 6 月。

36. 蘇奕瑋,〈明鄭臺灣遺民詩人的時間感知〉,《雲科漢學學刊》第 11 期,2011 年 6 月。

37. 王美秀,〈主體錯置、區隔他者、復國隱喻——論盧思道〈聽蟬鳴篇〉中的離散論述〉,《國文學報》第五十期,2011 年 12 月。

38. 黃錦樹,〈作為離散敘述的抒情傳統——讀王德威《現代抒情傳統四論》〉,《中外文學》第 41 卷第 22 期,2012 年 9 月。

39. 陳榮強,〈華語語系研究：海外華人與離散華人研究之反思〉《中國現代文學》第 22 期,2012 年 12 月。

40. 高嘉謙,〈南溟、離散、地方感：楊雲史與使節漢詩〉,《成大中文學報》第 42 期,2013 年 9 月。

41. 翁佳音,〈史實與詩：明末清初流寓文人沈光文的虛與實〉,《文史臺灣學報》第 7 期,2013 年 12 月。

42. 李知灝,〈李漁叔《三臺詩傳》中臺灣「遺民」詩史的形塑〉,《文史臺灣學報》第 7 期,2013 年 12 月。

43. 唐立宗,〈渡海東來忽幾秋：明清之際渡臺文士的見聞與際遇〉,《臺灣文獻》第六十五卷第 2 期,2014 年 6 月。

44. 林秀珍，〈沈光文詩文集中建構的臺灣圖像〉，《正修通識教育學報》第 11 期，2014 年 6 月。

45. 洪靜芳，〈明鄭時期臺灣遺民詩中的陶淵明隱逸文化——以沈光文、徐孚遠、鄭經為例〉，《弘光人文社會學報》第 18 期，2015 年 7 月。

46. 施懿琳，〈流離中的追尋：從《韋齋詩存》看勞思光的文化意識與離散書寫〉，《哲學與文化》第四十二卷第 11 期，2015 年 11 月。

47. 蔡建鑫，〈再論後遺民〉，《臺灣文學研究集刊》第 19 期，2016 年 2 月。

48. 林津羽，〈離散、帝國與嗣王：論鄭經《東壁樓集》的文化意蘊〉，《淡江中文學報》第 37 期，2017 年 12 月。

三、專書論文

1. 顏崑陽，〈論「典範模習」在文學史建構上的「淵源效用」與「鍊接效用」〉，收錄於輔大中文系編《建構與反思——中國文學史的探索學術研討會論文集（下）》，臺北：學生書局，2002 年 7 月初版。

2. 廖咸浩，〈華人海洋與臺灣：海盜、另類現代性、「後中國」動能〉，收錄於陳瑞麟等著：《知識臺灣：臺灣理論的可能性》，臺北：麥田，2016 年 6 月初版。

四、學位論文

1. 林煜真，《沈光文及其文學研究》，高雄：國立中山大學中國文學所碩士學位論文，1998 年。

2. 宋景愛，《明末清初遺民詩研究》，臺北：國立政治大學中國文學所碩士學位論文，2002 年。

3. 廖淑慧，《清初唐宋詩之爭研究》，嘉義：國立中正大學中文所博士論文，2003 年。

4. 宋孔弘：《張煌言詩「亂離書寫」義蘊之研究》，臺北：國立臺灣師範大學國文研究所碩士論文，2006 年。

5. 郭秋顯，《海外幾社三子研究》，高雄：國立中山大學中國文學所博士學位論文，2007 年。

6. 武思庭，《女性的亂離書寫——以清代鴉片戰爭、太平天國戰役為考察範圍》，南投：國立暨南大學中文研究所碩士論文，2008 年。

7. 顏伶真，《沈光文之懷鄉詩研究》，彰化：國立彰化師範大學國文學系碩士學位論文，2009 年。

8. 阮筱琪，《鄭經《東壁樓集》研究》，臺北：東吳大學中國文學系碩士學位論文，2009 年。

9. 陳佳凌，《鄭經《東壁樓集》研究》，高雄：國立中山大學中國文學所碩士學位論文，2009 年。

10. 王福棟，《論唐代戰爭詩》，北京：中央民族大學文學與新聞傳播學院博士學位論文，2010 年。

11. 邵玉明，《臺灣「贌社」制度下原住民的社會研究》，臺中：逢甲大學中國文學所碩士學位論文，2010 年。

12. 黃騰德，《鄭經詩歌研究——以《東壁樓集》為探討重點》，臺北：國立臺灣師範大學國文研究所碩士學位論文，2010 年。

13. 夏寧，《康熙帝戰爭詩研究》，上海：復旦大學中國語言文學系博士學位論文，2010 年。

14. 蘇奕瑋，《明鄭時期臺灣遺民詩研究》，雲林：國立雲林科技大學漢學資料整理研究碩士班學位論文，2011 年 6 月。